ZENTRALSCHWEIZ

Luzern, Uri, Schwyz, Obwalden, Nidwalden, Zug

Mit Vierwaldstättersee sowie Ausflügen nach Zürich und ins Berner Oberland

Günter Schenk

TRESCHER VERLAG

1. Auflage 2024

Trescher Verlag
Reinhardtstr. 9
10117 Berlin
www.trescher-verlag.de

ISBN 978-3-89794-656-9

Herausgegeben von Bernd Schwenkros und
Detlev von Oppeln

Reihenentwurf und Gesamtgestaltung:
Bernd Chill
Gestaltung, Satz, Bildbearbeitung: Ulla Nickl
Lektorat: Corinna Grulich
Kartographie; Martin Kapp, Dorit Hahnewald,
Ulla Nickl, Bernd Chill
unter Verwendung von Daten von ©OpenStreet
Map-Mitwirkende/www.openstreetmap.org
(Kartenregister → S. 259)

Gedruckt auf chlorfrei gebleichtem Papier

Printed in Germany

Alle Angaben in diesem Reiseführer wurden sorgfältig recherchiert und überprüft. Dennoch können Entwicklungen vor Ort dazu führen, dass einzelne Informationen nicht mehr aktuell sind. Gerne nehmen wir dazu Ihre Hinweise und Anregungen entgegen. Bitte schreiben Sie an **post@trescher-verlag.de.**

Titel: Blick von Weggis auf Vierwaldstättersee und Urner Alpen (→ S. 131)
Vordere Umschlagklappe: Luzern, Blick auf die Kapellbrücke (→ S. 86)
Hintere Umschlagklappe: Ranftkapellen bei Flüeli-Ranft (→ S. 192)

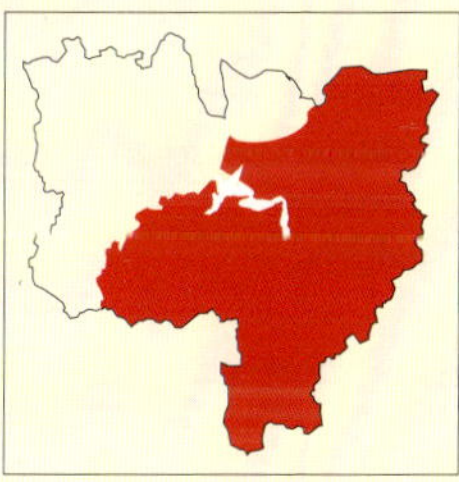

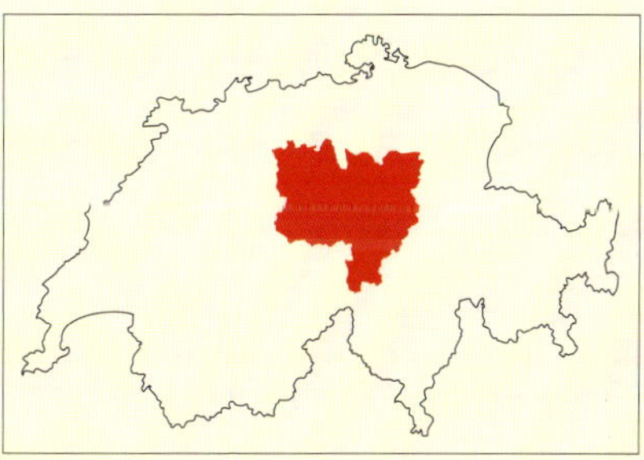

KÄSE

TSB

Schweizer Idylle im Simmental

Vorwort

Zentralschweiz: Das klingt, als schlage zwischen Mittelland und Hochalpen das Herz des Landes. So jedenfalls habe ich das oft empfunden – den Stolz der Menschen gespürt, die hier zuhause sind. Die wissen, dass im Volksglauben die Gene der Eidgenossen in der Zentralschweiz verankert sind und sie in einer Gegend leben, deren Bewohner Europa einst auf ganz eigene Art mit prägten.

Über Jahrhunderte standen die Männer der Zentralschweiz als Söldner in Diensten der Weltmächte wie Frankreich, Spanien oder England. Reisläufer hießen sie im Mittelalter. Auch dem Papst dienten sie als Waffenbrüder in mancher Schlacht. Und noch heute sind es Eidgenossen, die als Schweizergardisten vom Vatikan besoldet werden. Allesamt haben sie ihr Handwerk in den Schweizer Rekrutenschulen gelernt und stellen heute das älteste noch existierende Militärkorps der Welt.

Im mittelalterlichen Reislaufen, einem militärischen Begriff, steckt überraschenderweise das Wort Reise. Denn der Reisläufer war einer, der auf einem Kriegszug in andere Welten aufbrach. Und heute? Statt gewaltsam die Welt zu erobern, erkunden Reisende als neugierige Zeitgenossen die Zentralschweiz mit ihren einmalig schönen Bergen und Seen und rücken dank Bergbahnen und Gondeln ihren Sehenswürdigkeiten immer näher. Viele Millionen Menschen machen inzwischen jährlich in einer der größten Schweizer Erlebnisregionen Station – und sorgen für viele Milliarden Franken Umsatz und tausende von Arbeitsplätzen.

Fast 4500 Quadratkilometer ist die Zentralschweiz groß. Ein Gebiet, das von Beromünster im Schweizer Mittelland bis Andermatt zu Füßen des Gotthard reicht, vom Biosphärenreservat Entlebuch bis zum Zürichsee – eine Gegend mit vielen Gesichtern. Zu ihr gehören einsame Bergpfade in den Urkantonen Uri, Schwyz und Unterwalden, auf denen man oft stundenlang keinem anderen Menschen begegnet, ebenso wie die an manchem Sommersonntag von Selfie-Hundertschaften verstopfte Kapellbrücke in Luzern, die den Einheimischen den raschen Übergang vom einen zum anderen Ufer der Reuss erschweren. Ja, auch Overtourism gehört längst zu einigen Orten in der Zentralschweiz. Das liegt mit an den sozialen Medien, in denen die Region gern auf ein paar fotogene Hotspots reduziert wird. Reisen aber ist mehr als Selfies und Souvenirs sammeln. Es ist auch das Entdecken von Flora und Fauna, von Kunst und Kultur, mit der die Zentralschweiz mit ihren Kirchen und Kapellen, Museen und einzigartigen Dorfansichten gesegnet ist.

Natürlich gilt es auch, im Herzen der Schweiz die vielfältige Küche kennenzulernen, die auf der Alphütte anders schmeckt als im mit Sternen gekrönten Restaurant. Und trauen Sie sich ruhig, die Einheimischen anzusprechen, die nicht immer leicht zu verstehen sind, deren Schwyzerdütsch aber meist von Herzen kommt.

Reisehöhepunkte

1 Kapellbrücke Luzern ▶

Das Wahrzeichen Luzerns gilt als schönste Fußgängerbrücke der Schweiz. Sie wurde Mitte des 14. Jahrhunderts über die Reuss geschlagen, die mitten durch die Stadt fließt. Einmalig sind die bunten Malereien in den Giebeln der Holzbrücke – auch wenn es nach dem großen Brand der Brücke im Jahr 1993 oft nur noch Kopien sind. → S. 86

2 Pilatus

Luzerns Hausberg ist ein ganzes Bergmassiv mit vielen felsigen Gipfeln, die einmalige Blicke über die Stadt und den Vierwaldstättersee eröffnen. Den Aufstieg erleichtern Gondel und Bergbahn. Die Zahnradbahn von Alpnachstad auf den Pilatus-Kulm gilt als steilste der Welt. → S. 93

3 Chorherrenstift Beromünster

Ein barocker Klassiker zwischen Baldeggersee und Sempachersee ist das Chorherrenstift mit eindrucksvoller Kirche und prächtigen Stiftsbauten. Sehenswert sind auch der Kirchenschatz und in den beiden Vorosterwochen das Heilige Grab. → S. 105

4 Biosphäre Entlebuch

Touristisch überlaufen ist die Biosphäre Entlebuch ganz im Westen der Zentralschweiz noch lange nicht. Hier gibt es die größten Moorgebiete des Landes, eindrucksvolle Bergmassive wie die Schrattenfluh und satte Alpen, auf denen im Sommer viele zehntausend Kühe stehen. Ein Urlaubsparadies für alle, die Wert auf Nachhaltigkeit und Entschleunigung legen. → S. 25, 112

5 Vierwaldstättersee ◀

Er ist nicht der größte, aber für viele Besucher der schönste Schweizer See. Eingebettet zwischen Bergmassiven mit klangvollen Namen wie Rigi, Pilatus oder Bürgenstock liegt er im Herzen der Schweiz, dort, wo die Eidgenossen die Heimat Wilhelm Tells verorten. Denkmäler und Kapellen erinnern rund um den See an den Nationalhelden. → S. 118

6 Die Rigi ▲

Schon früh war das Bergmassiv über dem Vierwaldstättersee Wallfahrern und Kurgästen ein Begriff. Später kamen Touristen, um am Gipfel Sonnenaufgang und -untergang zu genießen oder Ski zu fahren. Heute erschließen zahlreiche Berg- und Luftseilbahnen die Rigi, die das ganze Jahr Wanderer, Biker oder Wintersportler in die Höhe befördern. → S. 131

7 Schöllenenschlucht

Jahrhundertelang war sie nicht zu passieren – bis man einen ersten Saumweg durch die spektakuläre Enge zwischen Göschenen und Andermatt schlug. Ende des 16. Jahrhunderts querte die erste Brücke die Reuss. Heute sind es gleich mehrere Übergänge, die Fußgänger, Autofahrer und Bahnfahrer heil durch die Alpenschlucht bringen. → S. 156

8 Gotthardpass

Trotz Straßen- und Eisenbahntunnel ist der Gotthardpass (2107 Meter) noch immer einen Umweg wert. Die spannende Geschichte des Alpenübergangs erzählt ein Museum auf der Passhöhe. Beeindruckend ist die historische Passstraße, die nach gründlicher Erneuerung wieder offen steht. → S. 160

9 Schwyz ▼

Klein, aber fein ist die Hauptstadt des Kantons Schwyz, die der Schweiz ihren Namen gab. Im Bundesbriefmuseum sind mit die ältesten Urkunden zur Geschichte des Landes zu sehen. Kleiner und Großer

Mythen heißen die sehenswerten Berggipfel vor den Toren des Ortes, die schon Johann Wolfgang Goethe mit Bleistift auf Papier skizziert hat. → S. 165

10 Kloster Einsiedeln ▼

Ein Kloster wie aus dem Bilderbuch, Blickfang ist die barocke Kirche, ein Gesamtkunstwerk von Weltrang. Die Schwarze Madonna lockt jährlich Massen in das kleine Dorf im Kanton Schwyz. Für weltliche Freuden sorgen Klosterladen, Gärtnerei und ein kleiner Biergarten. → S. 171

11 Stanserhorn ◄

Beste Rundumsicht bietet das Stanserhorn (1897 Meter). Bequem führen zwei Bahnen fast bis zu seinem Gipfel: eine nostalgische Standseilbahn und eine futuristisch anmutende CabriO-Bahn, eine Gondel mit offenem Oberdeck. Oben winken einmalige Panoramasichten auf gleich eine Handvoll Seen und die Alpen. Ein paradiesischer Blick! → S. 195

12 Engelberg

Rund eine halbe Autostunde vom Vierwaldstättersee entfernt liegt Engelberg. Die alte Klostersiedlung ist heute das ganze Jahr über ein beliebter Ferienort. Mehr als 100 Frosttage im Jahr garantieren viele Wochen weiße Winterlandschaften. Im Sommer locken die Berge Mountainbiker und Wanderer. Überragt wird Engelberg vom Titlis (3238 Meter), auf den die erste drehbare Luftseilbahn der Welt führt. → S. 198

Das Wichtigste in Kürze

Die Zentralschweiz umfasst neben den sogenannten **Urkantonen Uri** (→ S. 149), **Schwyz** (→ S. 164) und **Unterwalden** (→ S. 182) auch die Kantone **Luzern** (→ S. 79) und **Zug** (→ S. 202). Sie alle werden im Reiseteil ausführlich vorgestellt. Abstecher führen ins **Berner Oberland** (→ S. 224) und nach **Zürich** (→ S. 211). Zudem gibt es ausführliche Informationen zu **Land und Leuten**, zu Geografie, Geschichte und Kultur (→ ab S. 16). Mit vielen praktischen Informationen sind die **Reisetipps von A bis Z** (→ S. 244) ausgestattet. Spezielle Literatur zum Wandern, Radfahren oder zu den vielen Wintersportmöglichkeiten kann und will dieser Reiseführer nicht ersetzen, einige **Literaturhinweise** im Anhang (→ S. 253) können aber weiterhelfen.

PS.: Bei **Ortsbezeichnungen** wird die Schweizer Rechtschreibung verwendet – so Vierwaldstättersee statt Vierwaldstätter See. Nur bei Eigenbezeichnungen wird das Doppel-ss statt des im Schweizer Schriftdeutsch fehlenden Buchstaben »ß« genutzt.

Informationen

Luzern Tourismus
Zentralstr. 5 (im Hauptbahnhof)
6002 Luzern
Tel. +41/41/2271717
Mo–Fr 8.30–17, Sa und Feiertage 9–16, So 9–13 Uhr
www.luzern.com

Tourist Info Uri
Tellspielhaus, Schützengasse 11
6460 Altdorf
Tel. +41/41/8748000
Mo 13–17.30, Di–Fr 8–12 und 13–17.30, Mai–Okt. auch Sa 8–12 Uhr
www.uri.swiss

Tourist Information Einsiedeln-Ybrig-Zürichsee
Hauptstr. 85, 8840 Einsiedeln
Tel. +41/55/4184488
Mo–Sa 10–16, So 10–13 Uhr
www.eyz.swiss

Obwalden Tourismus
Bahnhofplatz 1, 6060 Sarnen
Tel. +41/41/6665040
Mo–Fr 9–12 und 13.30–17 Uhr
www.obwalden-tourismus.ch

Engelberg-Titlis Tourismus
Hinterdorfstr. 1, 6390 Engelberg
Tel. +41/41/6397777
Tgl. 8–12 und 13–17 Uhr
www.engelberg.ch

Zug Tourismus
Bahnhofplatz, 6300 Zug
Tel. +41/41/5117500
Mo–Fr 9–12.30 und 13.30–17, Sa 9–12 und 12.30–16 Uhr (nur im Sommerhalbjahr)
www.zug-tourismus.ch

Beste Reisezeit

Sommersaison ist gewöhnlich von Juni bis Anfang Oktober, Wintersaison von Dezember bis Ostern. Letztere kann sich in den höchstgelegenen Regionen verlängern oder verkürzen, je nachdem, wie gut es die Großwetterlage mit den Urlaubern meint. Wer bei der Urlaubsplanung nicht von Schulferien abhängig ist, nutzt am besten die Zwischenzeiten bis zum Beginn oder am Ende der Sommersaison, in denen die Hotelpreise zum Teil kräftig fallen. Wer

Die Zentralschweiz ist ein ideales Wandergebiet

Luzern oder Zürich näher kennenlernen möchte, sollte ebenfalls nicht zur Hauptferienzeit kommen, wenn die Städte aus allen Nähten platzen.
Ideale Zeiten für Wanderer sind Mai und Juni, aber auch September und Oktober – in den hochalpinen Regionen, wo selbst im Hochsommer Schnee fallen kann und Minustemperaturen die Tour zur Tortur machen können, auch Juli und August. Badeurlauber und Wassersportler genießen ebenfalls die Sommermonate, in denen das Thermometer oft deutlich über die 30-Grad-Marke klettert.

Preisniveau

Währung ist der **Schweizer Franken** (CHF), 1 CHF = 1,03 Euro (April 2024).
Zugegeben, die Schweiz ist teuer, deutlich teurer als ihre Nachbarländer jedenfalls! Trotzdem macht die Mehrzahl der Schweizer Urlaub im eigenen Land. Das liegt an ihrem Einkommen, schließlich liegt das Durchschnittsgehalt bei über 81 000 Schweizer Franken im Jahr, mehr als 83 000 Euro. So relativieren sich die Preise in Hotels und Restaurants, und es geht in der Schweiz nicht darum, Urlauber abzuzocken.

Übernachten

Hotels aller Preiskategorien und Ausstattung konkurrieren mit Heimen und Jugendherbergen, Ferienhäusern und -wohnungen oder kleinen und großen B & Bs, die zunehmend mit Self-Check-Inn aufwarten. In der katholischen Zentralschweiz mit ihren vielen Klöstern finden sich zudem zahlreiche Übernachtungsmöglichkeiten, bei denen man Leben und Arbeit der Ordensschwestern und -brüder näher kennenlernen kann. Besonders groß ist das Angebot an **Alphütten**, die längst nicht mehr nur Massenquartiere mit großen Schlafsälen sind, sondern auch Einzel- oder Doppelzimmer anbieten. Dank der Bergbahnen machen sich gar Boutique- oder Wellness-Hotels zunehmend auf den Berggipfeln und Passhöhen breit. Am besten ist es, seine Übernachtung direkt beim Anbieter zu buchen, nicht über eines der vielen Portale. Die machen das Buchen zwar manchmal schneller und bequemer, aber meist auch teurer. Und gerade bei kleineren privaten Unterkünften sollte man sich klarmachen, dass diese Provision an die Buchungsplattformen zahlen müssen und sich deshalb über Direktbuchungen freuen.

Aktivurlaub

Es gibt viele tausend Kilometer meist bestens ausgeschilderter **Wanderwege**, von einfachen Spaziergängen bis zu anstrengenden Bergtouren. Die erleichtern Bergbahnen, die Auf- und Abstieg oft ersparen. Die kleinsten Aufstiegshilfen gehören inzwischen zum Schweizer Kulturerbe und sind als lebendige Traditionen geschützt.
Rund 600 Kilometer bestens präparierter Pisten erwarten **Wintersportler** in der Zentralschweiz, die von über 200 Skiliften erschlossen sind, dazu kommen Dutzende von Bergbahnen. Von denen haben auch **Mountainbiker** profitiert, für die Down-Hill-Strecken und eigene Bike Parks geschaffen wurden. Auch Pässe wie Grimsel, Furka, Susten oder Gotthard sind in den letzten Jahren in den Fokus der Radler gerückt, weil sie schweißtreibende Auffahrten mit temporeichen Abfahrten vereinen. Das schätzen übrigens auch Motorradfahrer, die sich auf den nur im Sommer offenstehenden Passstrecken in die Kurven legen können. Auf ihre Kosten kommen zunehmend auch **Trail-Runner**, **Bergläufer** und **Kletterer**, für die es Routen aller Schwierigkeitsgrade gibt.
Vielfältig sind auch die Möglichkeiten für **Wassersportler**. Auf den großen Seen trifft man neben Paddlern, Ruderern und Seglern zunehmend Stand-Up-Paddler (SUP). Wassersportgerät, Bikes und Tourenräder müssen Urlauber ebenso wie Renn- und Tourenski, Snowboard und Schlitten nicht mitnehmen: Vielerorts lässt sich die Ausrüstung ausleihen, selbst **Angelgerät**, sind die meisten Schweizer Seen doch voller Fische.

Ausführliche Informationen in den Reisetipps von A bis Z, → S. 244.

Die Reise gleicht einem Spiele: Es ist immer Gewinn und Verlust dabei und meist von der unerwarteten Seite.

Johann Wolfgang von Goethe, der gern in der Zentralschweiz Station machte und seinen Freund Friedrich Schiller animierte, die Geschichten um den sagenhaften Schweizer Nationalhelden Wilhelm Tell zu dramatisieren

Der Golzerensee im Kanton Uri

LAND UND LEUTE

Steckbrief Zentralschweiz

Die Zentralschweiz ist eine der sieben Großregionen der Schweiz. Suisse Central nennen sie die Franzosen, Svizzera centrale die Italiener, Central Switzerland die Englisch sprechende Bevölkerung.

Früher nannte man die Region auch gern Innerschweiz (→ S. 18). Geografisch umfasst sie die Kantone Luzern, Uri, Schwyz, Obwalden, Nidwalden und Zug und streckt sich vom östlichen Teil des Kantons Bern bis zu den Grenzen der westlichen Nachbarkantone Glarus, Graubünden und Sankt Gallen. Die Großregion wird gern auch als Urschweiz bezeichnet, weil ihren Kern die ältesten Kantone der Eidgenossenschaft bilden.

Bis zur Erschließung des Gotthard-Passes glich die heutige Zentralschweiz eher einer Randlage in Europa. Dies unterstrich auch ihre erste gemeinsame Verbindung: das zum damaligen Bistum Konstanz zählende Dekanat Luzern. Mit der Öffnung des Gotthard-Passes freilich rückte die Region mehr und mehr in den Mittelpunkt, wurde Luzern zu ihrem Dreh- und Angelpunkt.

Mit einer Bevölkerungsdichte von nicht einmal 200 Einwohnern pro Quadratkilometer ist die Zentralschweiz eine eher wenigbesiedelte Region. Jeder fünfte Bewohner ist Ausländer, also Bewohner ohne Schweizer Stimmrecht. Konfessionell ist die Zentralschweiz katholisch geprägt, was auch die noch immer oft konservative politische Haltung der dortigen Kantone erklärt. Die Zentralschweiz lebt in großem Maß vom Fremdenverkehr, der eine lange Tradition hat. Sie reicht bis in die späten Jahre des 18. und frühen 19. Jahrhunderts zurück und war von Anfang an auch auf auswärtige Feriengäste ausgerichtet, die noch heute einen Großteil der Urlauber ausmachen.

Einwohnerzahl: ca 825 000

Fläche: 4483 qkm

Größte Stadt: Luzern

Höchste Erhebung: Dammastock, Kanton Uri, 3630 m

Größter See: Vierwaldstättersee

Längster Fluss: Reuss

Geographisches Zentrum: Rübimattli (Buochs)

Schwyz

Zug

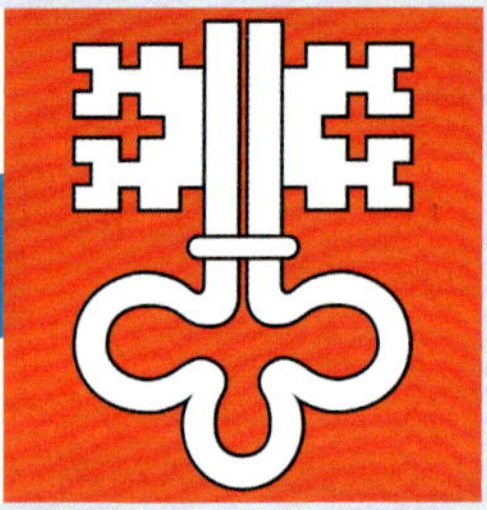

Nidwalden

Uri

Obwalden

Luzern

Geografie

Es ist eine vielgestaltige Landschaft mit Seen und Gletschern, aber auch mit Wäldern und Wiesen bis in die Höhen, auf denen im Sommer viele tausend Kühe, Ziegen und Schafe weiden. Zunehmend in den Fokus rücken auch die sogenannten unproduktiven Regionen, die steinernen Landschaften oberhalb der Baumgrenze – etwa in den Urkantonen Uri, Schwyz und Unterwalden. Touristisch sind sie meist zwar wegen fehlender Infrastruktur wie Fahrwegen oder Bergbahnen kaum erschlossen, doch entdecken immer mehr Menschen ihren Reiz.
Die Zentralschweiz reicht von den Hochalpen im Kanton Uri bis weit ins Mittelland mit seinen Seen und Hügeln. Uri gilt als eine besonders dicht mit Gipfeln zwischen 2000 und 3000 Metern Höhe ausgestattete Region. Dazwischen liegen die Voralpen, die Geografen in die Luzerner, Unterwaldner (Engelberger) und Schwyzer Voralpen unterteilt haben. Die höchsten Berge liegen im Alpenhauptkamm und schotten die Zentralschweiz Richtung Süden ab. Wichtigster Übergang ist der Gotthard, den man heute bequem auf Schiene und Straße durch Tunnel queren kann.

Ehemalige Gletscherlandschaft

Noch vor wenigen tausend Jahren prägten eiszeitliche Gletscher die gesamte Region. Sie schoben sich im Lauf der Eiszeit immer wieder vor und zurück. Wissenschaftler der Versuchsanstalt Wasserbau, Hydrologie und Glaziologie der ETH Zürich haben diese Entwicklung in einer Videosimulation eindrucksvoll rekonstruiert. Dazu fütterten sie einen Supercomputer mit geologischen Daten aus Gesteinsproben. Ihre Modelle zeigten, dass die Vergletscherung der heuti-

Am Sarnersee im Kanton Obwalden

gen Schweiz vor rund 25 000 Jahren am stärksten war. Damals reichte das ewige Eis bis weit in die Gegend von Zürich. Die Kaltzeit ging schließlich in eine Warmzeit über, in deren Verlauf die Zentralschweiz ihr heutiges Gesicht fand. Innerhalb nur weniger tausend Jahre schmolzen die teilweise mehrere hundert Meter dicken Eisschichten ab, deren Wasser riesige Mengen an Geröll, Sand, Kies und Gestein Richtung Norden schwemmte. Von diesen Gletscherablagerungen, Moränen genannt, zeugen noch heute die Hügellandschaften im Norden der Zentralschweiz, wo sich der Gletscherschutt schon mal höher türmen konnte. Besonders gut ist diese Zeit im Gletschergarten von Luzern sichtbar, wo bizarre Gesteinsformen von den Mächten schmelzender Gletscher Zeugnis ablegen (→ S. 90). Auch manches Bergmassiv im Herzen der Schweiz lässt ahnen, wie gewaltig die Kräfte waren, die während des Übergangs von der kalten zur warmen Erdzeit wirkten.

Damals formten sich aus den Gletschermassen erste Seen. So schuf der im Gotthardmassiv verankerte ehemalige Reussgletscher bei seinem Abschmelzen neben dem Vierwaldstättersee den Hallwiler- und Baldeggersee. Für die Bildung des Zürichsees sorgte der Rheingletscher.

Auch die Berge und Täler der Zentralschweiz wurden von den Massen des Eises geformt, das sie einst bedeckte. So entstand im Lauf der Zeit eine Landschaft, die zwar schon relativ früh besiedelt war, lange Zeit im Weltenlauf aber keine große Rolle spielte – schließlich versperrten mächtige Bergmassive den Weg Richtung Süden, durch die man erst im zweiten Jahrtausend unserer Zeitrechnung größere Schneisen schlug.

Wie die Zentralschweiz zu ihrem Namen kam

Zentralschweiz oder Innerschweiz sind noch relativ junge Begriffe. Sie gründen in der Existenz eines größeren politischen und gesellschaftlichen Gebildes namens Schweiz, das offiziell erst Mitte des 19. Jahrhunderts entstand. Bis dahin hatten sich Luzern und Zug zusammen mit den katholischen Urkantonen Uri, Schwyz und Unterwalden immer wieder dagegen gewehrt, aus dem eidgenössischen Staatenbund einen Bundesstaat mit eigener Verfassung zu machen.

Der Begriff »innere Cantons« tauchte 1766 erstmals im Werk des Pfarrers und Historikers Johann Konrad Füssli auf, der gern unter dem Pseudonym »Antisatanatuski« publizierte. Eine Generation später nutzte der reformierte Geistliche Philippe-Sirice Bridel in der französischsprachigen Schweiz die Begriffe »La Suisse intérieure« oder das »Innere der Schweiz« in seinen Veröffentlichungen als Heimat- und Naturforscher.

Nach 1848, die Schweiz hatte inzwischen eine erste Bundesverfassung, operierten auch Politiker wie Luzerns erster und langjähriger Stadtpräsident Casimir Pfyffer oder Philipp Anton von Segesser, Mitglied des ersten gewählten Schweizerischen Nationalrats, mit Bezeichnungen wie »Innere Kantone« (Segesser 1853) oder »Innere Schweiz« (Pfyffer 1858). Aus der »Inneren Schweiz« wurde im Französischen »Suisse centrale«, ein Begriff, der sich letztlich auch im Deutschen als »Centralschweiz« und später als »Zentralschweiz« als Bezeichnung für die Region durchsetzte.

Bergbahnen erschließen heute einst schwer zugängliche Regionen, hier bei Engelberg

Der Name »Innerschweiz« kam erst gegen Ende des 19. Jahrhunderts auf – etwa im Untertitel der 1894 gegründeten Arbeiterzeitung »Centralschweizerischer Demokrat«. Vor allem in der zweiten Hälfte des 20. Jahrhunderts nutzten den Begriff auch einige staatliche und interkantonale Institutionen wie die Innerschweizer Regierungskonferenz, die sich seit der Jahrtausendwende aber Zentralschweizer Regierungskonferenz nennt. Mit dem Abschied vom Begriff Innerschweiz, der inzwischen auch in der öffentlichen Diskussion auf dem Rückzug ist, hat der Begriff »Zentralschweiz« neue Popularität gewonnen. Seinen Siegeszug erleichtert, dass er historisch und politisch weniger belastet ist als »Innerschweiz«, das ja auch die Existenz einer »Außerschweiz« beinhaltet.

Klima

Das Klima im Herzen der Schweiz prägen vor allem die Alpen. Ihr Hauptkamm trennt das Mittelmeerklima, das man etwa im Tessin findet, vom gemäßigten Klima Mitteleuropas. Autofahrer spüren das manchmal bei der Fahrt über den Gotthard, wenn sich auf seiner Nordseite noch der Schnee türmt, während auf der Südseite schon die ersten Bäume blühen.

Die jährliche Niederschlagsmenge, die über der Schweiz niedergeht, entspricht nach Berechnungen des Bundesamtes für Meteorologie und Klimatologie MeteoSchweiz in etwa dem Fassungsvermögen des Bodensees (durchschnittlich etwa 1500 Millimeter jährlich). Der meiste Regen fällt in den höheren und höchsten Zentralschweizer Lagen im Winter als Schnee. Es ist das Kapital, von dem Wintersportorte wie Engelberg, Stoos, Hoch-Ybrig, Melchsee-Frutt, Sörenberg oder Andermatt leben. Vom vielen Regen profitieren das Napfgebiet und einige Gegenden im Kanton Schwyz, in denen sich riesige Moorlandschaften finden.

Der autofreie Wintersportort Stoos im Kanton Schwyz

Während sich im Mittelland und den Tälern der Voralpen vom Herbst bis ins Frühjahr oft zäher Nebel hält, scheint auf den Berggipfeln häufig die Sonne. Viele drängt es dann auf Pilatus, Rigi oder Stanserhorn, die mit der Bergbahn einfach zu erreichen sind und einzigartige Fernsichten auf die umliegenden Berge bieten.

Auch in der Schweiz gilt natürlich: Je höher der Standort, desto niedriger die Temperaturen. Polare Temperaturen werden hin und wieder von der Glattalp gemeldet, einem Kälteloch im Kanton Schwyz an der Grenze zum Nachbarkanton Glarus. Dort hatte man 1991 angeblich mehr als 50 Grad minus gemessen, was die jetzt mit offiziellen Messgeräten ausgestattete Alp ins meteorologische Blickfeld rückte. Einige Zentralschweizer Regionen verwöhnt die Sonne mit mehr als 2000 Stunden im Jahr – vor allem auf manchem Hochplateau oder einigen Orten am Ostufer des Vierwaldstättersees, die umliegende Berge von störenden Wolken abschirmen.

Föhn

Ein typischer Fallwind ist der Föhn, der vom Süden her über die Alpen bläst und sich in den nördlichen Alpentälern austobt. Dann kann es schnell mal zehn oder fünfzehn Grad wärmer werden und der trockene Wind zum Sturm werden. Besonders gefürchtet ist der Föhn im Urner Reusstal, an dessen Ende er manchen Wassersportler im Vierwaldstättersee plötzlich in Gefahr bringen kann. Der legendäre Schweizer Nationalheld Wilhelm Tell nutzte hingegen einen Föhnsturm, um bei Sisikon vom Boot zu springen und so seinen Schergen zu entkommen.

Auch aus der anderen Richtung kann der Wind in den nördlichsten Regionen der Zentralschweiz wehen. Dann heißt er Bise und ist ein kalter Wind aus Nordosten. Zu seiner Entstehung braucht es ein Hochdruckgebiet im Norden der Schweiz und Tiefdruck im Mittelmeerraum. Im Sommer bringt die kühle Bise meist schönes Wetter mit wolkenlosem Himmel, im Winter ist sie wegen ihres Windchill-Effekts gefürchtet, der bewirkt, dass die gefühlte Temperatur deutlich niedriger ist als die tatsächliche Temperatur.

Klimawandel

Deutliche Temperaturanstiege bescheren den Wintersportorten immer häufiger Regen statt Schnee und machen künstliche Beschneiung bei fehlendem Frost unmöglich. Prognosen gehen davon aus, dass die Nullgradgrenze weiter nach oben wandert, was das Aus für manchen Wintersportort bedeuten wird.

Das Gletschersterben ist bereits jetzt beängstigend, es ist vorhersehbar, dass es in Zukunft rasant an Fahrt gewinnen wird. Sind Eis und Schnee als Schutzschild über den Geröllfeldern einmal weggetaut, kann sich die Statik in den darunter liegenden Erdschichten schnell verändern und ganze Berghänge ins Rutschen bringen.

Eine große Gefahr wird auch der zunehmende Starkregen werden, der vor allem im Sommer immer häufiger Schlamm- und Geröll-Lawinen zu Tal schickt. Diese Murgänge, im Volksmund »Rüfe« genannt, haben eine große Zerstörungskraft und richten Jahr für Jahr in der Schweiz Schäden von über 100 Millionen Franken an, Tendenz steigend. In steilem Gelände erreichen die Murgänge Geschwindigkeiten von 50 Stundenkilometern. Murgänge, die im Vergleich zum Erdrutsch einen höheren Wasseranteil haben, schwemmen deutlich mehr Steine zu Tal, manchmal sogar tonnenschwere Felsblöcke, die hin und wieder für tagelange Straßensperrungen sorgen und manchen Wanderweg in den alpinen Regionen gar auf Monate blockieren.

Anders als Hochwasser sind Murgänge besonders schwer vorauszusagen – auch wenn im Alptal im Kanton Schwyz seit mehr als einem halben Jahrhundert Wissenschaftler versuchen, mit Hilfe modernster Versuchsanlagen dem Transport von Gestein, Sand und Geröll im Wasser auf die Spur zu kommen. In besonders bedrohten Gebieten wurden Sensoren im Erdreich angebracht, die permanent messen, ob und wann für die dort lebenden Menschen Gefahr besteht. Gegebenenfalls müssen ganze Dörfer geräumt und ihre Bewohner umgesiedelt werden.

Auch der Rhonegletscher im Kanton Wallis ist schon merklich zurückgegangen

Auch Tier- und Pflanzenwelt, so prophezeien die Klimaforscher, stehen in den nächsten Jahrzehnten vor entscheidendem Wandel. Viele Arten werden verschwinden und durch neue ersetzt. In zahlreichen Forschungsprojekten hat die Wissenschaft viele Szenarien simuliert, um die Auswirkungen des Klimawandels etwa auf die Landwirtschaft vorauszusagen. So könnten in der Zentralschweiz statt Kirsch- mehr Mandelbäume wachsen und auch in höheren Regionen mehr Trauben reifen.

Klimaschutz

Mitte Juni 2023 haben die Schweizer in einer Volksabstimmung die Weichen für den Klimaschutz neu gestellt. Mit deutlicher Mehrheit verpflichteten sie die Regierung, bis zur Mitte dieses Jahrtausends die Treibhausgas-Emissionen auf Null zu reduzieren. Fördergelder sollen den Bürgern den Abschied von Öl- und Gasheizungen erleichtern. Außerdem sollen im ganzen Land noch mehr Windräder aufgestellt werden. Sie sollen helfen, den Import von fossilen Energieträgern – fast drei Viertel des Bedarfs werden derzeit importiert – von Jahr für Jahr zu mindern.

Die Energiewende wird allerdings auch dazu führen, dass sich die Alpenlandschaft stark verändert, wo riesige Solaranlagen schon jetzt im Bau oder in Planung sind. Zudem sollen neue Stauseen zu Füßen der großen Gletscher das Wasser mehr als bislang zurückhalten, um die Wasserkraft ganzjährig besser zu nutzen. Dies erklärt auch, dass die erfolgreiche Volksabstimmung von 2023 in vielen Regionen der Zentralschweiz auf Ablehnung stieß. Besonders wenig Zustimmung fanden die Klimaschutzargumente in den Urkantonen Uri, Schwyz und Unterwalden, wo mehr als die Hälfte der Bürger gegen die Vorschläge der Regierung stimmten und sich den Argumenten der Landschaftsschützer anschlossen, die eine dem Tourismus abträgliche Verunstaltung der Bergregionen befürchten.

Windräder am Gotthard-Pass

Europäische Trollblumen im Simmental

Naturschutz

Die Alpen und die ihr vorgelagerten Landschaften bis weit ins Schweizer Mittelland gehören zu den ökologisch sensiblen Regionen, ein Drittel der Arten und die Hälfte ihrer Lebensräume sind bedroht. Nach Meinung vieler Naturschützer sind sogar fast knapp die Hälfte aller untersuchten Pflanzen- und Tierarten gefährdet oder gar vom Aussterben bedroht. Diese Erkenntnisse stehen im krassen Gegensatz zur Einschätzung der deutsch- und französischsprachigen Schweizer, die nach einer im Sommer 2023 veröffentlichten repräsentativen Umfrage mehrheitlich der Meinung sind, die Biodiversität sei in sehr gutem oder gutem Zustand.

Nur drei Prozent sehen in der schwindenden Artenvielfalt ein existentielles Problem. Zwar wissen die Schweizer, dass Klimawandel und Erderwärmung neben Krieg und Umweltverschmutzung die größten Gefahren für unseren Planeten sind, dass dazu aber auch das Schwinden der Biodiversität gehört, ist nur wenigen bewusst.

Biodiversität und Artenschutz

Zur langfristigen Überwachung der Artenvielfalt dient das Biodiversitätsmonitoring Schweiz (BDM). In seinem Rahmen werden auf je einen Quadratkilometer großen Dauerbeobachtungsflächen mindestens alle fünf Jahre stichprobenartig Pflanzen und Tiere erfasst – in Lebensräumen wie Wald, Wiesen und Weiden, Siedlungen, Äckern, Alpweiden und Gebirgsflächen. Die regelmäßigen Bestandsaufnahmen am immer gleichen Ort mit der genau gleichen wissenschaftlichen Methode erlauben präzise Aussagen zum Wandel der Artenvielfalt.

Die seit gut 20 Jahren regelmäßig erhobenen Daten zeigen, dass einst verbreitete Arten verschwinden und neue auftauchen. Gut aus den Aufzeichnungen zu ersehen ist auch, dass viele Pflanzen wie in der Zentralschweiz sich zunehmend

UNESCO-Biosphäre Entlebuch

in höheren Regionen ansiedeln, die ihnen früher keinen Lebensraum boten. Stark zugenommen haben zudem die Neophyten: Pflanzen, die Menschen in Gebiete einschleppten, in denen sie natürlicherweise nie zuhause waren. Auffallend ist auch, dass in den immer stärker erwärmten Bergseen die Artenvielfalt dramatisch abgenommen hat.

Naturschutzgebiete

Wichtigstes Ziel, um die Artenvielfalt zu erhalten, ist die Ausweisung und Schaffung von Schutzzonen für Pflanzen und Tiere. Dem sind einige Naturschutzorganisationen verpflichtet – allen voran Pro Natura, die älteste Schweizer Naturschutzorganisation. Sie betreut heute rund 750 Naturschutzgebiete mit einer Fläche von über 250 Quadratkilometern im Land sowie zahlreiche Naturschutzzentren. Vielerorts heißt das, die Natur sich selbst zu überlassen und erst einmal gar nichts zu tun. Andernorts gilt es, durch behutsame Eingriffe die Lebensbedingungen für Flora und Fauna zu verbessern. Zu diesem Zweck hat die Organisation hin und wieder auch ganze Land- oder Wasserflächen wie den Baldeggersee im Kanton Luzern aufgekauft. Er ist seit 1940 Eigentum von Pro Natura und das größte von ihr betreute Schutzgebiet. Ein Erlebnispfad erlaubt an fünf markierten Beobachtungsstationen zwischen Baldegg und Hochdorf erstklassige Naturbeobachtungen. Sie machen es etwa möglich, Libellen bei der Jagd nach Insekten zu beobachten oder Storch, Graureiher oder Eisvogel bei der Nahrungssuche im See.

Über die von Pro Natura betreuten Gebiete informiert eine Karte auf der Webseite der Organisation (www.pronatura.ch/de/schutzgebiete-erleben), die für einige gekennzeichnete Regionen auch passende Wandervorschläge macht. Da die Schutzgebiete häufig mit Informationstafeln zu den dort heimischen Pflanzen und Tieren versehen sind, ist eine Wanderung eine gute Möglichkeit, den Blick in die Natur und ihre Vielfalt zu schärfen.

UNESCO-Biosphäre Entlebuch

Die größten und meisten Moorgebiete der Schweiz, eindrucksvolle Bergmassive wie die Schrattenfluh und das Brienzer Rothorn und Alpweiden zum Sattsehen vereint die UNESCO-Biosphäre Entlebuch im südwestlichen Teil des Kantons Luzern. Das knapp 400 Quadratkilometer große Gebiet, in dessen sieben Gemeinden rund 18 000 Menschen zuhause sind, besteht zu gut einem Viertel aus einmaligen Moorregionen. Es sind feuchte Lebensräume auf wasserstauender Unterlage, jahrtausendealte Landschaften, die jährlich um rund einen Millimeter wachsen. Oder anders ausgedrückt: in 1000 Jahren um einen Meter höher werden. Bei guten Bedingungen verlieren die Moore die Verbindung zum Grundwasser. Flachmoore werden so zu Hochmooren, in denen nur hochspezialisierte Pflanzen und Tiere überleben können – etwa der fleischfressende Sonnentau. Flachmoore sind dank des Grundwassers nährstoff- und blütenreicher, so dass hier Orchideen wie die Knabenkräuter gedeihen. Das Moorgebiet Laubersmad-Salwideli bei Sörenberg (→ S. 114) gehört gar zu den bedeutendsten Feuchtgebieten der Welt (www.biosphaere.ch).

Fauna

Auch wenn die Zentralschweiz nur einen kleinen Teil des Landes ausmacht, ihre Pflanzen- und Tierwelt ist umso größer. Zudem freuen sich die Naturschützer, das eine oder andere verschwundene Tier wieder neu angesiedelt zu haben – etwa den zu Beginn des 19. Jahrhunderts ausgerotteten Biber. Er ist Europas größtes Nagetier, das jetzt wieder in den Kantonen Schwyz und Luzern heimisch ist. Auch der Steinbock ist wieder häufiger in der Zentralschweiz anzutreffen, seit viele hundert Tiere aus Graubünden zugewandert sind. Selbst Luchs und Rothirsch, ebenfalls eine Zeitlang ausgestorben, sind wieder gern gesehene Waldbewohner. Problematischer ist es um den Wolf bestellt, dessen Abschuss zwar Gesetze verbieten, der in manchem Kanton inzwischen aber so große Schäden angerichtet hat, dass er mit Sondergenehmigungen wieder gejagt werden darf. Noch aber gibt es keine Nachweise, dass Wölfe auch in der Zentralschweiz in größeren Gruppen unterwegs sind. Bären dagegen werden hin und wieder gesichtet, die in der Regel aus dem Norden Italiens kommen.

Murmeltiere wird man vielleicht nicht sehen, aber sicherlich hören

Zu den größeren Tieren, denen Wanderer und Biker unterwegs begegnen können, gehören Reh, Gams, Wildschwein, Fuchs und Dachs. Noch weiter oben in den Bergen ist das Murmeltier zuhause, dessen charakteristisches Pfeifen nicht zu überhören ist. Sozusagen Auge in Auge kann man ihnen in Murmeltierparks auf dem Stanserhorn oder dem Grimselpass gegenübertreten (→ S. 195, 240).

Auf der Rütliwiese soll sich der legendäre Rütlischwur zugetragen haben

im 13. Jahrhundert seinen Abschluss fand, der Erschließung der Gotthard-Route. Mit dem Bau der neuen Alpentransversale rückte die bis dahin wenig besiedelte Großregion um den Vierwaldstättersee ins Blickfeld von Wirtschaft und Politik.

In dem Gebiet war eine vorwiegend bäuerliche Gesellschaft zuhause, die schon aus Überlebensgründen auf Gemeinsinn und gesellschaftlichen Zusammenhalt angewiesen war. Neben der Viehwirtschaft, deren Produkte wie Fleisch und Käse die Menschen in die Städte lieferten, trieben sie bis in die Höhen Ackerbau, um sich weitgehend selbst zu versorgen. Organisiert waren die Menschen in sogenannten Talgemeinschaften wie zum Beispiel in Schwyz, Uri und Nidwalden, die als Keimzellen der Eidgenossenschaft gelten.

Die Geburt der Eidgenossenschaft

Schweizer Geschichte schrieben diese Talgemeinschaften mit der Unterzeichnung eines sogenannten Bundesbriefes, in dem sie sich verpflichteten, sich gegenseitig beizustehen »gegen alle, die ihnen innerhalb wie ausserhalb ihrer Täler Gewalt oder Unrecht antun«. Die Urkunde ist auf den 1. August 1291 datiert und gilt vielen Schweizern als Geburtsurkunde der Eidgenossenschaft. Historiker sehen das kritischer und nüchterner. Manche wollen inzwischen sogar wissen, dass das Datum der Urkunde rückdatiert sei und sie eher aus dem frühen 14. Jahrhundert stamme. Diese Zweifel nährt auch die Tatsache, dass der Bundesbrief erst 1758 im Archiv von Schwyz wiederentdeckt wurde und bis dahin politisch eigentlich keine Rolle gespielt hatte.

Geschichtliche Bedeutung gewann er erst im ausgehenden 19. Jahrhundert, nachdem der Schweizer Bundesrat, gestützt auf den auf 1291 datierten Bundesbrief, eine nationale Jubiläumsfeier zum 600-jährigen Jubiläum der Eidgenossenschaft ausrief und wenige Jahre später den 1. August zum nationalen Feiertag erhob. Dahinter stand zudem die Vorstellung, dass die Urkantone ihren Beistandspakt auf der Rütliwiese geschlossen hätten, wofür es aber keine historisch eindeutigen Belege gibt. Die Idee vom legendären Rütlischwur hatte vor allem Friedrich Schiller mit seinem Tell-Drama befeuert, in dem von Schiller erdachte Eidgenossen schworen: »Wir wollen sein ein einzig Volk von Brüdern, in keiner Not uns trennen und Gefahr. Wir wollen frei sein, wie die Väter waren, eher den Tod, als in der Knechtschaft leben. Wir wollen trauen auf den höchsten Gott und uns nicht fürchten vor der Macht der Menschen«.

Die Schlacht am Morgarten

Politisch betrachtet war der Bundesbrief eine Kampfansage an die Habsburger, die den Zentralschweizer Talschaften mehr und mehr zu schaffen machten. Es war ein über Jahrzehnte schwelender Konflikt, der schließlich in der Schlacht am Morgarten eskalierte. Früher nahm man an, ihr Auslöser sei der Überfall der Schwyzer auf das unter habsburgischem Schutz stehende Kloster Einsiedeln gewesen. Die jüngere Geschichtsschreibung aber sieht in der Schlacht weniger eine Vergeltungsaktion als eine Machtdemonstration der Habsburger. Sie wollten die Gelegenheit nutzen, die eidgenössischen Truppen in ihre Schranken zu verweisen. Dabei vertrauten sie nicht nur auf ihre bessere militärische Ausstattung, sondern auch auf ihre zahlenmäßige Übermacht. Trotzdem gingen sie geschlagen vom Schlachtfeld.

Zu Füßen des Morgarten-Denkmals erinnern Figuren an die Schlacht von 1315

Bis heute fehlen gesicherte und präzise Angaben über den Schlachtverlauf. Historisch belegt ist nur, dass Herzog Leopold von Habsburg mit seinen Kämpfern am 15. November 1315 am Morgarten mutmaßlich in einen Hinterhalt geriet. Seine Truppen bestanden angeblich aus voranreitenden adligen Rittern und Fußsoldaten aus den damals habsburgischen Herrschaftsgebieten wie Zürich oder Luzern. Denen standen die Waldstätte (frühere Bezeichnung der heutigen Kantone) gegenüber, zur Hauptsache Schwyzer Infanteristen.

Dass sie das Schlachtfeld am Ende als Sieger verließen, begründen Militärhistoriker damit, dass sie das Kampfgelände besser ausnutzten und das Ritterheer so in den Nahkampf zwangen. Mit ihren Hellebarden, einer relativ neuen Waffe, rückten die eidgenössischen Infanteristen der Habsburger Kavallerie buchstäblich auf den Leib.

Keine vier Wochen später erneuerten die siegreichen Kämpfer aus den Urkantonen im sogenannten Morgartenbrief ihr Bündnis, in dem erstmals der »Eidgenosse« als Begriff auftauchte. Es war ein Abkommen, das inhaltlich ganz dem Bundesbrief von 1291 ähnelte, in seiner Wirkung aber viel nachhaltiger war. Er wurde immer wieder kopiert oder gar aktuell umgeschrieben. So ist auch der heute im Bundesbriefmuseum in Schwyz präsentierte Morgartenbrief nicht das Original von 1315, sondern eine sogenannte Nachherstellung, also eine viele Jahrzehnte später entstandene Abschrift, die den Inhalt der ersten Urkunde fortschrieb. Wer will, kann im Morgartenbrief eine Art Richtlinie der Waldstätte im Umgang miteinander sehen. Dazu gehörte etwa, ohne Absprache keinen neuen Landesherren anzuerkennen oder ohne Wissen des anderen mit Auswärtigen zu verhandeln.

Das Wachsen der Eidgenossenschaft

Auch wenn die Schlacht am Morgarten, verglichen mit anderen militärischen Auseinandersetzungen, nicht viele Tote forderte, Militärhistoriker schätzen sie auf maximal 1500, war sie für das Entstehen der Schweiz eine wichtige Etappe. Mit Mut und Geschlossenheit, so machte der Ausgang der Kämpfe mit den Habsburgern klar, sind auch übermächtige Gegner zu bezwingen. 1332 trat deshalb das unter habsburgischem Einfluss stehende Luzern dem Bund der Urkantone bei. Außerdem gewannen die Eidgenossen mit entsprechenden Abkommen auch die Städte Zürich (1351), Zug (1352), das Land Glarus (1352) und die Stadt und Republik Bern (1353) für sich.

Ein Staatenbund war die Eidgenossenschaft damit aber noch lange nicht, eher ein militärisch orientiertes Bündnis zur Machterhaltung, das den österreichischen Habsburgern immer neue Schrecken einjagte. Deshalb zogen die erneut in den Krieg – und verloren den Kampf gegen die zahlenmäßig unterlegenen Eidgenossen (→ S. 103). Manch einer der siegreichen Kämpfer wie der legendäre Arnold Winkelried wurde zum Volkshelden stilisiert, dem man später große Denkmäler wie in Stans setzte. Krieger wie Winkelried wurden in ganz Europa für ihren Mut gelobt und sorgten dafür, dass die Eidgenossen neue Freunde gewannen. 1481 schlossen sich Freiburg, das heutige Frybourg, und Solothurn ihrem Bund an, 1501 folgten Basel und Schaffhausen, 1513 das Land Appenzell. Damit hatte die Eidgenossenschaft weitgehend jene Gestalt gefunden, die der späteren Schweiz ähnelte.

Historische Uniform der Schweizergarde

Selbstbewusst waren die Eidgenossen schon im 1499 geschlossenen »Frieden zu Basel« aufgetreten, mit dem sie die Auseinandersetzungen mit den im »Schwäbischen Bund« organisierten Städten beendeten und auf Distanz zum Heiligen Römischen Reich Deutscher Nation gingen. Völkerrechtlich verbindlich wurde ihre Absage an das deutsche Kaiserreich aber erst mit dem Westfälischen Frieden 1648.

So geschlossen aber, wie es den Anschein hatte, war die Eidgenossenschaft nicht. Das zeigte sich vor allem in der Italienpolitik. Während Uri und Luzern samt dem Wallis sich die Herrschaft über die Alpenpässe wie Gotthard oder Simplon bis weit in den Süden gewaltsam sichern wollten, versprachen sich Bern und Zürich mehr von politischen Verhandlungen als von militärischen Eroberungszügen. So unterschiedlich die politischen Auffassungen auch waren, eines hatte sich in ganz Europa längst herumgesprochen: die Kampfkraft eidgenössischer Soldaten, die schließlich als Söldner an verschiedensten Fronten als sogenannte Reisläufer kämpften. In den Augen vieler Eidgenossen war dies ein Missstand, den die Tagsatzung, ihre politische Vertretung, aber nur schwer in den Griff bekam.

Umstrittenes Söldnertum

Der hohe Blutzoll unter den Eidgenossen in fremden Diensten führte schließlich zu Maßnahmen, die die außenpolitischen Kompetenzen der Mitglieder des Bundes drastisch einschränken sollten. So wurde es verboten, von auswärtigen Mächten Geld für die Abstellung von Soldaten anzunehmen. Klug gedacht war das, aber kaum einer der Eidgenossen hielt sich daran. So stellte der Kanton Uri im Jahr 1506 für den Papst eine eigene Leibgarde ab: 150 Söldner, die von den Fuggern aus Augsburg bezahlt wurden. Eine Truppe, die noch heute als »Guardia Svizzera Pontificia« (Schweizergarde) ihren Dienst im Vatikan versieht und noch immer aus katholischen Schweizer Männern im Alter zwischen 19 und 30 Jahren besteht, die mindestens 1,74 Meter groß und sportlich sein müssen.

Schweizergardist 1578 beim Dienst im Vatikan

1511 traten die Eidgenossen der Heiligen Liga bei, einem Bund katholischer Mächte, von der Republik Venedig über das Königreich Aragonien bis zum englischen König. Sie hatten sich vorgenommen, die dem Papst von den Franzosen entrissenen italienischen Gebiete zurückzugewinnen. Für die Eidgenossen allerdings wurde das zum Fiasko. Vor den Toren Mailands, in der Schlacht von Marignano (1515), trafen viele Zehntausend bezahlter Söldner in Diensten des Kirchenstaates und der Franzosen aufeinander. Es war ein blutiges Gemetzel, das der Schweizer Maler Ferdinand Hodler in einem Fresko im Landesmuseum in Zürich eindrucksvoll verewigt hat. Mit vielen tausend gefallenen eidgenössischen Söldnern wurde es zum vielleicht bedeutendsten Ereignis in der Schweizer Militärgeschichte.

Nach zähem politischem Ringen – Zürich, Basel, Schwyz, Uri und Schaffhausen wollten den in Marignano verlorenen Kampf gegen Frankreich fortsetzen, die übrigen Kantone aber nicht – einigte man sich im September 1516 auf einen Friedensvertrag mit den Franzosen. Es war der langsame Abschied vom expansiven Machtstreben vieler Eidgenossen. Befördert wurde diese Einsicht allerdings von einer neuen Entwicklung, die als Reformation Weltgeschichte schreiben sollte.

Der Glaube als Spaltpilz

Zu den Teilnehmern an der Schlacht in Marignano gehörte Ulrich Zwingli (1484–1531), katholischer Feldgeistlicher aus dem Kanton St. Gallen. Wie für Luther war auch für Zwingli die Bibel der wichtigste Lebensanker. Zwinglis Auslegungen der Heiligen Schrift trieben die Menschen vor allem sonntags in Massen ins Zürcher Großmünster, wo er nach Stationen als Pfarrer in Glarus und Einsiedeln ab dem Jahr 1519 predigte.

Für Zwingli war weder das Zölibat noch das vorösterliche Fastengebot biblisch begründet, weshalb angesehene Zürcher Bürger 1522 mitten in der Fastenzeit zu einem Wurstessen einluden. Hohe Wellen schlug das in der Stadt, weshalb Zwinglis Dienstherr, der Bischof von Konstanz, ihn zur Rede stellte. In seiner eindrucksvollen Schrift *Von erkiesen und freyhait der spysen* wies Zwingli mit vielen Bibelzitaten dem Bischof nach, dass jeder Mensch fasten könne, wann er wolle, nicht aber müsse, wenn es die Kirche vorschreibe.

Zwingli-Denkmal in Zürich

Tagsatzung in Baden 1531

Zwinglis Bibelauslegungen sprachen sich schnell auch in Rom herum, weshalb der Papst ihm untersagte, weiter zu predigen und den Rat der Stadt Zürich aufforderte, Zwingli als Ketzer zu ächten. Der aber stellte sich hinter ihn, machte die Thesen des Pfarrers am Großmünster öffentlich und schaffte alles ab, was dem Vordenker der Reformation in der Schweiz nicht biblisch genug war. Dazu gehörten die Beichte ebenso wie Prozessionen. Ganz neu gestaltet wurden auch die Messfeiern, die zu reinen Wortgottesdiensten schrumpften. Zudem wurde das Abendmahl mit der Ausgabe von Brot und Wein an alle Teilnehmer gefeiert. Mit der Heirat seiner langjährigen Lebensgefährtin sagte Zwingli sich letztlich ganz vom Leben als katholischer Pfarrer los.

Zwinglis Glaubenslehre, gefördert vom Zürcher Rat, überzeugte auch in Schaffhausen, Bern, St. Gallen, Graubünden, Basel und Appenzell die Eidgenossen. Nicht aber die Zentralschweizer Kantone, die am alten katholischen Glauben festhielten. Schließlich mündeten ihre unterschiedlichen Auffassungen in einer offenen Schlacht bei Kappel am Albis, in die Zwingli selbst als Kämpfer, nicht als Pfarrer zog. Mit geschätzten 400 Verwundeten und Toten bezahlte Zürich den Glaubenskampf. Unter ihnen war auch Zwingli, dessen Leichnam gevierteilt und verbrannt wurde. »Er hatte nicht geschlagen, sondern war nur mannhaft bei den Seinigen im Gliede gestanden, um zu dulden, was ihnen bestimmt war«, heroisierte der Schweizer Schriftsteller Gottfried Keller 1877 in seiner Novelle *Ursula* Zwinglis Tod.

Der Plan, die gesamte Eidgenossenschaft dem reformierten Glauben zuzuführen, war damit gescheitert. Denn mit Zwingli starben auch eine Reihe von Männern, die als Speerspitze der Reform galten. In einer Art Friedensvertrag erkannten die katholischen Schweizer zwar die konfessionelle Spaltung der Eidgenossenschaft an, forderten aber die reformierten Kantone auf, zum alten Glauben zurückzukehren. Städte wie Rapperswil oder Bremgarten wurden gar zwangsweise rekatholisiert.

In der prachtvollen Jesuitenkirche in Luzern, einem Hort der Gegenreformation

Gegenreformation

Von der Wucht und Geschwindigkeit, mit der sich der neue Glaube in der Eidgenossenschaft ausbreitete, waren die Katholiken überrascht. Ihre Antwort war in der zweiten Hälfte des 16. Jahrhunderts die sogenannte Gegenreformation, deren Wegbereiter Orden wie die Jesuiten und Kapuziner wurden. Mit opulenten Prozessionen und prächtigen Kirchenbauten wie in Luzern schürten sie die Lebenslust in den katholischen Regionen neu.

Eine der Folgen von Reformation und Gegenreformation war eine lebhafte Flüchtlingswelle. So wanderten katholische Zürcher nach Luzern aus, Reformierte strömten aus der Zentralschweiz nach Zürich. Spätestens mit Beginn des 17. Jahrhunderts war die Schweiz ein konfessionell zweigeteiltes Land, woran sich bis weit ins 19. Jahrhundert nichts mehr ändern sollte.

Die konfessionelle Trennung der Menschen war von Anfang an auch Thema im politischen Gremium der Eidgenossen, der sogenannten Tagsatzung. Bereits 1522 hatte ein Großteil seiner Vertreter vor den Folgen einer Kirchenspaltung gewarnt und allen Bündnismitgliedern empfohlen, das Predigen der »neuen Lehre« zu verbieten. Vor allem Zürich wurde immer wieder ermahnt, dass aus den dort verbreiteten Lehren dem Land nur Unruhe und Gefahren erwachsen würden. Zürich aber ließ sich davon nicht beeindrucken und suchte stattdessen nach Verbündeten für seinen Kurs. Letztlich aber waren die Fronten klar, stand während der Tagsatzungen meist eine katholische Mehrheit einer protestantischen Minderheit gegenüber. Politisch war das voller Unwucht, machten die Katholiken doch nur etwa zwei Fünftel der von der Tagsatzung vertretenen Gesellschaften aus.

Auf dem Weg zur Unabhängigkeit

Glück hatten die Eidgenossen, dass ihr Land vom großen europäischen Glaubenskampf, dem Dreißigjährigen Krieg, weitgehend verschont blieb. Als Söldner in Diensten anderer Herren aber waren erneut Zehntausende involviert, die in Auseinandersetzungen wie dem Spanischen Erbfolgekrieg zu Beginn des

18. Jahrhunderts erneut aufeinandertrafen, die einen auf Seiten der Habsburger, die anderen im Auftrag des französischen Adelsgeschlechts der Bourbonen. Es waren Konstellationen, die das Unabhängigkeitsdenken der Eidgenossen weiter befördern sollten.

Zum Problem wurde schließlich auch die wachsende Ungleichheit zwischen Land- und Stadtbevölkerung, die im 17. und 18. Jahrhundert stark zunahm. Der Preisverfall landwirtschaftlicher Erzeugnisse, steigende Abgaben und die Abwertung der Währung verschlechterten das Einkommen der Bauern so stark, dass sich viele gegen die Städte erhoben, wo es den Menschen sichtlich besser ging. Doch ihre Aufstände wurden schnell und manchmal auch blutig niedergeschlagen – ebenso wie immer wieder neu aufflammende konfessionell bedingte Auseinandersetzungen.

Auswanderungswelle

Auch wenn im 18. Jahrhundert noch neun von zehn Eidgenossen in der Landwirtschaft beschäftigt waren, auf Dauer standen die Chancen schlecht, die Bevölkerung ausreichend zu ernähren. Fast die Hälfte des Getreides musste eingeführt werden, ebenso das lebenswichtige Salz. Und weil es an einer überregionalen Bewirtschaftung des Landes fehlte, litten manche Regionen Hunger. Viele Menschen verließen deshalb das Land, nicht nur Verarmte und schlecht Ausgebildete, sondern auch viele Fachkräfte, die in aller Welt gesucht waren. So genossen Schweizer Kaufleute in den Hafenstädten und Handelsmetropolen Europas hohes Ansehen, wo sie halfen, Schweizer Importe wie Käse auf die heimischen Märkte zu bringen und Rohstoffe in ihre Heimat zu exportieren.

Mit wachsender Industrialisierung aber änderte sich das Bild, das zunehmend von der Textilindustrie geprägt wurde und sich zum Teil auch auf Heimarbeit stützte, die vielen Kleinbauern beim Überleben half. Was ein gutes Wirtschaften freilich bremste, war das Fehlen einer einheitlichen Währung.

Ländliche Idylle ist auch heute noch zu finden: Bauernhaus im Tal der Aare

Vom Wachsen der helvetischen Gesellschaft

Zwischen dem Ende des Dreißigjährigen Kriegs und der Französischen Revolution waren die Eidgenossen außenpolitisch meist souverän und neutral geblieben. Diese Haltung ließ im 18. Jahrhundert ein starkes Heimatgefühl reifen. Befeuert wurde das im Schulunterricht, wo man viel Wert auf die Vermittlung eidgenössischer Geschichte und ihrer Mythen und Legenden legte. In den Mittelpunkt des neuen Patriotismus rückten die Alpen, in denen man eine Art Urland sehen wollte, das helvetische Herz sozusagen, das Arm und Reich, Menschen jeden Glaubens, Städtern und Landbevölkerung Platz bot. Aus den Eidgenossen wurde so eine neue Gemeinschaft, die sich 1761 in der »Helvetischen Gesellschaft« zusammenfand. Es war ein Diskussionsforum mit Mitgliedern aus allen Kantonen. Zum Werteanker der Gesellschaft wurden die Gedanken der Aufklärung, das Bild von einem letztlich der Vernunft verpflichteten Menschen, dessen vordringliche Aufgabe die Förderung des »Guten und Gemeinnützigen« sein sollte. Dazu gehörte auch ein großes Maß an Toleranz gegenüber Andersdenkenden und damit die Einsicht, dass Katholiken und Protestanten auch friedlich miteinander auskommen können. Viele Pfarrer, Kaufleute, Landvögte, vor allem aber die neuen Bildungsbürger in den Städten wurden so zu den entscheidenden Trägern eines neuen Nationalgefühls, dessen Saat bald auch politisch aufgehen sollte.

Vom Staatenbund zum Bundesstaat

Leben und leben lassen: Unter diesem Motto steuerte die Eidgenossenschaft auf das 19. Jahrhundert zu. Die epochalen Umwälzungen in Europa, ausgelöst durch die Französische Revolution aber waren auch im Herzen der Eidgenossenschaft zu spüren. Die Einnahme der Stadt Bern im März 1798 durch französische Truppen markierte das Ende der Alten Eidgenossenschaft. An ihre Stelle trat nur wenig später die von den Besatzern initiierte »Helvetische Republik«. Die bis dahin selbstständigen Kantone wurden zu Verwaltungseinheiten degradiert und wie die französischen Departements neu aufgeteilt. So entstanden politische Gebilde wie das Department Waldstätte, das die Urkantone Uri, Schwyz und Unterwalden vereinte. Die neue Verfassung, entworfen von einer Gruppe aufgeklärter und liberal-zentralistisch gesinnter Schweizer, lehnte sich eng an die Frankreichs an. Staat und Kirche wurden getrennt, Maße und Gewichte vereinheitlicht, ebenso das Münzwesen. Außerdem wurde die Gewaltenteilung eingeführt: Legislative, Exekutive und juristische Gewalt sollten die demokratische Kontrolle der Institutionen gewährleisten. Alle kantonalen Symbole hatten zugunsten einer helvetischen Trikolore in den Farben grün-rot-gelb zu verschwinden. Als staatliches Siegel diente die Figur Wilhelm Tells, des Tyrannenmörders, den auch die Französische Revolution zu einem ihrer Helden erkoren hatte.

Stabilität freilich verlieh diese Verfassung dem neuen Staatsgebilde nicht. Der elitären Regierungspartei der Republikaner erwuchs schnell ein Gegenpart. Deren stärkste Kraft war eine konservative Opposition, die zurück zur Souveränität der Kantone wollte. Napoleon – verärgert, dass die »Helvetische Republik« nicht in der Lage war, in seinem Machtsystem Ordnung zu halten - machte aus der Helvetischen Republik deshalb 1803 die »Schweizerische Eidgenossenschaft«. Es ist die bis heutige gültige amtliche Bezeichnung für den Schweizer Gesamtstaat. Die aufgehobene Helvetische Verfassung ersetzte 1815 ein Bundesvertrag, der die politische Verantwortung wieder ganz den Kantonen übertrug. In Uri, Schwyz, Unterwalden, Glarus, Zug und Appenzell wurden die Landsgemeinden wieder installiert – und in den Stadtkantonen wie Luzern übernahmen die Kleinen und Großen Räte erneut das politische Kommando.

Damit aber flammten die alten Konflikte zwischen den liberal-progressiven und den in einem Sonderbund zusammengeschlossenen konservativ-katholischen Kantonen wie Luzern, Schwyz, Uri, Zug, Ob- und Nidwalden, Freiburg und Wallis wieder auf. Die Mitglieder des Sonderbundes wollten ihre Souveränität nicht aufgeben, die anderen dagegen einen zentralen Bundesstaat schaffen und damit die vielen unterschiedlichen Maße, Gewichte und Münzen vereinheitlichen.

Sonderbundskrieg

Die erste Runde im Kampf zwischen Bewahrern und Fortschrittsgläubigen ging an die Reaktionäre, als 1839 eine Schar von Bauern in Zürich einfiel, die liberale Regierung dort stürzte und durch eine konservative ersetzte (Züriputsch). Damit war der von vielen überwunden geglaubte Konfessionskrieg wieder da, den ultrakonservative Jesuiten gezielt angeheizt hatten. Ganz langsam reifte in der Tagsatzung schließlich die Überzeugung, den Sonderbund, der gegen den bestehenden Bundesvertrag verstieß, aufzulösen und die Jesuiten aus der Schweiz zu verbannen. Im Oktober 1847 beschloss man deshalb die Mobilmachung der eidgenössischen Kantonstruppen. Die führte Guillaume Henri Dufour (1787–1875), der spätere Gründer des Internationalen Komitees vom Roten Kreuz. Für die entscheidenden Auseinandersetzungen mit den Sonderbundsstaaten hatte er fast 100 000 Soldaten zur Verfügung, rund 20 000 mehr als der Sonderbund. Als erstes zwang er Freiburg zur Kapitulation, ehe er die im Luzerner Land gebündelten Truppen des Sonderbundes attackierte. Vor dem Einmarsch in den Kanton Luzern hatte Dufour seine Soldaten angewiesen, nicht nur siegreich zu sein, sondern in allen Kämpfen auch humanitäre Grundsätze einzuhalten. »Eidgenössische Wehrmänner« war ein Flugblatt an die Truppen überschrieben: »Zerstört nichts ohne Noth, verschleudert nichts; mit einem Wort, betragt Euch so, dass Ihr Euch Achtung erwerbet und Euch stets des Namens, den Ihr traget, würdig zeiget.« Nur wenige Wochen später kapitulierte Luzern

Guillaume Dufour, General im Sonderbundskrieg

angesichts der militärischen Übermacht, auch die anderen Sonderbundsmitglieder schlossen sich an. Deshalb auch blieb der Blutzoll im Rahmen: Knapp 100 Menschen bezahlten den Sonderbundskrieg mit dem Tod, rund 500 mit Verletzungen. In der Folge wurden die Verfassungen in den Sonderbundsstaaten mit ihren damals 415 000 Einwohnern revidiert und denen der übrigen Kantone, in denen fast zwei Millionen Menschen zuhause waren, weitgehend angepasst. In den militärisch besetzten Kantonen fanden anschließend Wahlen statt, die in Luzern, Freiburg und dem Wallis liberal-radikale Mehrheiten brachten und in Zug und Schwyz sogar zur Abschaffung der Landsgemeinden führten. Auch wenn Österreich, Frankreich, Russland und Preußen drohten, keine Veränderung des Bundesvertrages von 1815 hinzunehmen, machten die Schweizer schnell Nägel mit Köpfen und schufen im Februar 1848 ihre neue Verfassung.

Anstelle des losen Staatenbundes mit der Tagsatzung trat der neue Bundesstaat mit seiner Bundesversammlung. Sie besteht bis heute aus Vertretern der Kantone (Ständerat) und des Schweizer Volkes (Nationalrat). Zoll-, Post- und Münzwesen wurden vereinheitlicht, ebenso Maße und Gewichte. Auch die Entscheidung über Krieg und Frieden wurde allein dem Bund übertragen.

Nach oft zähem Ringen billigten fast alle Kantone die neue Verfassung anschließend in Volksabstimmungen. Genauer betrachtet hatten zehn Kantone mit großer Mehrheit für die neue Bundesverfassung mit ihren 114 Artikeln gestimmt, weil sie von ihr überzeugt waren. Sechs Kantone favorisierten sie trotz aller Bedenken, eine etwa gleich große Gruppe wollte weiter am Föderalismus festhalten und stimmte deshalb dagegen. Dazu gehörten Ob- und Nidwalden, Schwyz, Uri und Zug. Weil man die Abstimmung politisch absehen konnte, griffen die Volksvertreter, um der neuen Verfassung Geltung zu verschaffen, zu einer revolutionären Maßnahme, indem sie vom Einheitsprinzip bei Abstimmungen zum bereits im Bundesvertrag von 1815 verankerten Mehrheitsprinzip übergingen.

Die Schweiz gewinnt Kontur

Mit ersten, privat betriebenen Eisenbahnlinien und dem landesweiten Ausbau des Straßennetzes, fortschreitender Industrialisierung und demokratischen Reformen, zu denen unter anderem die Einbürgerung von rund 30000 heimatlosen, meist fahrenden Menschen gehörte, war die Schweiz auf Erneuerungskurs. Mit dem endgültigen Verbot des Reislaufen, also der Abordnung Schweizer Söldner an auswärtige Staaten und Mächte, stärkte sie zudem ihre Stellung als ein der Neutralität verpflichtetes Land.

Die Neutralität war es letztlich auch, welche die Schweiz von einer Beteiligung an den beiden großen Weltkriegen abhielt. Diese Haltung war es auch, die von der Völkergemeinschaft nach dem Ersten Weltkrieg mit der Errichtung des Völkerbundes mit Sitz in Genf honoriert wurde. Es war eine zwischenstaatliche Organisation zur Friedenssicherung, die den Zweiten Weltkrieg aber nicht verhindern konnte und später durch die Vereinten Nationen ersetzt wurde.

Anders als die Deutschen, die Anfang der 1930er Jahre eine Wirtschaftskrise gepaart mit hoher Arbeitslosigkeit in die Fänge der Nationalsozialisten trieb, lösten die Schweizer das gleiche Problem, in dem sie politisch mehr zusammen-

Unteriberg im Kanton Schwyz ist bekannt für sehr konservative Abstimmungsergebnisse

rückten. Die »Geistige Landesverteidigung« wurde zu einer politisch-kulturellen Bewegung, die Sozialisten und Gewerkschaftler mit Konservativen und Industriellen vereinte. Zudem verbilligte die Abwertung des Schweizer Frankens um 30 Prozent die Exporte, was der Wirtschaft zugutekam. Anfangs der 1940er Jahre arbeiteten schätzungsweise 60 Prozent der Schweizer Waffenindustrie, die Hälfte der optischen Industrie und 40 Prozent der Maschinenindustrie im deutschen Auftrag. Zum Handlanger der Nationalsozialisten wurden die Schweizer Banken, auf deren anonymen Nummernkonten die Vermögen vieler tausend deportierter Juden gebunkert wurden. Das in einem neutralen Staat angelegte Geld hielt Hitler auf Dauer für sicher, weshalb er sich die Schweiz im Gegensatz zu Österreich nicht einverleibte. Trotzdem trauten ihm die Schweizer immer weniger, je länger der Krieg währte. Am Vierwaldstättersee baute man so Bunker für den Ernstfall. Und auch auf Pässen wie im Kanton Uri richtete die Schweizer Armee die eine oder andere Stellung für den Fall des Falles ein.

Vom Zweiten Weltkrieg direkt aber bekam nur der Schweizer Norden einiges direkt zu spüren, weil deutsche Flugzeuge immer wieder Schweizer Luftraum verletzten oder Maschinen der Alliierten Städte wie Schaffhausen, die sie irrigerweise in Deutschland wähnten, bombardierten.

Neustart nach dem Zweiten Weltkrieg

Nach dem Zweiten Weltkrieg wurde die kriegsbedingte, weitgehend staatliche Lenkung von Wirtschaft und Gesellschaft abgebaut. Ihren Neutralitätskurs aber behielt die Schweiz weiter. So trat sie weder den Vereinten Nationen noch der NATO bei, was zu lebhaften Diskussionen führte. Chemische Industrie, Maschinenbau, das Bankwesen und die Lebensmittelindustrie (Nestlé) wurden zum neuen Konjunkturmotor, der erst in den 1970er Jahren etwas ins Stottern geriet. Zum politischen Glanzstück geriet 1959 die sogenannte »Zauberformel«, wonach sich die vier größten Parteien des Landes die sieben Ministerposten im Bundesrat gemäß dem Wahlergebnis aufteilen. Es war eine Kompromisseinigung, die bis heute Bestand hat.

Mit den Jugendkrawallen in den 1980er Jahren in Zürich und anderen Städten artikulierte sich schließlich eine neue Schweizer Generation, der die Atomkraftwerke ebenso ein Dorn im Auge waren wie die zunehmende Betonierung ganzer Landschaften oder das vielerorts fehlende Frauenstimmrecht, das erst in einer Volksabstimmung 1971 vom männlichen Stimmvolk durchgesetzt wurde. Die Bürger von acht Kantonen, darunter die der Schweizer Urkantone, aber sperrten sich weiter dagegen. Erst ein Jahr später machten kantonale Abstimmungen den Weg für das Frauenwahlrecht auch in Uri, Schwyz, Nid- und Obwalden frei. Den Schlussstrich unter die Diskussion zog letztlich 1990 das Schweizer Bundesgericht. Es gab der Klage einer Frau aus Appenzell-Innerrhoden recht, welcher der Kanton das Wahlrecht weiter verweigert hatte. Die katholische Zentralschweiz gilt auch heute noch manchem als Hort des Konservativismus. Als »Neinsager« frei nach Bert Brecht gilt etwa der Kanton Schwyz vielen »Jasagern« in der französischsprachigen Westschweiz. Bekannt ist etwa die dortige Gemeinde Unteriberg mit ihren knapp 2500 Einwohnern, die sich während der Covid-Pandemie als Hochburg der Impfgegner zeigte und in einer Volksabstimmung 2021 die »Ehe für alle« mit deutlich mehr als zwei Drittel aller Stimmen ablehnte.

Wahlen 2023

Stramm rechts zeigte sich Unteriberg auch bei den Nationalratswahlen im Oktober 2023, bei denen knapp 60 Prozent der Bevölkerung die SVP wählten, die nationalkonservative Schweizerische Volkspartei. Die rechtspopulistische und EU-kritische Partei punktete im Wahlkampf mit einer strikten Migrationspolitik, welche die angebliche Überfremdung des Landes thematisierte und viele Schweizer inzwischen umtreibt. Die SVP ging mit fast 30 Prozent aller Stimmen deshalb auch gestärkt aus der Wahl in der gesamten Schweiz hervor.

Zentralschweizer Hochburgen der SVP waren neben dem Kanton Schwyz (36 Prozent) vor allem Obwalden (52 Prozent) und Zug (30 Prozent). Den Aufschwung der Partei »Die Mitte« – 2021 aus dem Zusammenschluss von Christdemokratischer Volkspartei und Bürgerlich-Demokratischer Partei hervorgegangen – zur zweitstärksten Schweizer Partei beflügelten die Kantone Luzern (28 Prozent), Nidwalden (45 Prozent) und Uri (62 Prozent), die noch immer über ein eher christlich orientiertes, vor allem aber bürgerliches Wählerpotential verfügen. Auffallend waren die Verluste der Grünen, die es nicht verstanden, mit ihrer Arbeit etwa für mehr Klimaschutz zu überzeugen.

Was die Zentralschweiz auch bei diesen Wahlen auszeichnete, ist das politische Engagement ihrer Bürger. So lag der Anteil der Wähler in all ihren Kantonen deutlich über dem in der gesamten Schweiz, wo nicht einmal die Hälfte aller Wahlberechtigten teilnahm. An der niedrigen Wahlbeteiligung bei nationalen Abstimmungen freilich sind die Urkantone mit ihrer jahrhundertelang erprobten direkten Demokratie nicht ganz unschuldig. Parteienforscher machen die Zentalschweizer Landsgemeinden mit ihrem Demokratieverständnis verantwortlich, dass die vielen Volksabstimmungen, durch die sich politisch gewichtige Themen korrigieren lassen, das Interesse an allgemeinen Wahlen bei vielen Stimmbürgern haben erlahmen lassen.

Swissness – Die Schweiz als Marke

Schweizer Messer sind in aller Welt ebenso berühmt wie Uhren, Käse oder Schokolade, auch wenn die nicht mehr nur aus der Schweiz kommt. So hat der längst zum amerikanischen Mondelez-Konzern gehörende Hersteller Toblerone das Logo des Matterhorns auf der Verpackung seiner bekannten Schokolade unlängst aufgegeben und durch ein allgemeines Bergpanorama ersetzt, weil Toblerone zum größten Teil in der Slowakei produziert wird. Auch der größte Schweizer Messerhersteller Victorinox, zuhause im Kanton Schwyz, hat das Firmenlogo mit dem Kreuz in den Schweizer Landesfarben auf seinem Reisegepäck durch eine schwarz-weiße Farbgebung ersetzt, weil es nicht mehr komplett aus der Eidgenossenschaft stammt.

Die Produktänderungen sind die Folge des seit 2017 geltenden Swissness-Gesetzes. Sein Ziel ist, die Bezeichnung »Schweiz« und die Verwendung des Schweizerkreuzes besser zu schützen. Nur so lässt sich nach Ansicht des Gesetzgebers die »Marke Schweiz« langfristig erhalten und sichern. Das umfangreiche und mit einigen Ausnahmeregelungen etwa für Bündner Fleisch oder Schokolade versehene Gesetz definiert Anforderungen an Waren und Dienstleistungen, die sie erfüllen müssen, um sie als »schweizerisch« zu kennzeichnen. Besonders streng sind die Vorschriften im Lebensmittelbereich, wo die Rohstoffe zu 80 Prozent aus der Schweiz oder den Zollanschlussgebieten stammen müssen. Industrieprodukte müssen zu 60 Prozent der Herstellungskosten und »wesentlichen Fertigungsschritten« in der Schweiz produziert werden. Dienstleister, die mit Swissness werben wollen, müssen ihren Firmensitz und die zentrale Verwaltung in der Schweiz haben, was neben Steuervorteilen die Vielfalt von Dienstleistern etwa im Kanton Zug erklärt.

Swissness ist heute vor allem für die Vermarktung Schweizer Produkte entscheidend. Nach Schätzungen setzt jede dritte Firma auf das Gütesiegel, das die Schweiz als Wirtschaftsmarke neu positionierte. Glaubt man den Marketingexperten, steht der Begriff Swissness für Attribute wie Zuverlässigkeit, Präzision, Naturverbundenheit und Sauberkeit. Mit denen wirbt die Schweiz vor allem bei ausländischen Gästen, die gezielt Uhrenläden, Käsereien und Schokoladengeschäfte ansteuern. Mit der bekannteste Schweizer Markenartikler ist die 1884 gegründete Firma Victorinox im Kanton Schwyz, die neben den weltberühmten Taschenmessern auch Armbanduhren, Reisegepäck und Parfüms herstellt.

Untersuchungen zeigen, dass der durch die Schweizer Herkunft bedingte Verkaufsbonus bis zu 20 Prozent des Preises ausmachen kann, bei Luxusgütern wie Uhren sogar bis zu 50 Prozent. Nur so ist verständlich, dass sich die Schweiz gegen alle ausländischen Firmen zur Wehr setzt, die ihre Produkte mit der Schweizer Fahne schmücken oder sie mit muhenden Kühen und satten Bergwiesen bewerben. Besonders publikumswirksam sind die Schweiz-Klischees übrigens in Asien, von wo ein Großteil der Besucher in der Zentralschweiz stammt.

Eine neue Marke bietet seit kurzem Schweiz Tourismus. Mit Swisstainable wurde ein Programm zur nachhaltigen Entwicklung des Fremdenverkehrs aufgelegt. Angesichts des Klimawandels, der touristische Hotspots wie die Alpengletscher langsam verschwinden lässt, fördert es ein bewussteres Reisen. Immer mehr Dörfer wie im Berner Oberland oder im Umkreis des Vierwaldstättersees sind so in den letzten Jahren autofreie Zonen geworden.

Wirtschaft

Die Schweiz ist ein flächenmäßig kleines Land. Trotzdem gilt sie heute in aller Welt als eine Wirtschaftsmacht. Ihre großen Firmen machen jährlich zweistellige Milliardenumsätze mit entsprechenden Gewinnen. In der Zentralschweiz mit ihren niedrigen Steuersätzen zählen dazu der Aufzugbauer Schindler mit seiner Holding in Hergiswil und der Logistikspezialist Kühne + Nagel in Schindellegi. Noch größere Umsätze machen die Schweizer Mineral- und Rohstoffhändler wie Glencore im Kanton Zug, die mit dem Handel von Kupfer, Kobalt, Nickel, Zink, Eisenerz oder Aluminium Milliarden umsetzen.

Ihren wirtschaftlichen Weltrang haben sich die Eidgenossen aber erst im letzten Jahrhundert erarbeitet. Zwar gab es schon zu Zeiten der Römer lebhaften Handel und Gewerbe, mit deren Abzug aber verebbte die Wirtschaft, blieb der Warenaustausch lange Zeit auf Bischofsstädte und Klostersiedlungen beschränkt. Ausgerechnet die Bauern aus der Zentralschweiz waren es schließlich, die ab dem 13. Jahrhundert den Handel neu belebten, als sie mit ihrem Vieh aus den Bergregionen in die Städte des Mittellandes zogen, es dort verkauften und mit Salz und Getreide in ihre Dörfer zurückkehrten. Von diesem Warenaustausch profitierten vor allem große Gemeinden wie etwa Luzern. Europaweit gefragt war Vieh aus dem Bestand des Klosters Einsiedeln. Handel und Reislaufen, also die Abstellung von bezahlten Söldnern, verhalf vielen Gemeinden in den Urkantonen zu einem bescheidenen Wohlstand, der ihr Selbstbewusstsein stärkte. Das erklärt auch, warum sich die Zentralschweizer Kantone immer wieder gegen Reformen sperrten, die ihre wirtschaftliche Eigenständigkeit berührten.

Wirtschaftliches Wachstum brachte letztlich auch das Fehlen von Kohle, was die an Rohstoffen ohnehin arme Schweiz nach Erfindung der Dampfmaschine zu wegweisenden Innovationen zwangen. Die schlugen sich in der Elektrotechnik, dem Bau von Turbinen und anderen Apparaturen nieder, mit deren Hilfe sich die in der Zentralschweiz reichlich vorhandene Wasserkraft in Strom umwandeln ließ und die vielen Stauseen in der Region erklärt.

Touristen in Interlaken: Der Tourismus ist ein wichtiger Wirtschaftsfaktor

Der Luzern-Interlaken-Express am Lungerersee

In den letzten Jahrzehnten sorgten Finanzdienstleister und Hochtechnologiefirmen in der Zentralschweiz für neuen wirtschaftlichen Schwung. Kantone wie Zug, Schwyz, Uri, Ob- und Nidwalden profitierten besonders davon, weil sie mit niedrigen Steuern Investoren lockten. Im Juni 2023 wurde dieses Steuer-Wettrennen allerdings zumindest teilweise beendet, als sich die Schweizer Bevölkerung in einer Volksabstimmung mit großer Mehrheit für eine Mindeststeuer von 15 Prozent für alle Unternehmen mit mindestens 750 Millionen Euro Jahresumsatz aussprach.

Verkehr

Dass der Tourismus im Herzen der Schweiz heute boomt, liegt auch daran, dass er eine fast flächendeckende Mobilität garantiert. Selbst in einsamste Bergtäler oder auf Alphütten fahren heute Postautos. Ein schweizweit rund 85000 Kilometer langes Straßennetz garantiert den meisten Einwohnern auch in der Zentralschweiz, sieht man von wenig besiedelten Regionen in den Urschweizer Kantonen ab, in nicht mehr als zehn Kilometern Entfernung gewöhnlich einen Autobahnanschluss. Verkehrspolitisch noch gewichtiger ist das Schienennetz über mehr als 5000 Kilometer, um das viele Länder die Schweizer beneiden. Zahllose Berge sind zudem mit Bahnen, Gondeln oder Liften erschlossen – und auch mit Flughäfen ist die Schweiz gut bestückt.

Straßenverkehr

Waren die ersten Straßen in der Zentralschweiz noch staubige Pfade, über die Kutschen und Karren rumpelten, baute man im 19. Jahrhundert breiter ausgebaute Landstraßen, sogenannte Chausseen. Mit den ersten Eisenbahnen aber kam der Straßenbau zum Erliegen, steckten die Kantone ihr Geld statt in Straßen lieber in die Kanalisierung ihrer Ortsstraßen.

Straße zum Furkapass im Kanton Uri

Mit der Erfindung des Autos sollte sich das bitter rächen. Mit Sonntagsfahrverboten – eine Idee, mit der Umweltschützer derzeit wieder in Luzern liebäugeln – und anderen Maßnahmen oder Schikanen versuchte man, sich den neuen Vehikeln zu widersetzen. Am radikalsten war das der Zentralschweiz benachbarte Graubünden, das im Jahr 1900 das Autofahren verbot und erst nach zehn Volksabstimmungen 1925 wieder zuließ. Dazu beigetragen hatte vor allem, dass der Bund vier Jahre zuvor die Regelung des Straßenverkehrs übernommen hatte. Aber erst 1933 traten für alle Kantone verbindliche Verkehrsvorschriften in Kraft, wozu auch die einheitliche Beschilderung gehörte.

1955 wurde die erste Schweizer Autobahn eröffnet, eine vom Kanton finanzierte kreuzungsfreie Ausfallstraße im Süden Luzerns. Neue Nationalstraßen im Schweizer Herzen aber waren auch nötig, weil sich Jahr für Jahr Massen deutscher Bürger durch die Zentralschweiz ans Mittelmeer quälten und umgekehrt Zehntausende italienischer Gastarbeiter nach Deutschland zur Arbeit. Hinzu kam eine Armada von Lastwagen, die meist billiger als die Bahn verschiedenste Schwerlasten durchs Land transportierte. Mit dem Bau neuer Autobahnen, National- und Kantonsstraßen versuchten die Schweizer, der Blechlawinen Herr zu werden, deren Finanzierung seit 1984 eine Autobahnvignette dient.

Eisenbahn

Anfangs war die Eisenbahn in den Händen privater Gesellschaften, die sich 1902 zu den Schweizerischen Bundesbahnen zusammenschlossen, der noch heute existierenden SBB. Deren Gründung allerdings war äußerst umstritten. »Die Schweizer Bahnen dem Schweizer Volk« war das Argument ihrer Befürworter. Die Gegner einer nationalen Bahngesellschaft allerdings fürchteten, dass ihre Finanzierung die Schweiz überfordern würde. Schließlich war das Eisenbahnnetz meist nur einspurig, die Lokomotiven überaltert. Letztlich aber steckte man doch viel Geld in den Ausbau des Schienennetzes, verkürzte mit neuen Tunneln und Brücken die Strecken. Auf manchen wie von Andermatt nach Göschenen oder von Andermatt nach Realp überwand man die Steigungen teilweise mit Hilfe eines Zahnradantriebes. Auch die heute noch viel befahrene Route von Luzern nach Interlaken nutzte die Steigungshilfen.

Dampfbahn auf der Furka-Bergstecke

Der Mangel an Kohle, die man für teures Geld importieren musste, sorgte schon früh für die Elektrifizierung der Bahnen. So waren bis zum Zweiten Weltkrieg große Teile des Schweizer Schienennetzes elektrifiziert. Mit zunehmender Motorisierung aber nahm die Zahl der Bahnreisenden immer weiter ab, reichte der Ticketverkauf nicht mehr, um die laufenden Kosten der Bahngesellschaften zu decken. Im Regionalverkehr wurden deshalb die Zugbegleiter abgeschafft, das Personal drastisch reduziert. Außerdem führte die Schweiz 1982 den Taktfahrplan ein. Genau aufeinander abgestimmte Fahrpläne garantierten auf den wichtigsten Strecken alle halbe Stunde eine Verbindung im Land - auf Abschnitten wie zwischen Zürich und Luzern (Fahrzeit: 46 Minuten) oft noch mehr.

Heute ist das Schweizer Eisenbahnnetz mehr als 5000 Kilometer lang und bis auf ein paar wenige Kilometer, zu denen etwa die Furka-Strecke zwischen Realp (Kanton Uri) und Oberwald (Kanton Wallis) gehört, auch komplett elektrifiziert.

Wichtige Alpenpässe in der Zentralschweiz

Furkapass. Die Verbindung zwischen der Zentralschweiz und dem Wallis punktet mit einmaligen Blicken auf den Rhonegletscher. Die Straße ist auf beiden Seiten zweispurig gut ausgebaut und deshalb viel befahren. Mit seinem 2436 Meter hohen Scheitel ist der Furkapass der zweithöchste ganz in der Schweiz gelegene Alpenpass. Wegen seiner Lage hat er meist eine lange Wintersperre.

Gotthardpass. Der geschichtsträchtigste und wichtigste Schweizer Alpenpass ist vor allem zu Ferienzeiten stark befahren – auch weil er sehr gut ausgebaut ist und mit neun Prozent keine sehr starke Steigung kennt. Auf der Tessiner Seite des 2106 Meter hohen Passes bietet sich Motorradfahrern und Nostalgie liebenden Automobilisten die kurvige und gepflasterte alte Straße über den Gotthard an, die sogenannte Tremola-Route.

Brünigpass. Mit 1006 Metern nicht sehr hoch, aber für die Verbindung vom Berner Oberland in den Schweizer Norden oder umgekehrt extrem wichtig ist der Brünigpass. Die 1861 in Dienst genommene Passstraße ist deshalb auch ganzjährig geöffnet.

Alpenpässe in der Zentralschweiz

Sustenpass. Die Straße auf den 2259 Meter hohen Sustenpass vereint den Kanton Bern mit Uri und wurde nach acht Jahren Bauzeit 1946 eröffnet. Anders als die erste Passstraße unterquert die neue Route den Scheitel in einem Tunnel. Sie ist zweispurig bestens ausgebaut und deshalb bei Motorradfahrern beliebt.

Klausenpass. Von Altdorf im Kanton Uri führt der 1948 Meter hohe Klausenpass durch das Schächental in den Nachbarkanton Glarus. Schon im Jahr 1900 befuhr eine erste Postkutsche den Pass. In den 1930er Jahren wurde der Fahrweg asphaltiert.

Oberalppass. Gut ausgebaut ist die zweispurige Straße von Andermatt nach Disentis im benachbarten Kanton Graubünden. Sie ist eine der Lieblingsstrecken Schweizer Motorradfahrer, die über den kurvenreichen Lukmanierpass von Disentis schnell weiter ins Tessin gelangen. Wegen seiner Höhe von 2046 Metern ist er im Winter gesperrt.

Glaubenbergpass. Die Passstraße zwischen Entlebuch (Kanton Luzern) und Sarnen (Kanton Obwalden) erschließt eine wunderschöne Moorlandschaft. Auf dem 1543 Meter hohen Scheitel findet sich ein großer Parkplatz, von dem aus viele Wanderwege in die Natur führen. Im Winter ist die erst 2010 vollständig asphaltierte Passstraße nicht durchgehend befahrbar.

Schiffsverkehr

Als Urahn des öffentlichen Verkehrs in der Schweiz gilt die Schifffahrt. So wurden die Transportrechte auf dem Vierwaldstätter See im Jahr 1357 erstmals verbrieft. 1544 erhielt die Sanct Nicolaus Feeren, heute mit ihren Schiffen und Booten als St.-Niklausen-Schiffgesellschaft firmierend, das Recht, Personen von Luzern zu den Uferorten am See zu schaffen. Auch auf anderen Flüssen und Seen organisierten meist Genossenschaften den Verkehr. Nach 1850 erlebte die Schifffahrt in Gestalt der Dampfschiffe ihre Renaissance. Noch heute sind einige Dampfschiffe auf dem Vierwaldstättersee unterwegs. Vom Wasser aus lässt sich von Mitte Mai bis Mitte Oktober auch der Ägerisee (→ S. 208) erobern. Gleich eine Handvoll Schiffe bieten Rundfahrten auf dem Hallwilersee (→ S. 106). Besonders schön ist zudem die Fahrt über den Zürichsee von Rapperswil auf die zum Kloster Einsiedeln gehörende Insel Ufnau (→ S. 179)

Schiff auf dem Vierwaldstättersee

Unterwegs bei jedem Wetter: der Luzern–Interlaken Express

Flugverkehr

Mit Zürich, Genf und dem grenzüberschreitenden Airport in Basel gibt es drei Schweizer Flughäfen mit internationaler Anbindung. Sie alle sind bestens ans öffentliche Verkehrsnetz angebunden, was die schnelle Weiterreise in die Ferien möglich macht. Größte Schweizer Fluggesellschaft ist die zur Lufthansa-Gruppe gehörende SWISS mit mehr als 80 Flugzeugen, die vor allem in Zürich beheimatet sind, dem Drehkreuz der Gesellschaft.

Verkehrswende

Schon gegen Ende des letzten Jahrtausends hatte sich der Unmut der Zentralschweizer über den stark gewachsenen Lastwagenverkehr quer durch ihr Land in einer Volksabstimmung niedergeschlagen. Gegen die Mehrheit der Politiker und deren Gremien erzwangen die Stimmbürger, den Schutz der Alpen in der Bundesverfassung festzuschreiben: »Der Bund schützt das Alpengebiet vor den negativen Auswirkungen des Transitverkehrs. Er begrenzt die Belastungen durch den Transitverkehr auf ein Mass, das für Menschen, Tiere und Pflanzen sowie deren Lebensräume nicht schädlich ist.« Außerdem wurde verbindlich festgeschrieben: »Der alpenquerende Gütertransitverkehr von Grenze zu Grenze erfolgt auf der Schiene«. Erstes Resultat des neuen Verfassungsauftrags war die Neue Eisenbahn-Alpentransversale NEAT. Ihr Grundstock wurde der 2016 in Betrieb genommene neue Gotthard-Basistunnel.

Bis 2050 soll zudem die ganze Alpenregion, von Frankreich bis Österreich, klimaneutral ausgestaltet sein. So jedenfalls will es die neue »Simplon-Allianz«, in der sich die Alpenländer verpflichtet haben, eine in allen ihren Staaten gültiges Abonnement für die Nutzung des öffentlichen Verkehrs aufzulegen, mehr E-Tankstellen zu bauen und CO_2-neutrale Reiseziele mit einem Label auszuzeichnen.

Politik und Gesellschaft

Die Schweizerische Eidgenossenschaft heißt offiziell »Confoederatio Helvetica«. Es ist ein Kunstname, der 1848 nach der Schaffung des Bundesstaates eingeführt wurde und auf die Helvetier verweist: einen keltischen Stamm, der einst im Mittelland siedelte. Um keine der Schweizer Sprachgruppen zu verärgern, wählte man damals den lateinischen Begriff, um den neuen Bundesstaat zu kennzeichnen. Das daraus abgeleitete Akronym CH nutzt die Schweiz auch als Kurzbezeichnung für alles Schweizerische wie etwa die Kennzeichnung von in der Schweiz zugelassenen Fahrzeugen oder von Schweizer Internetadressen.

Seit 1848 ist die Schweiz ein parlamentarisch-demokratischer Bundesstaat mit einer Verfassung, die mehrmals dem Zeitgeist angepasst wurde. Im Gegensatz zur Bundesrepublik, ebenfalls ein Bundesstaat, genießen die Kantone in der Schweiz allerdings weit mehr Rechte als die deutschen Bundesländer. Zu den Kompetenzen des Bundes gehören vor allem die Wahrung der inneren und äußeren Sicherheit. Staatsorgane sind das Volk, das sich im Rahmen der Verfassung mit Volksabstimmungen oft mehrmals jährlich zu Wort meldet, die Kantone, die Bundesversammlung als Legislative und der Bundesrat als Exekutive.

Die Bundesversammlung besteht aus zwei Kammern. Die eine ist der Ständerat (46 Mitglieder), die Kantonsvertretung, die andere der Nationalrat mit 200 Mitgliedern. Neue Gesetze brauchen die Zustimmung beider Räte, die Mitglieder beider Gremien einbringen können. Sie werden alle vier Jahre neu gewählt. Die Bundesversammlung wählt alle vier Jahre auch den Bundesrat, der die Schweiz regiert und das Land nach außen vertritt. Er besteht aus sieben Mitgliedern. Sein Vorsitzender ist der Bundespräsident oder die Bundespräsidentin, die alle Jahre aus dem Kreis des Bundesrates neu bestellt werden. Sie gelten als »primus inter pares«, als Erste unter Gleichen.

Das Schweizer Parlamentsgebäude in Bern

Über Jahrhunderte gewachsene Demokratie

Die Schweiz gilt vielen als Modell für die direkte Demokratie. So stimmt das Volk nicht nur – wie in einer repräsentativen Demokratie – über die Besetzung der Parlamente ab, sondern auch unmittelbar über Gesetzesvorlagen. Sogar eigene Gesetze können vom Volk initiiert werden. So genügen auf Bundesebene 50000 Unterschriften, um ein neues Gesetz per Volksabstimmung zu verhindern, 100000 Unterschriften braucht ein Antrag auf Verfassungsänderung.

Schon früh achtete man in den heutigen Urkantonen darauf, das Gemeinwesen politisch entsprechend auszustatten. So gehört zu den ältesten Demokratieforen die »Gemeinde der Leute des Tals« wie in Uri (ab 1231) oder der »Landtag« wie in Schwyz (ab 1294). Anders als in den Landsgemeinden, wo jeder Bürger direkt am Gemeinwesen teilhaben konnte, waren in den Städten sogenannte Räte Sprachrohr der Bürgerschaft – gewöhnlich 100 bis 300 Männer.

Tagsatzung

Aus dem Zusammenschluss verschiedener Orte erwuchs im Mittelalter die Alte Eidgenossenschaft, die an verschiedensten Orten zur Beratung politischer Fragen zusammenkam. Gern in Baden nordwestlich von Zürich, das die Abgeordneten wegen seiner Thermalbäder besonders schätzten. Tagsatzung nannte sich das Gremium, das zu festen Terminen gewöhnlich im Sommer zusammenkam und bis zu drei Wochen lang tagte. Zu ihren Entscheidungen gehört etwa die Abstellung von 150 Söldnern für Papst Julius II., aus denen die heutige Schweizergarde resultierte. 1848 arbeitete die Tagsatzung der Alten Eidgenossenschaft die erste Schweizer Bundesverfassung aus, die den Weg für den Bundesstaat freimachte.

Kantone

Die Glieder des Bundesstaates sind die Kantone. Das Wort ist erstmals im 15. Jahrhundert belegt und gilt seit Ende des 18. Jahrhunderts als offizielle Bezeichnung. Jeder der 26 Schweizer Kantone hat eine eigene Verfassung und das Recht zur eigenen Gesetzgebung. Politisch repräsentiert wird er vom Parlament, in dem je nach Kantonsgröße bis zu 180 Parlamentarier vertreten sind, und der Kantonsregierung, dem sogenannten Regierungsrat. Er besteht aus fünf oder sieben Mitgliedern und wird gewöhnlich alle vier Jahre gewählt. Ihr Vorsitzender heißt wie in Luzern Regierungspräsident, in Zug oder den Urkantonen Landammann.

Zur Bundesfeier werden viele Häuser mit den Wappen der Kantone geschmückt

Wallfahrtskapelle mit Schwarzer Madonna in Einsiedeln

Zentralschweizer Kantone

Kanton	Beitritt	Regierungssitz	Fläche in qkm	Einwohnerzahl
Luzern	1332	Luzern	1494	425 000
Uri	1291	Altdorf	1077	37 000
Schwyz	1291	Schwyz	908	165 000
Obwalden	1291	Sarnen	491	39 000
Nidwalden	1291	Stans	276	44 000
Zug	1352	Zug	239	131 000

Religion und Kirche

In der Schweiz ist die Religionsfreiheit in der Verfassung verankert. Heute kann jeder frei wählen, ob er einer Konfession angehören will oder nicht. Nach der Reformation war das meist nicht möglich, die Landesherren bestimmten über den Glauben ihrer Bürger. Das ist der Grund, dass die Zentralschweiz heute mehrheitlich katholisch ist. Allerdings hat in den letzten Jahren auch die Zahl der Menschen islamischen Glaubens und die derer ohne Religionszugehörigkeit zugenommen.

Die unterschiedliche Konfessionsstruktur zeigt sich auch in den Feiertagsregelungen. Uri und Schwyz nutzen als einzige deutschsprachige Kantone den Dreikönigstag (6. Januar) als gesetzlich anerkannten Ruhetag. Auch am sogenannten Josefstag (19. März), dem Hochfest für den Ehemann der Gottesmutter, ruht in Schwyz, Uri und Nidwalden generell die Arbeit, ebenso in einigen Gemeinden der Kantone Zug und Luzern. Auch typisch katholische Feste wie

Fronleichnam, Mariä Himmelfahrt (15. August), Allerheiligen (1. November) und Maria Empfängnis (8. Dezember) gelten in der Zentralschweiz als Feiertage. Im Kanton Obwalden kommt dazu noch das Bruderklausenfest am 25. September. Wie ein Feiertag wird in manchem Zentralschweizer Kanton auch der Berchtoldstag am 2. Januar behandelt.

Schweizerdeutsch

Neun von zehn Menschen in den Urkantonen samt Luzern sprechen Schweizerdeutsch (Schwyzerdütsch), eine spezielle Form des Alemannischen. Etwas weniger sind es im Kanton Zug. Schweizerdeutsch unterscheidet sich teilweise sehr stark vom Standarddeutsch, dem Schweizer Hochdeutsch, das vorwiegend als Schriftsprache oder im formellen Umgang genutzt und deshalb auch Schriftdeutsch genannt wird. Im Gegensatz zum Schweizerdeutsch, das wegen unterschiedlichster Regionalformen keine verbindlichen Schreibregeln kennt, wird das Schweizer Hochdeutsch vom Schweizerischen Verein für die deutsche Sprache geregelt.

Anders als in Deutschland oder Österreich ist Dialekt in der Schweiz höher angesehen als die Schriftsprache. In den Schulen zum Beispiel wird nur der Lehrstoff in der Hochsprache angeboten, Schüler und Lehrer aber unterhalten sich informell meist in Mundart. Auch in den Radio- und Fernsehsendern wird häufig Dialekt gesprochen. Allenfalls Nachrichten und politische Informationssendungen sind in Hochdeutsch, das sich gern aber mit Lautformen des Dialekts mischt. Auch in Kinderprogrammen und fast allen Sportsendungen ist Schweizerdeutsch üblich. Die Hauptrolle nimmt das Schweizerdeutsch zudem in privaten e-mails, Kontaktanzeigen und vielen Zeitungsannoncen ein.

Interessant ist, dass sich die Dialekte mehr und mehr mit hochdeutschen Vokabeln anreichern und sich über ihre lokalen Grenzen hinaus überregional ausdehnen. Linguisten bezeichnen dies als »eine Nivellierung hin zu Grossagglomerationsdialekten«.

Als Schweizurlauber können Sie immer punkten, wenn sie sogenannte Helvetismen in ihre Unterhaltung einflechten – statt einem Glas Bier eine »Stange« bestellen oder ein »Velo« statt eines Fahrrads mieten.

Begrüßung auf Schwyzerdütsch

Kleines Schweizer Wörterbuch

Schweizerdeutsch	Deutsch
Anke (m.)	Butter
Äxgüsi	Entschuldigung
briegge, greine, gränne, brüele, hüüle	weinen
Büez, Büezer, büeze	Arbeit, Arbeiter, arbeiten
Bünzli	Spiesser, Kleinbürger
Büsi, Büüssi, Busle	Katze
Chaschte	Schrank
Cheib	Kerl
Gischpel	unruhige Person (vor allem Kinder)
Gonfi	Konfitüre
Grüezi(Gott)	Grüße Euch
Grind	Kopf
gsii	gewesen
gumpe	springen, hüpfen
Hudigääggeler	Schweizer Volksmusik
Kolleeg	Kumpel
lose	zuhören
luege	schauen
merssi	Dankeschön (von französisch »merci«)
öppe	etwa, ungefähr
öppis	etwas
Sack	Tüte
schmöcke	riechen, schmecken
Stäge	Treppe, Stiege
Stutz	Ein-Franken-Münze
Uufzgi	Hausaufgaben
Zmittag	Mittagessen
Zmorge	Frühstück
Znacht	Abendessen
Znüüni	Zwischenmahlzeit am Vormittag
Zvieri	Zwischenmahlzeit am Nachmittag

EXTRA

Kunst, Kultur und Brauchtum

Architektur

Viele Dörfer im Herzen der Schweiz überraschen mit über Jahrhunderte gewachsenen Zentren, in denen Neues nur behutsam zwischen dem Alten Platz gefunden hat. Dies liegt daran, dass die Region anders als viele andere europäische Länder von den großen Weltkriegen verschont blieb. Auffallend auch ist, dass nicht nur öffentliche Bauten wie Kirchen oder Rathäuser die kleineren Städte architektonisch prägen, sondern auch viele Bürgerhäuser, die vielerorts zu den Sehenswürdigkeiten zählen.

Gotik und Romanik haben ihre Spuren in vielen Kirchen oder Kapellen hinterlassen, auch in mancher Burg, die im Lauf der Zeit zum Schloss wurde. Zu den schönsten Bauten aus dieser Zeit zählt Zürichs Großmünster. Architektonische Glanzlichter aber setzte vor allem der Barock, vom dem die Klosterkirche in Einsiedeln ebenso zeugt wie die Hofkirche in Luzern oder die Stiftskirche in Beromünster. In der katholischen Zentralschweiz setzte man während der Gegenreformation mit barocken Bauten und Umbauten ganz bewusst ein Zeichen.

Zu den modernen Architekturzeugnissen zählt der letzte von Le Corbusier entworfene Bau, der zugleich der einzige in der deutschsprachigen Schweiz ist: der Pavillon Le Corbusier in Zürich. Er wird heute vom Museum für Gestaltung Zürich im Sommer als Ausstellungsraum genutzt. Zu den architektonischen Perlen der Gegenwartsarchitektur gehören Kunsttempel wie die neue Konzerthalle in Andermatt, deren Holzverkleidung von der japanischen Faltkunst Origami inspiriert wurde, oder das Vögele Kultur Zentrum in Pfäffikon im Kanton Schwyz.

Bildende Kunst

Das künstlerische Bild der Zentralschweiz bestimmten anfangs die Freskenmaler. Wände und Decken von Kirchen und Kapellen waren die Projektionsfläche für Momentaufnahmen aus dem Leben der Heiligen. Vor allem aber dienten sie zur Illustration der Bibel. Zu den schönsten Fresken wie im Urner Riedertal, dem Entlebuch oder dem Luzerner Seeland gibt es mehr Informationen im Rahmen der Ortsbeschreibungen (→ S. 153, 113, 99).

Zu den interessantesten Abbildungen Zentralschweizer Landschaften und Ereignissen zählen die Bilderchroniken von Diebold Schilling dem Jüngeren (1460–1515), der als Notar und Priester in Luzern lebte. 1513 legte er seine Luzerner Chronik vor: 680 Seiten, davon 443 bunt illustriert. Diebolds Illustrationen prägen bis heute das Bild der mittelalterlichen Eidgenossenschaft und können seit Neustem auch in der virtuellen Bibliothek der Universität Freiburg (Schweiz) eingesehen werden (www.e-codices.unifr.ch).

Detailreiche, vor allem auch topografisch genaue Einblicke ins mittelalterliche Zürich lieferte der Zürcher Maler Hans Leu der Ältere (1460–1507). Hans Aper (1499–1571), einer seiner Schüler, widmete sich der Porträtmalerei, weil der einst wichtigste Auftraggeber für die Künstler, die katholische Kirche, nach der Reformation in Zürich ausfiel. Dafür erstarkte das Kunsthandwerk, fanden

Die Stiftskirche von Beromünster

bei der Ausstattung vieler Bürgerhäuser Glasmaler, Schreiner, Schmiede und Keramiker neue Arbeit. Manche ihrer Kostbarkeiten sind heute in den Heimatmuseen zu sehen.

Nicht vergessen darf man auch Kaspar Meglinger (1595–1670), der in Luzern lebte und als einer der fleißigsten und besten Zentralschweizer Maler der frühen Neuzeit galt. Von ihm stammt nicht nur der heute noch sehenswerte Totentanzzyklus auf der Spreuerbrücke in Luzern, sondern auch dekorative Malereien im Kloster Werthenstein, in der Luzerner Hofkirche und der Wallfahrtskirche Hergiswald – insgesamt mehr als 150 Werke.

Wandbilder in der Riedertaler Kapelle

Die spätbarocke Martinskirche in Schwyz

Barocke Opulenz

Wie die Architektur diente im Barock auch die Malerei vorwiegend dazu, den Machtanspruch ihrer Auftraggeber und Sponsoren zu dokumentieren. Dazu dienten großformatige Malereien an Wänden und Decken wie in Beromünster, Einsiedeln oder Luzern. Sie sollten die Räume illusionistisch erweitern und beim Volk so Eindruck schinden. Viel Wert legten die Bauherren auch auf die Gestaltung von Chorgestühl, Kanzeln und Altären, von denen man selbst in kleinen Dorfkirchen manches Prachtstück findet.

Als Maler gestaltete Melchior Joseph Wyrsch (1732–1798) zahlreiche Altäre in der Zentralschweiz. Bekannt aber wurde der Freimaurer aus Buochs am Vierwaldstättersee mit Porträtbildern, in denen die mit der Aufklärung begonnene Bürgerlichkeit neu Gestalt fand. Mit seinen Bildern schlug er den künstlerischen Bogen von Barock und Rokoko zu Romantik und Klassizismus. Dem Porträt verpflichtet war auch der aus Andermatt stammende Felix Maria Diogg (1762–1834), von dem über 600 Porträtbilder bekannt sind. Und als Maler von Trachten machte sich der Luzerner Josef Reinhard (1749–1824) einen Namen.

Historismus

Die Antwort auf den Barock waren Klassizismus und Historismus, die der Zentralschweiz manches heroische Denkmal wie in Altdorf oder Stans bescherten. Im Historismus gründen auch die monumentalen Panoramen wie das Bourbaki-Panorama in Luzern, an dessen Fertigung auch einer der bedeutendsten Schweizer Maler des 19. Jahrhunderts beteiligt war: Ferdinand Hodler (1853–1918), den Kunsthistoriker zwischen Symbolismus und Jugendstil verorten. Bis zum Jahr 1900 war er mit seinen Bildern angeblich auf über 200 Ausstellungen in ganz Europa vertreten, so dass er mit Recht als der erste große Schweizer Maler gilt.

Ein Brite entdeckt die Schweiz

Mit entscheidend für die touristische Entwicklung der Zentralschweiz und des Berner Oberlandes war ebenfalls ein Maler, der allerdings aus Großbritannien stammte: William Turner (1775–1851). Gleich ein halbes dutzend Mal bereiste er mit seinem Skizzenbuch und passenden Aquarellfarben die Eidgenossenschaft. Der gelernte Architekturzeichner malte die gewaltige Schöllenenschlucht ebenso wie den Vierwaldstättersee, den er in zarte Pastelltöne hüllte. Turners Landschaftsbilder animierten im 19. Jahrhundert tausende von Menschen zu einer Reise in die Schweiz. Seit kurzem hängt ein Original des britischen Malers auch im Kunstmuseum Luzern: ein Aquarell vom Sonnenuntergang am Vierwaldstättersee, das für 800 000 Euro mit Geldern des Bundes und der Gottfried-Keller-Stiftung angekauft wurde.

Moderne und zeitgenössische Kunst

Zu den zeitgenössischen Zentralschweizer Künstlern gehört der 1947 in Kriens (Kanton Luzern) geborene Urs Lüthi, den die Pop Art maßgeblich beeinflusste, was sich in großformatigen Acrylbildern niederschlug. Ab Ende der 1980er Jahre widmete er sich vor allem Kunstinstallationen. Von sich reden machten auch Künstler wie der in Luzern verstorbene Maler und Kunsttheoretiker Radoslav

Kutra (1925–2020) oder der in Zürich beheimatete Maler Uwe Wittwer.

Renommiertes Forum zeitgenössischer Kunst ist das Kunstmuseum Luzern, das aus seinen reichen Sammlungen Jahr für Jahr eine thematische Ausstellung arrangiert, die künstlerisch, aber auch gesellschaftlich relevant ist. Ganz dem jungen Publikum hat sich das Vögele Kultur Zentrum in Pfäffikon (Kanton Schwyz) verschrieben, das in seinen Ausstellungen gern gesellschaftliche Realitäten hinterfragt und Themen wie Humor, Familie oder Ernährung künstlerisch aufarbeitet.

Sinfoniekonzert beim Lucerne-Festival

Literatur und Theater

Umfangreich und vielschichtig ist das literarische Leben. Besonders gepflegt wird es im »Literaturzirkel Zentralschweiz«, der in Altdorf, Lachen/SZ, Stans und Zug zuhause ist und an vier Abenden im Jahr über belletristische Neuerscheinungen diskutiert. In Stans gibt es zudem ein eigenes Literaturhaus, das regelmäßig zu Lesungen lädt.

Jeremias Gotthelf, Gottfried Keller und Conrad Ferdinand Meyer hatten im 19. Jahrhundert in der Schweiz den Grundstock zu einer eigenständigen literarischen Tradition gelegt, die mit Hermann Hesse und Robert Walser ihre Fortsetzung fand. In der zweiten Hälfte des vorigen Jahrhunderts rückte Zürich schließlich in den literarischen Mittelpunkt, wo mit Urs Widmer, Martin Suter und Max Frisch gleich mehrere Autoren ihre Zelte aufgeschlagen hatten.

Aber auch Zentralschweizer Autoren machten von sich reden. Etwa der Luzerner Peter Bichsel, der eng mit Frisch befreundet war und mit Kurzgeschichten und Kolumnen bekannt wurde. Der in Zug geborene Thomas Hürlimann, der lange Zeit in einem Dorf bei Einsiedeln gewohnt hatte, ehe er in den Kanton Zug zurückkehrte, schrieb Novellen, Erzählungen, Dramen und Komödien.

Viele Freunde hat auch das Freilichttheater, das sich auf eine lange Tradition von Aufführungen stützt, zum Beispiel die Tellspiele in Altdorf oder die Aufführungen von Calderóns *Großem Welttheater* auf dem Klosterplatz in Einsiedeln, das im Sommer 2024 wieder einmal zur Aufführung kommt. Großes Theater ist immer auch noch das Fasnachtsspiel in Schwyz, das heute allerdings ganz modern daherkommt.

Musik

In Luzern ist das älteste Schweizer Sinfonieorchester zuhause. Jahr für Jahr wartet es mit einem umfangreichen Konzertprogramm im Kultur- und Kongresszentrum auf – auch mit kleinen Kammerkonzerten und anderen Veranstaltungen.

Jüngster Orchesterspross in der Zentralschweiz ist das Swiss Orchestra, das seit 2022 Residenzorchester der neuen Konzerthalle in Andermatt ist und sich vor allem der Schweizer Symphonischen Musik verschrieben hat. Viel beachtet sind auch die Orgelkonzerte in vielen Kirchen, die wachsenden Zuspruch finden. Beim jährlichen Festival in Willisau wird Jazz groß geschrieben.

Bräuche und Traditionen

In kaum einer anderen Großregion sind alte Feste und Bräuche noch so lebendig wie im Herzen der Schweiz. Das liegt zum einen an den vielen ländlichen Gebieten, in denen sie dazu dienen, die Identität ihrer Bewohner zu stärken, zum anderen auch an ihrer folkloristischen Anziehungskraft, die längst auch touristisch vermarktet wird – vom Alpabzug mit prächtig geschmücktem Milchvieh über Alphornblasen und Jodeln bis zur Chilbi (Plural: Chilbenen), den einstigen Kirchweihfesten, die noch heute die Dorfgemeinschaft in geselligem Rahmen zusammenbringt.

Obwohl die Schweiz heute weniger als früher konfessionell geprägt ist, drückt der Glaube noch immer vielen Festen seinen Stempel auf – etwa in Prozessionen oder Wallfahrten. Immer mehr Feiern aber haben keine religiösen Wurzeln mehr. Dazu gehören hunderte oft folkloristisch geprägter Veranstaltungen und Events, die aus rein kommerziellen Gründen veranstaltet werden.

Verlängertes Neujahr

Anders als in Deutschland und Österreich, wo der 2. Januar ein ganz normaler Arbeitstag ist, ruht in vielen Schweizer Kantonen an diesem Tag das öffentliche Leben – etwa in Luzern, Obwalden, Zug und Zürich, wo der Berchtoldstag zwar kein gesetzlicher Feiertag, aber arbeitsfrei ist. Viele Vereine, Bruderschaften und andere gesellschaftliche Gruppierungen laden zu sogenannten Neujahrs-Apéros, bei denen Spezialitäten wie Gerstensuppe, Geräuchertes oder Würste auf den Tisch kommen.

Buntes Fasnachtstreiben in Willisau

»Tiroler« heißen die Helden der Fasnacht am Ägerisee (Kanton Zug)

Dreikönigstag

Am Dreikönigstag, in Uri und Schwyz ein Feiertag, sind vor allem im katholisch-ländlichen Raum die Sternsinger unterwegs. Sie werden heute meist als Könige mit passenden Namen dargestellt: Kaspar (Der Strahlende), Melchior (Der Lichtvolle) und Balthasar (Der Beschützer). Bei ihren Umgängen von Haus zu Haus markieren sie gewöhnlich Türen und Wände mit den drei Buchstaben C+M+B. Es sind nicht die Abkürzungen für die Namen der drei Könige, sondern die Kurzformel für den lateinische Segensspruch: »Christus mansionem benedicat« (»Christus segne dieses Haus«). Der schönste Sternsinger-Umzug in der Zentralschweiz findet allerdings schon am letzten Wochenende vor Weihnachten in Luzerns Altstadt statt. Dort zieht eine über 100 Personen starke Truppe singend durch die Altstadt – angeführt vom Träger eines Adventskranzes, den Heiligen Drei Königen samt Gefolge, Hirten und Schafen und der Gottesmutter mit ihrem Neugeborenen auf einem Esel.

Fast überall in der Schweiz kommt am 6. Januar der Dreikönigskuchen auf den Tisch: ein Kuchen aus süßem Hefeteig, meist mit Mandelblättchen und Hagelzucker bestreut. Der fast ausgestorbene Brauch am Dreikönigstag wurde in den 1950er Jahren von Schweizer Bäckern und Lebensmittelgroßhändlern wiederbelebt, die Jahr für Jahr viele hunderttausend Packungen mit passender Backmischung liefern. Zu der gehört gewöhnlich auch eine Plastikfigur, die in den Teig mit eingerührt und verbacken wird. Wer sie im Kuchen findet, darf eine ebenfalls mitgelieferte Papierkrone tragen. Der Brauch wurzelt im mittelalterlichen Bohnenfest, das in fast ganz Europa verbreitet war und mit Hilfe einer im Kuchen eingebackenen Bohne den sogenannten Bohnenkönig kürte: einen närrischen Herrscher für einen Tag.

Masken im Kanton Schwyz: Domino …

… und Blätz

Fasnacht

Am Dreikönigstag beginnt in Schwyz oder dem Muotatal traditionell die närrische Zeit, die in der Zentralschweiz so gut wie flächendeckend gefeiert wird und längst auch zum Kulturerbe der Schweiz gehört, wo die Feiern zu den lebendigen Traditionen des Landes zählen. Ihr Höhepunkt sind die Tage zwischen dem »Schmutzigen Donnerstag« (Donnerstag vor Aschermittwoch) und dem »Güdeldienstag« (Dienstag vor Aschermittwoch). Die Fasnacht wird geprägt von großen Maskenbällen wie in Einsiedeln, Partys und Kneipenfasnacht sowie öffentlichen Maskeraden, die sich in Luzern in großen Umzügen manifestieren.

Mit Glockenklang und Peitschenknall beginnt in vielen ländlichen Regionen die närrische Zeit. »Greiflet« heißt dieser Brauch. Im Kanton Uri prägt die sogenannte Katzenmusik diese Tage, ein Lärm- und Weckbrauch, wie er auch in der alemannischen Fasnacht zuhause ist. Als Krachmacher dienen unter anderem alte Büchsen, Hörner, Trommeln und Rätschen. Die Katzenmusik ist musikalisch ärmer als die sonst an Fasnacht in der Schweiz dominierende Guggenmusik, die mit ihren Rock und Pop entlehnten Melodien spürbar zur Belebung der Fasnacht beigetragen hat.

Unverkennbar ist der Einfluss der Commedia dell'arte und anderer italienischer Maskentraditionen auf die Fasnacht in der Zentralschweiz. So ähneln die Masken der Schwyzer »Blätz« oder der Märchler »Rölli« ebenso wie der Amsteger »Drapoling« oder der Greth Schell in Zug den Kostümen des Harlekins. Auch dem Dominokostüm begegnet man häufig. Urige Holzmasken beleben das närrische Treiben in Kriens nahe Luzern. Und in Schwyz sind es die »Nüssler« mit ihren eindrucksvollen Tanzschritten, die der Fasnacht zu Füßen der Mythen ein ganz eigenes Gesicht geben.

Zwischen Fasnacht und Ostern

Den nahenden Frühling feiert man vor allem in den drei Urkantonen mit großen Feuern zu Mittfasten: dem Sonntag Lätare, der die Halbzeit der vorösterlichen Fastenzeit markiert. Aus Umweltschutzgründen sind diese Feuer inzwischen zum Teil in Verruf geraten, weil sie immer häufiger zur Verbrennung von Sperrmüll genutzt wurden.

Mit Prozessionen am Palmsonntag beginnt die Karwoche, die in den katholischen Regionen noch immer auch religiöse Traditionen prägen. So verstummen am Gründonnerstag die Kirchenglocken, die durch hölzerne Klappern ersetzt werden. Karfreitag ist zudem in Obwalden häufig Anlass zur einen oder anderen Wallfahrt. In ganz wenigen Kirchen werden wie in Tirol vor Ostern sogenannte Heilige Gräber aufgestellt: monumentale Schaugerüste, die das Leiden und Sterben Christi illustrieren; eines der schönsten und größten steht in der Stiftskirche zu Beromünster.

Eier bestimmen die Osterbräuche. Im Kanton Uri maß man den am Karfreitag gelegten Eiern früher einen ganz besonderen Wert zu, so dass man sie nicht verzehrte, sondern trocknen ließ und zuhause zur Abwehr von Blitz und Donner aufbewahrte. Für Kinder gibt es zahlreiche Eierspiele, deren Ziel es einmal war, möglichst viele Eier, deren Verzehr in der Fastenzeit verboten war, zu vernichten.

Auffahrt (Christi Himmelfahrt)

Christi Himmelfahrt, in der deutschsprachigen Schweiz allgemein Auffahrt genannt, ist einer der wenigen in allen Schweizer Kantonen gefeierten gesetzlichen Feiertage. In einigen Kirchen wie etwa in Schwyz wird an diesem Tag eine Christusfigur Richtung Himmel gezogen, wo sie in einem Loch verschwindet und so an Christi Himmelfahrt erinnert. Manchmal gibt es an diesem Tag auch Prozessionen. Die größte, älteste und bekannteste ist der Auffahrtsumritt in Beromünster, an dem jedes Jahr rund 1000 Menschen teilnehmen.

Betruf

Zu den schönsten Bräuchen in der Zentralschweiz, der längst auch zum immateriellen Kulturerbe der Schweiz gehört, zählt der Betruf. Es ist das traditionelle Sommergebet der Sennen und Hirten auf den Alpen. Am Ende jeden Tages ersuchen die Älpler dort im Sprechgesang himmlischen Beistand. Der liebe Gott, Maria, aber auch verschiedenste Heilige sollen alles Unheil abwehren, das in der Nacht kommen könnte – vom schweren Unwetter bis zum Raubüberfall oder Wolfsattacken.

Nationalfeiertag (1. August)

Die Bundesfeier, wie die Schweizer ihr Nationalfest nennen, heißt offiziell Bundesfeiertag. Es ist ein nach einer Volksabstimmung 1993 gesetzlich geregelter arbeitsfreier Tag im ganzen Land. Schweizer Fahnen und die Wappen der Kantone bestimmen am ersten Augusttag so das Bild im Land. Als ein Zeichen eidgenössischer Gemeinschaft gilt auch das viertelstündige Läuten der Kirchenglocken am Abend. Jedes Dorf feiert den Nationalfeiertag so, wie es will: mal mit Jodlern und Alphornbläsern, mal mit Rock und Pop, mal mit Älplermagronen, mal mit Pizza und Pita. Viele Bauernhöfe laden am Nationalfeiertag traditionell zum Brunch. Besonders stilvoll geht es am Vierwaldstättersee zu, wo eine Schiffsflotte von Luzern mit vielen tausend Gästen abends Richtung Rütliwiese startet und den Ausflug mit dem Abspielen der Schweizer Nationalhymne über die Bordlautsprecher krönt.

Älplerchilbi (Kirchweih)

Gewöhnlich im Herbst laden die Zentralschweizer zur Chilbi. Es sind halb weltliche, halb kirchliche Feiern, mit denen die ländliche Bevölkerung den Abschluss des Bauernjahres feiert. Besonders stilvoll geht es in Unterwalden zu, wo die Älplerchilbi gewöhnlich das größte Fest im Jahr darstellt (→ S. 197). In Uri und Schwyz ist es die »Sennenchilbi«, die dort die Arbeit der Alphirten beschließt. Zu den ältesten Trägern des Brauches gehört die 1593 gegründete Sennenbruderschaft Bürglen, der auch die Sennen aus den umliegenden Dörfern angehören – und die im gleichen Jahr aus der Taufe gehobene Sennenbruderschaft Gersau. Noch älter ist die Sennenbruderschaft Schwyz, die als Gründungsjahr 1575 angibt. Weggis organisierte seinen Erntedank erstmals 1686. Dort erscheinen die mit Tannenbart überzogenen »Tschämeler« beim Festzug im November als wilde Männer: als gute Geister der Sennen, die ihre schützende Hand über die Alphirten halten.

Alpabzug

In den alpinen Regionen werden die Kühe, Rinder, Schafe und Ziegen, die den Sommer in den Bergen verbrachten, gewöhnlich im September festlich geschmückt in die Täler zurück gebracht. Besonders eindrucksvoll sind diese oft mit kleinen und großen Märkten verbundenen Feste im Luzerner Napfgebiet wie in Schüpfheim oder in Wassen im Kanton Uri. Alphornbläser und Jodelgesang begleiten viele der Alpabzüge.

Alpabzug in Isenthal (Kanton Uri)

Feste zum Jahresschluss

Wenn das Jahr zu Ende geht, ist die Zeit der Weihnachts- und Nikolausmärkte, der Räbelichter-Chilbenen und anderer Bräuche wie der Gansabhauet in Sursee (→ S. 66) am Martinstag. Besonders intensiv wird der Heilige Nikolaus rund um den Vierwaldstättersee verehrt, wo man an seinem Festtag mit Glocken- und Hörnerklang durch die Dörfer zieht oder wie in Kriens mit Geißeln großen Lärm macht. Der größte Umzug, längst über die Landesgrenzen hinaus bekannt, findet in Küssnacht (→ S. 127) statt. Sein Markenzeichen sind die kunstvoll gestalteten und von innen beleuchteten Lichterkappen, mit denen Hunderte durchs Dorf ziehen. In einigen Dörfern wie in Stans sind noch heute Chlausgruppen unterwegs, die ein sogenannter Geiggel anführt, ein Narr mit Bischofsmütze. Er erinnert an die mittelalterlichen Narrenbischöfe, die einmal im Jahr die Welt auf den Kopf stellten, in dem sie liturgische Zeremonien parodierten.

Wallfahrten und Prozessionen

Wallfahrten und Prozessionen haben in der Zentralschweiz eine lange Tradition. Vor allem Einsiedeln und Sachseln, wo sich die Grabeskirche des Schweizer Nationalheiligen Niklaus von Flüe findet, sind beliebte Pilgerziele. Dazu kommen fast überall Kapellen mit Christusfiguren, Muttergottesstatuen oder Heiligenbildern, die regelmäßig Ziel von Wallfahrern sind. Wände voller Votivtafeln erzählen oft von wundersamen Heilungen bei schwerer Krankheit oder von erfüllten Kinderwünschen und anderen Bitten.

Schwingen

Großer Beliebtheit in der Zentralschweiz erfreut sich das Schwingen, die schweizerische Form des Ringens. Hosenlupf heißt der Kampf salopp ausgedrückt, der längst auch zum geschützten kulturellen Erbe der Eidgenossen gehört. Das Schwingen ist in der Regel in kleine und große Feste (schweizerisch: Schwinget) eingebunden, in deren Rahmen Alphornbläser, Jodlergruppen, Geisselklöpfer oder Fahnenschwinger auftreten. Besonders viele Zuschauer locken die Schwingfeste auf Alpen, Pässen und Bergen wie auf der Rigi oder dem Brünigpass.

Wallfahrtskirche Unsere Liebe Frau in Kriens

Schwingen ist ein Zweikampf mit eigenen Regeln, Griffen und Schwüngen, deren beste Kämpfer schweizweit als »Böse« bekannt sind. Die Allerbesten freilich tragen den Titel eines Schwingerkönigs. Ihre »Gang« genannten, mindestens fünfminütigen Kämpfe tragen die Schwinger unter freiem Himmel in einem mit Sägemehl gepolsterten Ring aus. Insgesamt gibt es mehr als 100 Schwünge, jeder Griff ist vorgeschrieben. Ebenso die Kleidung, deren wichtigste die kurze Schwingerhose aus

Schwing-Wettbewerb am Brünigpass

starkem Drillich ist. Jeder Kampf wird von drei Kampfrichtern beurteilt, von denen einer direkt mit im Ring steht.

Ziel des Kampfs ist, den Gegner nach dem Griff an die Schwingerhose mit gezielten Schwüngen auf den Rücken zu werfen. Zum Sieger wird erklärt, wer seinen Gegner innerhalb des Sägemehlringes mit beiden Schulterblättern ganz oder großteils auf den Boden zwingt und ihn mit mindestens einer Hand an der Schwinghose festhält. Traditionsgemäß wischt am Ende der Sieger dem Verlierer die Sägemehlspäne vom Rücken. Findet ein Kampf keinen direkten Sieger, wird er von den Kampfrichtern mit Punkten bewertet. Im Schlusskampf eines Schwingerfestes stehen sich so die beiden Kämpfer mit den besten Bewertungen gegenüber.

Für alle Teilnehmer an den Kämpfen gibt es kein Geld, sondern Preise wie Kuhglocken, Bauernmöbel oder Naturalien wie Käse. Dem Turniersieger winkt gewöhnlich ein junger Stier als Trophäe.

Das Schwingen war ursprünglich ein Kräftemessen der Bauern und Hirten auf dem Land wie im Zentralschweizer Entlebuch, ehe es die Schweizer Anfang des 19. Jahrhunderts als Ausdruck eines neuen nationalen Selbstbewusstseins entdeckten und aus dem Freizeitspaß vor allem in der Deutschschweiz eine Art Nationalsport machten. Seit 1980 schwingen auch die Frauen, die wie die Männer in einem Verband organisiert sind.

Steinstossen

Eng mit dem Schwingen verbunden ist das Steinstossen, das ebenfalls eine lange Tradition hat und früher vor allem im Rahmen von Schützenfesten ausgetragen wurde. Am bekanntesten sind die Wettkämpfe mit dem sogenannten Unspunnenstein, der erstmals 1805 bei einem Alphirtenfest nahe der Burg Unspunnen bei Interlaken gestoßen wurde. Es war ein 83,5 Kilogramm schwerer, unbehauener Gletscherfindling. Weil das Original längst verschwunden ist, wird heute mit einer Kopie gestoßen. Zuletzt stieß ein Kämpfer den Stein, den man gewöhnlich kaum heben kann, über die Rekordweite von 4,11 Metern.

Steinstossen auf der Rigi, Zeichnung von 1835

Kopf ab für Sankt Martin

Um die Gans geht es am Martinstag in Sursee, wo die Fasnachtszunft »Heini von Uri« jährlich am 11. November die »Gansabhauet« organisiert. Dabei versuchen Männer und inzwischen auch Frauen, mit verbundenen Augen einer an einem Draht hängenden toten Gans den Kopf abzuhauen: ein umstrittenes Spektakel, das freilich viel roher aussieht als es ist. Es ist ein Brauch, der einst in ganz Europa verbreitet war, heute aber weitgehend verschwunden ist. In der Schweiz zählt er inzwischen zum kulturellen Erbe des Landes, zu den von der UNESCO geschützten lebendigen Traditionen.

Schon am frühen Nachmittag ziehen die Mitglieder der 1876 gegründeten Fasnachtszunft »Heini von Uri« vor dem gotischen Rathaus auf: Männer in schwarzgelben Kostümen. Einer von ihnen hat eine tote Gans unter dem Arm, die an einem dünnen Draht über einem großen Podium aufgehängt wird. Dann betreten die Akteure die Szene, die sich bis 11 Uhr morgens bei der Stadtverwaltung zu dem Brauch anmelden können. Die Reihenfolge ihres Auftritts wird anschließend ausgelost.

Um die Gans zu »hauen«, verbinden Zunftmitglieder den meist zwei oder drei Dutzend Schlägern und Schlägerinnen die Augen. Über den Kopf wird eine schwarze Zipfelmütze gestülpt, ganz zuletzt die goldglänzende Sonnenmaske aufgesetzt, die das Bild des Brauches bestimmt. Und damit ja keiner ahnen soll, wo die Gans auf der Bühne genau hängt, dreht man die Akteure vor ihrem Auftritt noch ein paarmal um die eigene Achse.

Schließlich heißt es: Maß nehmen, den stumpfen Säbel durch die Luft zu schwingen. Geht der Schlag daneben, ist der nächste Kandidat an der Reihe – solange übrigens, bis einer der Akteure mit einem zielgenauen und kräftigen Hieb den Kopf der Gans vom Rumpf trennt. Wem das gelingt, darf das tote Tier behalten. In der Regel kommt es schon abends als Martinsgans auf den Tisch.

Mitglied der Surseer Zunft Heini von Uri

Wahrscheinlich resultiert der Brauch in den Zehntablieferungen der Bauern, die ihre Steuern einst in Naturalien beglichen, zumeist Hühnern und Gänsen. Zu ihren wichtigsten Zinsterminen gehörte neben der Fasnacht der Martinstag, der für die Schlachtung der Gänse wie geschaffen war. Schließlich benötigte man die Daunen zum Wärmen im kalten Winter. Eine gewichtige Rolle spielte früher auch das 40-tägige Fasten vor dem Weihnachtsfest, das den Martinstag zur letzten großen Gelegenheit vor Weihnachten machte, sich noch einmal den Bauch vollzuschlagen und einen über den Durst zu trinken.

Essen und Trinken

Essen und Trinken sind auch in der Schweiz mehr als ein Sättigungsritual, auch wenn die Mittagspausen in der modernen Arbeitswelt der Eidgenossen deutlich kleiner geworden sind. Traditionell starten die Schweizer morgens gern mit einem Croissant in den Tag, mit dem »Gipfeli zum Zmorge«. Im Gegensatz zu ihrem französischen Pendant sind sie stark gekrümmt und mit weniger Butter gebacken. Sonntags ersetzt das Gipfeli in vielen Familien ein Zopf, der mit Butter und Marmelade bestrichen wird. Viele Freunde aber hat auch das Müesli, das am morgen in allen Varianten auf den Tisch kommt. Schweizweit bekannt ist das Birchermüsli (→ S. 71).

»Zmittag« ist das Mittagessen, das vom Besuch im Restaurant bis zum schnellen Imbiss reicht. »Znacht« ist das Abendessen, das an langen Winterabenden auch einmal ein Raclette oder Käsefondue sein kann. Meist aber ist es etwas ganz Individuelles, ist doch der Speiseplan der Eidgenossen mehr und mehr multikulturell geprägt. Allerdings ist es immer öfter keine warme Mahlzeit mehr, sondern eine »Kühlschrank-Znacht«.

Aus den Zeiten, als landwirtschaftliche oder industrielle Schwerstarbeit den Alltag der meisten Menschen ausmachte, stammen die Zwischenmahlzeiten, die Namen wie »Znüni« (vormittags um Neun) oder »Zvieri« (nachmittags um vier) tragen, das der Vesper im alemannischen Süden Deutschlands entspricht.

Gastronomie

Hohes Ansehen genießt die Gastrokultur der Schweizer. Sie blüht in Städten wie Zürich oder Luzern genauso wie in vielen kleinen Dörfern, wo sich hinter mancher Wirtschaft ein lukullischer Hotspot verbergen kann. Manchmal ist das sogar eine Alphütte oder ein Bergrestaurant, wo inzwischen auch Sterneköche den Ton angeben. Wer vor allem preiswert, dabei aber nicht schlecht essen und trinken will, nutzt die Restaurants von Migros (https://gastro.migros.ch) und Coop (www.coop-restaurant.ch), die überall im Land vom Frühstück über Mittagessen und Zvieri bis zum Abendessen laden. Den passenden Standort der oft kleinen Kaufhäuser findet man im Internet, wo auch die Speisepläne für die laufende und nächste Woche zu finden sind – mit einem Mittagslunch gewöhnlich unter zehn Franken.

Restaurants in der Zürcher Altstadt

Älplerspeise mit Nudeln, Kartoffeln, Apfelmus und Wurst

Arbeitskräftemangel und die abnehmende Bereitschaft, auch am Wochenende zu arbeiten, haben in den letzten Jahren dazu geführt, dass viele Restaurants nicht mehr jeden Tag geöffnet haben. Für Reisende kann vor allem der Sonntag nicht nur in der Zentralschweiz so zum Problem werden, wenn ein Großteil der Gastrobetriebe abends geschlossen hat. Dann ist Fast Food angesagt: Pizza und Pita, Cervelat und Döner, Pommes und Burger.

Auffallend ist, dass immer mehr Restaurants ihre Gerichte in kleinen und großen Portionen anbieten. Das erleichtert vor allem Senioren oder Wenig-Essern die Preiskalkulation. Ein mehrgängiges Essen für zwei Personen mit passenden Getränken in Restaurants mit entsprechendem Service ist heute nur noch an wenigen Orten für eine zweistellige Summe zu haben, vor allem abends. Alternative sind Bistros, Cafés, Tearooms und Confiserien – und natürlich die vielen Fastfood-Läden, die vor allem in Städten wie Zürich oder Luzern immer mehr ins Auge fallen.

Schweizer Küche

Ob es eine eigene Schweizer Küche gibt, darüber streiten sich die Gastrokritiker seit langem. Sicher gibt es Grundnahrungsmittel wie Kartoffeln, die in den deutschsprachigen Regionen neben Nudeln und Gemüse zu den wichtigsten Beilagen jeder Mahlzeit gehören – und als *Rösti*, sprich »Rööschti«, längst weltweit Beachtung gefunden haben. Hinter dem Begriff verbergen sich in Butter oder Fett in der Pfanne kurz gebratene Kartoffeln.

Eine Art Nationalwurst ist der *Cervelat*, der mit der in Deutschland bekannten Zervelatwurst nichts zu tun hat. Die Schweizer Cervelat ist eine kurze geräucherte Brühwurst. In der Regel wird sie aus Rindfleisch, manchmal auch Schweinefleisch, Wurstspeck, Schwarte und Eiswasser hergestellt, gewürzt mit Zwiebeln, Pfeffer, Koriander, Muskatnuss, Knoblauch und Nelken. Das aus Schlachtabfällen in riesigen Püriermaschinen gefertigte Nationalgericht ist die ideale Form der Resteverwertung!

In der ganzen Schweiz findet sich inzwischen auch das *Bauernbrot*, volkstümlich Burebrot oder Buurebrot genannt. Mit seiner schachbrettartig eingeschnittenen Oberseite, deren Quadrate mit Mehl bedeckt sind, fällt es sofort auf. Anders als andere Brote, die traditionell Hefe, Wasser und Mehl ausmachen, wird dem Bauernbrot Milch zugesetzt. So jedenfalls verlangt es das Originalrezept aus der Mitte der 1950er Jahre, als man mit dem neuen Brot der Schweizer Überproduktion von Milch abhelfen wollte.

Nur Kulturbanausen werden Bauernbrot, Rösti und Cervelat als Ausdruck gehobener Schweizer Küche werten. Die aber gibt es auch, in starker regionaler Prägung. In den Kantonen wird sie seit Jahrhunderten gepflegt und von der einen zur anderen Generation weitergegeben. Dazu gehören auch viele italienisch geprägte Nudelgerichte, die in vielen verschiedenen Varianten auf den Tisch kommen. Erst die Summe aller Gerichte macht letztlich die Schweizer Küche aus!

Manche Speisen wie das *Bündner Fleisch* oder das *Zürcher Geschnetzelte* haben es so auf die Speisekarten der Gastronomen von Genf bis Basel oder St. Moritz geschafft, weil sie kulinarische Tradition mit Qualität und Genuss verbinden. Das gilt vor allem für Zürcher Geschnetzeltes: in feine Streifen geschnittenes Kalbfleisch, das vor dem Braten mit etwas Mehl bestäubt wird. Die passende Sahnesauce wird aus Kalbsfond, Sahne und trockenem Weißwein eingekocht und mit etwas Zitronensaft abgeschmeckt. Zum Schluss lässt man das angebratene Fleisch kurz in der Sauce garen, ehe es mit gehackter Petersilie garniert auf den Tisch kommt.

Zentralschweizer Spezialitäten

Lang ist die Liste der Spezialitäten aus der Zentralschweiz. Dazu gehört die *Heusuppe* (Rezept → S. 76), in die Heu und Kräuter, Prosecco und Rahm gehören. Was heute freilich Sterneköche entsprechend in Szene setzen, war früher einmal ein typisches Arme-Leute-Essen wie die meisten der bekannten Speisen in der Zentralschweiz. *Ryys und Boo* heißt das Nationalgericht im Urnerland, eine ehemalige Fastenspeise aus Lauch und Reis, die schon vor vielen hundert Jahren ihren Weg über den Gotthard nach Norden gefunden hatte. Typisch regional sind auch die Fischspeisen, deren Zutaten wie Saibling oder Egli aus den Zentralschweizer Seen kommen und von lokalen Fischern stammen.

Egli-Filet ist eine Spezialität in der Zentralschweiz

In der Urschweiz zuhause sind auch die *Älplermagronen*, die Urlauber dort in fast jedem Restaurant auf der Karte finden: ein einfaches und sehr sättigendes Gericht. Es besteht aus gekochten Teigwaren, meist Röhrennudeln (schweizerisch: Magronen) und meist auch Kartoffeln, die in einer Milch- oder Rahmsauce mit geriebenem Bergkäse überbacken werden. Traditionell serviert man als Beilage geröstete Zwiebeln und Apfelmus (Rezept → S. 76).

Süßes Backwerk

Regional ist auch manches Backwerk zuhause wie der *Luzerner Birnenweggen*, der aus der Familie der Birnenbrote stammt. Es ist ein flaches, meist ovales oder längliches Kleingebäck aus Hefeteig, meist gefüllt mit einem gewürzten Birnenmus. Früher war es nur in der Weihnachtszeit erhältlich, heute das ganze Jahr über. Es ist eine beliebte, weil sättigende Zwischenmahlzeit. Ganzjährig wird längst auch die *Urner Pastete* angeboten, ein runder Fladen mit einer Füllung aus in Trester eingelegten Weinbeeren. Früher wurden sie nur zu Festen wie Weihnachten oder der Chilbi gebacken, heute liegen sie fast das ganze Jahr in den Vitrinen der Bäcker.

Aus dem Kanton Schwyz stammt der *Rigibock*, ein süßes Gebäck aus Mürbeteig mit Nussfüllung (Haselnüsse, Zucker und trockener Biskuit), das in den Orten zu Füßen der Rigi heimisch ist. Seinen Namen verdankt es der Teigoberfläche, die mit einem Model, einer Holzform, geprägt wird und einen liegenden Schafbock zeigt. Im Schwyzer Muotatal ziert ein Männchen, das aus einer Höhle kommt, die Teigtaschen, die dort nach der Hölloch-Höhle (→ S. 170) *Hölloch-Chräpflis* heißen. Früher wurden auch sie nur zu Festen gebacken, heute gelten sie als beliebtes Mitbringsel aus dem Urlaub. Zu den traditionellen Festspeisen der Zentralschweiz gehören vor allem aber die *Zigerkrapfen*: mit gesüsstem Ziger (Molkenkäse) gefüllte Krapfen, die frisch am besten schmecken (Rezept → S. 77).

Pflaumenkuchen zum Dessert

Eine besondere Spezialität ist die *Zuger Kirschtorte*, ein Produkt aus einem mit Kirschsirup getränktem hellen Biskuit, das zwischen zwei Knusperböden aus Baiser-Masse, sogenannten Japonaisböden, liegt. Zwei dünne Schichten rosaroter Kirschtortencreme verhindern das Austreten des Sirups. Die Zuger Kirschtorte darf zwar außerhalb des Kantons gefertigt, dann aber nicht unter Markennamen verkauft werden. Auch sie gilt als beliebtes Souvenir, lässt sie sich doch problemlos bis zu drei Monate im tiefgekühlt aufbewahren.

Birchermüsli

Zu den Schweizer Spezialitäten, denen Reisende längst auch an jedem abwechslungsreichen Frühstücksbuffet in Europa begegnen, gehört das Birchermüsli (Bircher Müsli), kurz Bircher genannt und in der Schweiz meist Müesli geschrieben. Nach dem Originalrezept kommt es nur mit über Nacht in Wasser eingeweichten Haferflocken, gezuckerter Kondensmilch, geriebenen Äpfeln, Zitronensaft und Nüssen aus. Es ist eine Art Porridge, mit dem man auch heute noch bestens in den Tag startet.

Als sein Erfinder und Namensgeber gilt der Schweizer Arzt Maximilian Oskar Bircher-Benner (1867–1939), der das Müsli Anfang des 20. Jahrhunderts seinen Patienten im Sanatorium in Zürich servierte – nicht zum Frühstück allerdings, sondern zum Abendessen. Der Doktor, in dessen Haus Musiker wie Wilhelm Furtwängler oder Otto Klemperer und Literaten wie Rainer Maria Rilke, Hermann Hesse oder Thomas Mann Erholung suchten, war fest davon überzeugt, dass Rohkost die Gesundheit fördere. Für ihn war das Müsli ein gewichtiger Teil seiner Lebensphilosophie: eine Vollwertkost, aus welcher der Körper »Lebenskraft« gewinnen könne. So gehörten etwa auch die Schale und Kerne des Apfels unbedingt ins Müsli. Kondensmilch statt Frischmilch nutzte er, weil die damals noch nicht pasteurisierte Frischmilch ein hohes Tuberkulose-Risiko darstellte. Offiziell hieß Doktor Birchers Abendessen »Apfeldiätspeise«, schweizerdeutsch schlicht »d'Spys«, die Speise.

Was heute Bio-Essen, war einst Birchers Verpflegung in seinem Sanatorium, wo bald eine auf gesunde Ernährung bedachte Klientel Station machte. Rasch auch wurden seine Rezepte ins Französische, Englische und Schwedische übersetzt. Zudem begann Bircher seine Apfeldiätspeise zu variieren. So ergänzten oder ersetzten Heidelbeeren, Erdbeeren, Himbeeren, Kirschen, Pflaumen, Bananen oder auch Trockenfrüchte das reine Apfelgericht.

In den 1940er und 1950er Jahre war das Birchermus zum Schweizer Nationalgericht geworden, das bei vielen Familien zum Abendessen gehörte und sich auch in den Küchen von Gefängnissen, Klöstern, Kinderheimen und Kasernen breit machte. Den Weg zu einem Schweizer Nationalgericht aber ebnete dem Birchermüsli erst die wachsende Hinwendung zu mehr natürlicher Ernährung ab den 1980er Jahren. Sie brachte weitere Varianten des Originalrezepts und eine Vielzahl von Fertigangeboten, die mit Birchers Müsli aber kaum noch etwas gemeinsam haben.

Maximilian Oskar Bircher-Benner

Rivella-Werbung aus den 1950ern

Getränke

Trauben reifen in der Zentralschweiz nur an wenigen Orten wie auf der Insel Ufnau im Zürichsee, im Luzerner Seenland, dem Wiggertal oder am Vierwaldstättersee. Die aus ihnen gewonnenen Weine sind meist Raritäten und teuer. Preiswerter sind die Weine aus dem Wallis, dem Tessin und der französischsprachigen Schweiz. In der Zentralschweiz trinkt man deshalb gern auch Bier, das zahlreiche kleine und große Braustätten liefern. Bei der Suche hilft die Webseite www.brauerei-kompass.ch, die auch kleinste Brauhäuser listet.

Zu den beliebtesten alkoholfreien Getränken zählt neben Kaffee, Tee und Wasser ein Schweizer Markenprodukt, das längst als Nationalgetränk gilt: *Rivella*. Je nach Kaloriengehalt kommt es in verschiedenen Farben auf den Markt. Rivella unterscheidet sich von anderen Erfrischungsgetränken durch seinen Grundstoff, einem aus Molke gewonnenen Milchserum.

Zu den typisch Zentralschweizer Getränken zählt *Rosoli*, ein Likör aus Kirschsaft, der heute als Einsiedler Spezialität gilt. Die Rezepte hatten Bauern, die in Norditalien einst ihr Vieh verkauften, im 18. Jahrhundert von ihren Reisen mitgebracht und zuhause ausprobiert. So entstanden immer neue Geschmacksvarianten – und Geschichten, die sich um deren Wirkung rankten. Hin und wieder, erzählt man sich im Kanton Schwyz, wurde Rosoli im Rahmen der Brautwerbung von den potentiellen Schwiegereltern an den werbenden Jüngling ausgeschenkt, um ihm Mut zu machen, ihre Tochter zu heiraten. Und die Narren im Land schätzen den alkoholreichen Muntermacher bis heute, weil er angeblich hilft, die fetten Fasnachtsspeisen besser zu verdauen.

In Obwalden setzt man an den närrischen Tagen, der Chilbi und anderen Festen, auf das sogenannte *Bätziwasser*, einen klaren Schnaps aus gedörrten Apfelschnitzen. Das hochprozentige Destillat wird nach dem Brennen mindestens ein halbes Jahr gelagert und anschließend mit destilliertem Wasser auf Trinkstärke verdünnt – in der Regel auf 40 Volumenprozent.

Alkoholfrei dagegen ist im benachbarten Kanton Nidwalden der *Beckenrieder Orangenmost*: ein kohlensäurehaltiges Getränk aus Orangen- und Apfelsaft, sehr erfrischend und immer mehr Liebhaber findend.

Käse

Käse gehört zu den Schweizer Markenprodukten, die in alle Welt exportiert werden - besonders in die Nachbarländer Deutschland, Frankreich und Italien. In der jungen Eidgenossenschaft war er nicht nur lange Zeit der wichtigste Sattmacher, sondern auch beliebtes Zahlungsmittel, mit dem etwa Handwerker und Pfarrer entlohnt wurden. Bis ins frühe 19. Jahrhundert wurde er ausschließlich auf den Alpen gefertigt, erst später im Tal. Heute werden die Gaumenkitzler hoch oben auf den Bergen produziert, die Massenware unten in den Tälern.

Dafür sorgen moderne und große Talkäsereien. Die erste nahm 1815 unweit des Thunersees ihren Betrieb auf. Sie verschaffte dem Emmentaler Renommee, der schnell zum Schweizer Bestseller wurde. Produziert wird er heute nicht nur im Emmental, sondern auch in den Kantonen Luzern, Zug und Schwyz. Gewöhnlich braucht er keine lange Reifezeit. Was ihn so beliebt macht ist, dass er zu einer Vielzahl von Mahlzeiten wie den Älplermagronen bestens passt.

Auch wenn sich in der Zentralschweiz inzwischen viele Talkäsereien finden, in denen Touristen den Käsemachern hin und wieder bei ihrer Arbeit über die Schulter schauen können, die besten Käse stammen noch immer von den Alpen. Dort fertigen Senner und Sennerinnen gewöhnlich drei bis fünf Monate im Jahr aus der Milch von Kühen, Schafen und Ziegen feinsten Alpkäse. Es ist ein lebensmittelrechtlich geschützter Begriff, der nur Verwendung finden darf, wenn die Milch während der Alpsaison im Alpgebiet erzeugt und verarbeitet wurde. Die Rohmilch muss dabei von Kühen stammen, die auf den Weiden der Alpen frei unterwegs sein können. Außer Rohmilch, Milchsäure-Bakterien, Lab und später Salz und Wasser für das Salzbad und die Pflege der Rinde enthalten Alpkäse keine weiteren Zusatzstoffe. Ihr Geschmack resultiert so meist allein aus der Flora der Bergwiesen.

Sbrinz – der Klassiker

Klassischer Zentralschweizer Käse ist der Sbrinz, ein harter oder gar extraharter, vollfetter Käse aus Rohmilch. Er wird in den Kantonen Schwyz, Luzern und Unterwalden produziert, manchmal noch ganz traditionell als Alp-Sbrinz mit dem Gütesiegel AOP (Appellation d'Origine Protégée) in Kupferkesseln direkt auf den Alpen. Der Sbrinz hat einen dreimal höheren Salzgehalt als etwa der Emmentaler und ist leicht spröde, was ihn als Reibekäse etwa als Alternative zum

Käsekeller im Culinarium zu Stans

Alpkäse-Herstellung bei Engelberg

Parmesan empfiehlt. Der Sbrinz – schweizerdeutsch in zwei Silben als Schbrienz gesprochen - wird deshalb auch nicht geschnitten, sondern mit der Hand gebrochen. Bevor er in den Verkauf geht, reift er mindestens 16 Monate in Kellern wie im Culinarium in Stans (→ S. 195), wo man auch fünf Jahre lang gelagerten und deshalb besonders würzigen Sbrinz kaufen kann.

Eine andere Zentralschweizer Käsespezialität, die inzwischen sogar zum kulinarischen Erbe der Schweiz gehört, ist das oder der *Mutschli*. Es ist ein kleiner, halbharter Vollfettkäse aus Kuh-, Schaf- oder Ziegenmilch, manchmal mit Knoblauch, Pfefferkörnern und anderen Gewürzen oder Kräutern angereichert. Er wird in kleinen Laiben mit maximal vier Kilogramm Gewicht produziert und braucht nur eine kurze, maximal dreimonatige Reifezeit. Wegen seiner geschmacklichen Vielfalt, die sich aus der Vielfalt der auf den Alpen verwendeten Bakterienkulturen erklärt, hat er im Großhandel wenig Verkaufschancen. Um so mehr dafür auf den Alpen, wo er Bergwanderern als beliebtes Mitbringsel gilt.

Besonders groß ist das Angebot an Alpkäse in Unterwalden. Allerdings stellt Nidwalden wie auch das Urnerland vorwiegend halbharten Alpkäse her, das an das Berner Oberland grenzende Obwalden dagegen ausschließlich Hartkäse. Unterwaldner Talkäsereien bringen auch einen *Bratkäse* genannten Halbhartkäse der Vollfettstufe auf den Markt, der ähnlich wie Raclette geschmolzen und zusammen mit Brot oder gekochten Kartoffeln konsumiert wird.

Aus den Talkäsereien im Kanton Schwyz stammt der *Schwyzer*: ein vollfetter Hartkäse, der dem Gruyère ähnelt und in riesigen Laiben von bis zu 33 Kilogramm hergestellt wird. Gewöhnlich nicht mehr als neun Kilogramm wiegt der Laib des *Schwyzer Alpkäse*. Es ist ein vollfetter Halbhartkäse aus Rohmilch, der vorwiegend aus dem Muotatal stammt, aber auch von der Rigi und anderen Alpen im Kanton. Eine besonders gute Gelegenheit, die regionalen Käsespezialitäten zu kaufen, sind die Alpkäsemärkte im Spätherbst wie auf dem Dorfplatz von Sarnen (Obwaldner Alpkäsemarkt), in Beckenried am Vierwaldstättersee oder in Muotathal (Muotitaler Alpchäsmärcht).

Regionale Rezepte

Die folgenden Rezepte sind für jeweils vier Personen gedacht. Die Heusuppe mundet das ganze Jahr– ebenso wie die Älplermagronen, die sehr sättigend sind und vor allem Wanderer nach längeren Touren schätzen. Sie gelten als Urschweizer Gericht, sind aber weniger traditionell als sie scheinen. Teigwaren nämlich waren bis weit ins 19. Jahrhundert in der Schweiz kaum verbreitet und fanden erst Ende des Jahrhunderts größere Nachfrage, als italienische Wanderarbeiter zum Tunnelbau wie am Gotthard in die Eidgenossenschaft kamen. Die Zigerkrapfen waren einmal ein Festgebäck zu Fasnacht oder der Chilbi, schmecken längst aber auch das ganze Jahr.

Heusuppe

Zutaten: eine Handvoll bestes Bergheu (ca. 10 Gramm, gibt es im Bioladen oder Internet), 600 ml Rindsbouillon, 400 ml Prosecco oder trockener Weißwein, 500 ml Rahm, Thymian, Oregano, Alpenblumen, eine halbe fein geschnittene Zwiebel, Salz und Pfeffer zum Würzen. Zur Dekoration eignen sich frisch geschlagener Rahm, Thymianblättchen und frisches Heu.
Zubereitung: Für die Suppe Zwiebeln andünsten, mit Bouillon ablöschen und aufkochen. Bergheu und die Kräuter dazugeben und vier Minuten ziehen lassen. Bitte nicht kochen, sonst wird die Suppe bitter. Anschließend alles durch ein feines Sieb passieren, Prosecco und Rahm dazugeben und alles zusammen aufkochen. Man kann die Suppe dann ein bisschen abbinden und mit Salz und Pfeffer würzen. Vor dem Servieren garniert man auf einem Heubett etwas geschlagenen Rahm und Thymianblättchen.

Älplermagronen

Zutaten: 2 Zwiebeln, 2 Knoblauchzehen, 600 g fest kochende Kartoffeln, 5 dl Bouillon, 2 dl Rahm, 250 g Teigwaren (Magronen oder ähnliche Nudeln, in der Schweiz gibt es fertige Pasta-Packungen mit Älplermagronen), 250 g geriebener Käse (am besten Bergkäse wie Sbrinz, Gruyère oder Parmesan, auch Emmentaler oder anderer Hartkäse), Salz und Pfeffer zum Würzen.
Zubereitung: Zuerst schneidet man die Kartoffeln in Würfel und die Zwiebeln in Ringe, die in der Bratpfanne goldbraun gebraten werden. Dann werden Rahm und Bouillon aufgekocht. Sobald es kocht, gibt man Kartoffeln und Teigwaren hinzu. Anschließend wird das mit einem Topf abgedeckte Gemisch bei niedriger Hitze ungefähr zehn Minuten gekocht, bis die Nudeln al dente (noch bissfest) sind. Wenn möglich, alles zusammen so lange kochen lassen, bis die gesamte Flüssigkeit aufgesogen ist. Zum Schluss wird der Käse dazu gemischt, gewürzt und mit den angebratenen Zwiebeln garniert.
Älplermagronen werden gewöhnlich mit Apfelmus oder frischen Apfelschnitzen serviert. Aber auch ein anderes süßes Kompott kontrastiert gut zur eher salzigen Speise. Mancherorts wird das eigentlich vegetarische Gericht mit gerösteten Speckwürfeln, Schinkenstreifen oder Cervelat kredenzt. Im Kanton Uri, wo man den Ursprung der Älplermagronen verortet, gehören zum klassischen Rezept keine Kartoffeln.

Zigerkrapfen

Zutaten für zwölf Stück

Teig: 250 g Mehl, 1/2 Teelöffel Salz, 60 g Butter in Stücken, 4 EL Zucker, 20 g zerbröckelte Hefe, 1 dl Milch (lauwarm)

Füllung: 150 g Ziger (alternativ Ricotta), 7 EL Zucker, 1 abgeriebene Zitronenschale, 1 EL Zitronensaft, 100 g gemahlene Mandeln, 1 TL Zimt, 2 EL Sultaninen, Öl zum Frittieren

Zubereitung Teig: Mehl, Salz, Zucker und Hefe in einer Schüssel mischen. Butter und Milch beigeben, mischen und zu einem weichen, glatten Teig kneten. Zugedeckt bei Raumtemperatur bis zu 90 Minuten aufgehen lassen.

Füllung: Ziger und alle übrigen Zutaten mit einer Gabel zerdrücken und in einer Schüssel mischen. Teig in zwei Portionen teilen und zu zwei großen Rechtecken auswallen. Jedes Rechteck in sechs Quadrate schneiden, Teigränder mit wenig Wasser bestreichen und Füllung auf die Mitten der Quadrate verteilen. Teig diagonal über die Füllung schlagen und Ränder mit einer Gabel gut zusammendrücken. Dann Zucker und Zimt in einem Teller mischen.

Frittieren: Öl in einem Brattopf bis zu einem Drittel seiner Höhe füllen und auf 160–170 Grad erhitzen. Krapfen portionsweise mit einer Kelle hineingeben und beidseitig je etwa drei Minuten goldbraun ausbacken. Herausnehmen, abtropfen lassen. Mit Haushaltspapier abtupfen und die noch heißen Krapfen im Zimtzucker wenden. Anschließend abkühlen lassen!

Älplermagronen

Vom Mittelland bis weit in die Schweizer Alpen reicht der Kanton Luzern. Mehr als die Hälfte der Region wird landwirtschaftlich genutzt, vor allem als Wiesen und Ackerland. Trotzdem ist er mit knapp 430 000 Einwohnern dichter besiedelt als die meisten anderen Schweizer Kantone. Als gesellschaftliches und kulturelles Zentrum gilt Luzern am Vierwaldstättersee. Zu dessen bekanntesten Sehenswürdigkeiten zählt die jahrhundertealte Kapellbrücke, weltweit bekanntes Wahrzeichen der Stadt.

Die Kapellbrücke in Luzern

KANTON LUZERN

Luzern

Luzern ist das Herz der Zentralschweiz: eine stolze Metropole, eingebettet in die Bilderbuchlandschaft rund um den Vierwaldstättersee. Luzerns Stadtbild prägt auch die Reuss, einer der längsten Schweizer Flüsse. Schon im Mittelalter war sie von Brücken überspannt, deren schönste, die Kapellbrücke mit ihrem Wasserturm, zum Wahrzeichen Luzerns geworden ist.

»Luzern ist eine bezaubernde Stadt«, schwärmte der amerikanische Schriftsteller Mark Twain, der 1878 in einem der schon damals zahlreichen Hotels Station gemacht hatte. »Sie beginnt am See mit einem Saum von Hotels und klettert empor und breitet sich dichtgedrängt, in ungeordnetem, malerischem Stil über zwei oder drei steile Berge aus, wobei es dem Blick einen aufgetürmten Wirrwarr aus roten Dächern, wunderlichen Giebeln, Dachfenstern, zahnstocherähnlichen Kirchtürmen darbietet, wobei hier und da ein Stück alter, zinnengekrönter Stadtmauer wurmartig über die Bergkuppen kriecht und da und dort ein alter, viereckiger Turm aus festem Mauerwerk steht.« Ein bisschen sieht die Stadt noch immer so aus, drängen sich die Menschen wie

! Nicht verpassen

Kapellbrücke → S. 86
Jesuitenkirche → S. 87
Hofkirche St. Leodegar → S. 88
Löwendenkmal → S. 89
Gletschergarten → S. 90
Verkehrshaus → S. 91
Pilatus → S. 93

damals entlang der Reuss oder am Seeufer, von wo die Ausflugsschiffe das ganze Jahr über – im Sommer allerdings deutlich häufiger als im Winter – ihre Runden drehen. Und wo zu Mark Twains Zeiten Kutscher mit ihren Pferden die Alleen entlangfuhren, sind heute Autos unterwegs. Allerdings sind große Teile der Altstadt längst Fußgängerzonen, stehen im Sommer Tische und Stühle der Cafés und Restaurants auf den Gassen, durch die sich früher noch Autos quetschten.

Luzerns Herz ist die **Altstadt** (→ S. 83), die sich auf beiden Seiten der Reuss ballt. »Chlistadt«, kleine Stadt, heißen die Einheimischen den Teil auf der linken Flussseite mit Jesuiten- und Franziskanerkirche. **Kapellbrücke** (→ S. 86) und **Spreuerbrücke** (→ S. 86) sind die bekanntesten Fußgängerstege über die

*Die Museggmauer mit **Zytturm**, Heuturm und Luegislandturm*

▲ Karte: hintere Umschlagklappe

Reuss. Sie gehören zu Luzern wie die Brücken über den Canal Grande in Venedig. Der schönste Teil der Altstadt findet sich freilich rechts des Flusses, wo sich die alten Plätze und Straßen vor der mittelalterlichen Stadtmauer, der **Musegg** (→ S. 85), ballen. Am östlichen Rand finden sich mit **Hofkirche** (→ S. 88) und **Löwendenkmal** (→ S. 89) zudem weitere Sehenswürdigkeiten.

Die Vielzahl und Pracht der Kirchen kündet vor allem von Luzerns Anspruch als katholische Bastion in der alten Eidgenossenschaft, mit denen Luzern gegenüber den großen, reformierten Nachbarn wie Zürich, Basel oder Bern neues Selbstbewusstsein an den Tag legte. Das gilt heute auch für Kunst und Kultur in der Stadt. So zählt Luzern mit seinen nicht einmal 100 000 Einwohnern gleich zwei Theater und zahlreiche Museen, deren populärstes das **Verkehrshaus der Schweiz** (→ S. 91) mit inzwischen mehr als einer halben Million Besucher jährlich ist.

Zentrum des kulturellen Lebens ist das **Kultur- und Kongresszentrum** (KKL) direkt neben dem Hauptbahnhof und unmittelbar vor dem großen Schiffsanleger. Neben Konzert- und Kongresssälen beherbergt das KKL auch das **Kunstmuseum** mit interessanten Wechselausstellungen.

Seit neustem kann man die Musikstadt Luzern in der kostenlosen App *Official Audio Tour Lucern* kennenlernen, wo der Audiotrail *Eintauchen in eine Welt voller Rhythmus und Melodie* Interessierte zu allen Orten führt, an denen bekannte Musikerinnen auftraten oder berühmte Komponisten Inspiration fanden – so wie **Richard Wagner**, der sechs Jahre in der Stadt am See lebte und heute dort ein eigenes **Museum** hat (→ S. 97).

Stadt der Brücken

Zu den Luzerner Besonderheiten zählen die vielen Bilder auf seinen Holzbrücken. Es sind kleine, aber eindrucksvolle Gemälde, wie man sie in dieser Vielfalt sonst nirgends mehr findet. Die ersten entstanden Mitte des 16. Jahrhunderts auf der heute nicht mehr existierenden Hofbrücke und waren Auftragsarbeiten von Staat und Kirche, die in den Dachgiebeln der Brücke biblische Geschichte erzählen sollten. Kunsthistoriker werten den Bilderteppich auf den Brücken heute als eine Reaktion auf den Bildersturm der Protestanten, die im Rahmen der Reformation vielerorts in der Zentralschweiz die biblischen Bilder an den Kirchenwänden übertünchten oder Heiligenfiguren zerstörten.

Schiffsanleger am Kultur- und Kongresszentrum

Bildtafel auf der Spreuerbrücke

Als erste Brücke in Luzern wurde die Mitte des 19. Jahrhunderts abgerissene Hofbrücke mit 239 biblischen Bildern ausgestattet, die heute großteils im Stadtarchiv untergebracht sind und gewöhnlich nur noch im Internet betrachtet werden. Sie fanden in Luzern damals schnell viele Bewunderer, so dass man wenig später auch die neue Kapellbrücke entsprechend ausstattete. Schließlich entstand auf der Spreuerbrücke ein weiterer Bilderbogen, der um 1637 vollendet war. Fast alle Bildtafeln übrigens, die für Luzern so etwas wie ein Alleinstellungsmerkmal sind, kennzeichnen die Namen und Wappen ihrer Sponsoren und erklären die Motive in kurzen Versen.

Fasnachtsgeschichte am Sternenplatz

Geschichte

Als Nahtstelle im wachsenden Verkehr über den Gotthardpass zählte Luzern schon im Mittelalter zu den einflussreichsten Städten der Eidgenossenschaft. Um ihre politische Stellung weiter zu festigen, schlossen die Luzerner im Jahr 1332 einen Bund mit den benachbarten Waldstätten Uri, Schwyz und Unterwalden. Ziel war es unter anderem, die österreichische Herrschaft loszuwerden, was mit Hilfe der Verbündeten auch gelang. Als freie Reichsstadt hinter mächtigen Mauern wuchs Luzern weiter und wurde mit der Reformation zum Bollwerk der Katholiken, zur Speerspitze der Gegenreformation, in deren Rahmen eindrucksvolle neue Kirchen entstanden.

Doch je mehr die reformierten Städte wie Zürich, Bern oder Basel erstarkten, desto mehr schwand Luzerns Einfluss. Auch die industrielle Revolution ging anfangs an der Stadt vorbei. So lebte Mitte des 19. Jahrhunderts noch ein Großteil der Einwohner von der Landwirtschaft. Kein Wunder, dass der Philosoph Arthur Schopenhauer nach einem Besuch der Stadt im Jahr 1804 schrieb, Luzern sei «ein kleines, schlecht erbautes, menschenleeres Städtchen«.

■ Tourismus als Wirtschaftsmotor

Rettender Anker war schließlich der Tourismus. Schon Ende des 18. Jahrhunderts brachte er erste Gäste an den Vierwaldstättersee. Die lockte vor allem die Rigi mit ihren einmaligen Blicken auf die Berge und den See, mit Aussichten, wie

▶ Karte: hintere Umschlagklappe, S. 84

sie in den oft schon jahrhundertealten Herbergen in der Altstadt damals fehlten. Deshalb baute man neue Hotels in Seenähe, später auch auf den dahin unbebauten Hügeln hoch über der Stadt. Bis zum Ersten Weltkrieg entstanden so über 100 neue Unterkünfte.
Auch heute ist der Tourismus einer der Wirtschaftsmotoren, Luzern ist eine der meistbesuchten Schweizer Städte. Anders als in den meisten anderen Städten freilich stammt in Luzern fast jeder zweite Urlauber nicht aus Europa. Niemand muss sich also wundern, wenn er beim Einkauf gleich auf Englisch angesprochen wird.
Ende des Jahrzehnts sollen jährlich bis zu zwölf Millionen Tagesgäste in Luzern Station machen. Dieses Ziel haben die Touristiker im Auge. Sie sprechen, wenn es um die Stadt geht, lieber von einer Erlebnisregion, die vom über Jahrhunderte gewachsenen Stolz ihrer Bürger zeugt. Im Sommer zeigt sich der im Lucerne Festival, einem Festival klassischer Musik, das seit über 80 Jahren weltbekannte Orchester und Solisten mit Musikfreunden aus aller Welt vereint. Im späten Winter prägt Luzern die Fasnacht, die am Kapellplatz nahe der Kapellbrücke startet. Angeblich ist hier »Bruder Fritschi« begraben, der Held des närrischen Spiels, dessen Reichtum an Figuren und Masken der **Fritschibrunnen** zeigt. Noch schöner spiegelt sich die närrische Welt das Jahr über nur ein paar Meter weiter am **Sternenplatz**, wo die Protagonisten der Luzerner Fasnacht auf der Hauswand über einem Restaurant zu sehen sind.

Altstadt

Herz Luzerns ist die großteils autofreie Altstadt mit ihren mittelalterlichen Häusern und Straßen, alten Mauern und Türmen. Historisch bedeutsam ist der

Figuren am Fritschibrunnen

Weinmarkt, wo die Luzerner einst den eidgenössischen Bund mit Uri, Schwyz und Unterwalden beschworen, das wichtigste Fundament für die weitere Expansion der Stadt. Lange Zeit war er Luzerns Marktplatz. Und auch die berühmten Luzerner Mysterienspiele fanden dort über Jahrhunderte statt. Der hoch aufragende **Weinmarktbrunnen** auf dem Platz wurde Ende des 15. Jahrhunderts vom Bildhauer

Der Rathausturm mit Uhr

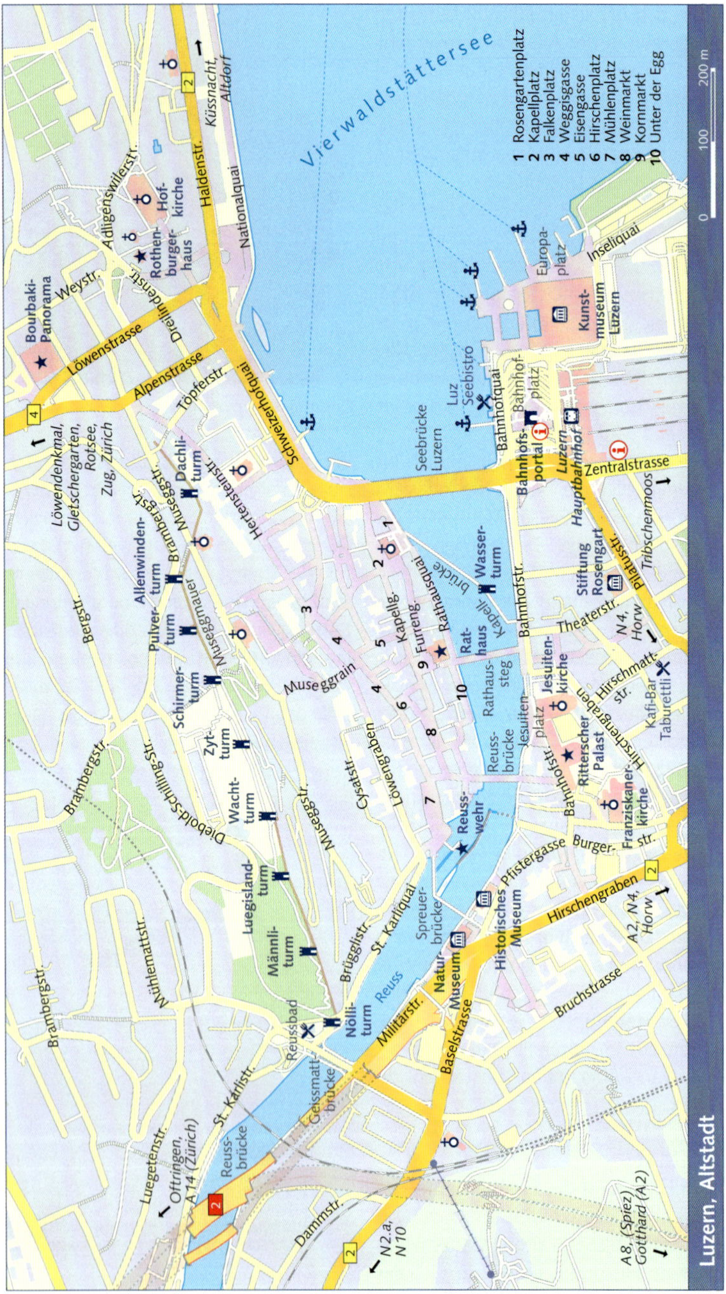
Luzern, Altstadt
1 Rosengartenplatz
2 Kapellplatz
3 Falkenplatz
4 Weggisgasse
5 Eisengasse
6 Hirschenplatz
7 Mühlenplatz
8 Weinmarkt
9 Kornmarkt
10 Unter der Egg
0 100 200 m
Vierwaldstättersee
Reuss
Küssnacht, Altdorf
Löwendenkmal, Gletschergarten, Rotsee, Zug, Zürich
Oftringen, A14 (Zürich)
N2.a, N10
A8, (Spiez) Gotthard (A2)
A2, N4, Horw
N4, Horw
Tribschenmoos
Bourbaki-Panorama
Rothen-burger-haus
Hof-kirche
Kunst-museum Luzern
Europa-platz
Inseliquai
Luz Seebistro
Seebrücke Luzern
Bahnhofquai
Bahnhof-platz
Bahnhofs-portal
Luzern Hauptbahnhof
Zentralstrasse
Stiftung Rosengart
Wasser-turm
Kapell-brücke
Rat-haus
Rathaus-steg
Rathausquai
Jesuiten-kirche
Jesuiten-platz
Ritterscher Palast
Franziskaner-kirche
Kafi-Bar Taburettli
Reuss-brücke
Reuss-wehr
Historisches Museum
Natur-Museum
Spreuer-brücke
Nölli-turm
Reussbad
Geissmatt-brücke
Männli-turm
Luegisland-turm
Wacht-turm
Zyt-turm
Schirmer-turm
Pulver-turm
Allenwinden-turm
Dachli-turm
Museggmauer
Museggrain
Haldenstr.
Nationalquai
Schweizerhofquai
Löwenstrasse
Alpenstrasse
Weystr.
Adligenswilerstr.
Dreilindenstr.
Töpferstr.
Hertensteinstr.
Brambergstr.
Museggstr.
Bergstr.
Diebold-Schilling-Str.
Mühlemattstr.
St. Karlistr.
Luegetenstr.
Dammstr.
Brügglistr.
St. Karliquai
Cysatstr.
Löwengraben
Kapellg.
Furreng.
Bahnhofstr.
Theaterstr.
Pilatusstr.
Hirschmattstr.
Hirschengraben
Pfistergasse
Burgerstr.
Bruchstrasse
Baselstrasse
Militärstr.

Reuss-Ufer mit Männli- und Luegislandturm

Konrad Lux errichtet, jedoch mehrfach umgebaut.
Gleich um die Ecke liegt der **Hirschenplatz** mit einem kleinen Brunnen, wie sie ähnlich auch an anderen Stellen die Altstadt bereichern. Auch hier fallen die Fassaden mit ihren Malereien, Erkern und Loggien sofort ins Auge. Nur einen Katzensprung entfernt ist der **Kornmarkt** mit dem prachtvollen **Rathaus**, wo der Luzerner Grosse Rat noch immer tagt. Das Gebäude stammt aus dem frühen 17. Jahrhundert und wurde von Anton Isenmann im Stil der italienischen Renaissance erbaut. Im ersten Obergeschoss ist der Parlamentssaal mit seiner prachtvollen Kassettendecke und einem schönen Ofen. Ebenfalls im ersten Stock ist der sogenannte Tagsatzungssaal im Empire-Stil, der heute als Trausaal dient. Im Estrich des Rathauses hat die Stadt einen **Taubenschlag** mit hygienischen Brut- und Schlafplätzen eingerichtet, um der Taubenplage besser Herr zu werden. Die Fluglöcher sind vom Rathaussteg aus gut zu erkennen. Gruppen ab zehn Interessierten steht der Taubenschlag zur Besichtigung offen, wo man die Vögel beim Balzen, Streiten und Brüten hinter einer Glasscheibe beobachten kann. Auf der Rückseite des Rathauses findet dienstags und samstags einer der schönsten Schweizer **Wochenmärkte** statt (7–12 Uhr).
Am Reussufer führt der **Rathausquai** vorbei an Kapellbrücke und **Seebrücke**, die bei klarem Wetter herrliche Blicke auf den Vierwaldstättersee und die ihn rahmenden Berge bietet.
Im Westen der Altstadt findet sich der erst im Spätmittelalter durch den Abbruch anderer Häuser entstandene **Mühlenplatz**. Er ist einer der größten historischen Plätze der Stadt. Zu seinen Füßen liegt das Kleinwasserkraftwerk Mühlenplatz, das unter anderem die Straßenbahnen der Stadt mit Strom versorgt. Schon im Mittelalter wurde an dieser Stelle die Wasserkraft der Reuss genutzt, wo elf Wasserräder Mühlen, Schleifwerke und das Prägewerk der städtischen Münze mit Energie versorgten.

Museggmauer

Die aus dem Mittelalter stammende Museggmauer ist ein großer Teil der alten Stadtbefestigung: eine fast einen Kilometer lange Mauer samt sehenswerter Türme, deren ältester der **Luegislandturm** ist. Bis weit ins 15. Jahrhundert dauerte es, ehe der Mauerring um die Stadt komplett war. Im 19. Jahrhundert aber schleifte man ihn langsam wieder, um Platz »zur Verschönerung der Stadt und zur Verbesserung des Straßenverkehrs« zu schaffen, wie es im Beschluss der Stadtväter damals hieß. Heute führt ein ungedeckter Wehrgang über die angeblich längste Schweizer Stadtbefestigung, die im Sommer Besuchern offensteht.

Prunkstücke der Musegg sind ihre neun Türme, die bis auf den im 16. Jahrhundert ersetzten **Nölliturm** vor der Mauer stehen und einst zur Stadt hin offen waren. Besonders originell ist der sogenannte **Männliturm**. Eines seiner Ecktürmchen ziert eine zwei Meter hohe kriegerische Gestalt, das Männli.

Prächtigster Turm ist der sogenannte **Zytturm**, dessen 1535 gebaute Uhr noch immer funktioniert. An seiner Südfassade prangen zwei Wilde Männer, die das große Zifferblatt stützen. Es ist so groß, dass man früher überall in der Stadt am Turm nicht nur den Stundenschlag, sondern auch die Zeit ablesen konnte. Heute beherbergt der Turm eine kleine **Uhrenausstellung** und erlaubt den Blick in sein eigenes Uhrwerk, das alle volle Stunde schlägt – interessanterweise jeweils eine Minute vor den Kirchturmuhren der Stadt.

Von April bis Oktober sind Musegg, Männliturm, Zytturm, Wachtturm und Schirmerturm täglich zwischen 8 und 19 Uhr zugänglich.

Spreuerbrücke

Vom Mühlenplatz führt die **Spreuerbrücke** über die Reuss, an deren Südende das Historische Museum der Stadt liegt. Von ihr hat man einen schönen Blick auf die alten Museggmauern im Norden der Altstadt.

Von Begegnungen zwischen Lebenden und Toten erzählen die Bildtafeln auf der Spreuerbrücke, die ebenfalls Teil der

▸ Karte S. 84

Blick auf Spreuerbrücke und Jesuitenkirche

Stadtbefestigung war. Ihr sehenswerter **Totentanz-Zyklus** beginnt mit der Vertreibung der ersten Menschen aus dem Paradies. Danach trifft der Tod auf die Ständegesellschaft des Mittelalters, ehe er zum Schluss des Bilderzyklus nur noch mit dem Narren tanzt. Beachtenswert ist, dass der Tod den Brückengängern nicht als grausamer Zerstörer erscheint, der nur nach dem Leben anderer trachtet, sondern mehr als Mitspieler im Alltag, als einer, der Teil des Lebens ist. Einen guten Blick hat man von der Brücke übrigens auf das vorgelagerte **Nadelwehr**, mit dem der Abfluss des Wassers aus dem Vierwaldstättersee geregelt werden kann.

Kapellbrücke

Mit gut 200 Metern ist die Kapellbrücke, Luzerns Wahrzeichen, eine der längsten gedeckten Holzbrücken Europas. In ihrer Mitte steht der achteckige **Wasserturm**, der einige Jahrzehnte älter als die Brücke ist und während des 14. Jahrhunderts entstand. Er war einst Beobachtungsposten für die Schifffahrt im See, wurde lange Zeit auch als Kerker genutzt und bis Anfang letzten Jahrhunderts auch als Archiv.

Brunnenfigur am Hirschenplatz

Zu den größten Schätzen auf der Kapellbrücke, die zur alten Stadtbefestigung zählte, gehören die originalen Reste eines spätmittelalterlichen **Gemäldezyklus**. Sie erzählen aus der eidgenössischen Geschichte, aber auch von den Stadtheiligen wie Leodegar und Mauritius. Die meisten der ursprünglich 111 Bilder allerdings wurden bei einem Großbrand 1993 zerstört. Einige der geretteten Giebelbilder prangen inzwischen wieder am alten Platz, die im Feuer verbrannten hat man durch Fotofaksimiles ersetzt, welche die meisten Brückenbesucher kaum von den 25 noch originalen Malereien aus dem Mittelalter unterscheiden können. Anfang Mai montiert die Stadtgärtnerei knapp 300 Blumenkisten an die Balustraden der Brücke, die jährlich den Rahmen für Millionen von Selfies und Fotos bilden. Am schönsten zeigt sich das Blütenmeer von Ende Juli bis Mitte September, ehe es im Oktober geräumt wird.

Links der Reuss

Jesuitenkirche

Prunkstück auf der linken Seite der Reuss ist die Jesuitenkirche, einer der ersten großen sakralen Schweizer Barockbauten. Sie wurde nach elf Jahren Bauzeit 1677 geweiht und Ende des 19. Jahrhunderts mit zwei großen Türmen versehen. Über dem mittleren Portal findet sich eine Statue des Kirchenheiligen Franz Xaver, des erfolgreichsten Missionars aus der Riege der Jesuiten.

Zur reichhaltigen Ausstattung gehören neben den Stuckarbeiten der **Hochaltar**, die **Orgel** und der **Kirchenschatz**. Besonders viel Wert legten die Bauherren auf die Akustik der Kirche, weshalb sie noch immer für Konzerte und die Ausbildung von Organisten genutzt wird.

Unmittelbar neben der Jesuitenkirche liegt der **Rittersche Palast**, ein Renaissance-Palazzo. Er war Sitz des ersten Schweizer Jesuitenkollegs und beherbergt heute die Kantonsverwaltung. Kunstfreunde schätzen im zweiten Obergeschoss des Arkadenhofes eine Handvoll Ölgemälde mit einem kunstvollen Totentanzzyklus aus dem frühen 17. Jahrhundert.

Barocke Pracht in der Jesuitenkirche

Franziskanerkirche

Das früher Barfüsserkirche genannte Gotteshaus entstammt der zweiten Hälfte des 13. Jahrhunderts, erhielt sein Gesicht aber erst im Barock, als es um zwei Kapellen erweitert und neu ausgestattet wurde. Zu seinen Prunkstücken im Inneren zählen die reich verzierte Kanzel und das Chorgestühl. Auf die Wände gemalte Fahnen erinnern unterhalb der Fenster im Mittelschiff an die einst in der Kirche aufbewahrten Schlachtenbanner, die die Luzerner Ende des 14. Jahrhunderts aus der siegreichen Schlacht von Sempach mitgebracht hatten. Das mittlere der Deckengemälde zeigt die Aufnahme des heiligen Franziskus in den Himmel.

Nördliche Seeseite

Hofkirche

Im Osten der Altstadt liegt der Hofbezirk mit der Stiftskirche **St. Leodegar** im Hof. Er beherbergte vermutlich schon zu karolingischen Zeiten ein Benediktinerkloster, das Mitte des 16. Jahrhunderts in ein Chorherrenstift umgewandelt wurde. Sein Zentrum ist die Hofkirche, ein Prachtbau aus der Spätrenaissance. Eindrucksvoll ist die Westfassade, die alle drei Bauepochen der Kirche miteinander vereint. Aus der Spätgotik stammen die Türme, aus der Renaissance der Mittelteil und aus dem Barock die Giebel.

Sehenswert ist das Kircheninnere mit dem **Maria-End-Altar** im nördlichen Sei-

Die Luzerner Hofkirche

▲ Karte S. 84

tenschiff. Er zeigt die sterbende Muttergottes im Bett, umgeben von den Aposteln. Beachtung haben auch eine in einen Seitenaltar integrierte **Pietà** und das **Chorgestühl** verdient. Besonders wertvoll ist der **Luzerner Stiftsschatz** mit mittelalterlichem Vortragekreuz, silberbeschlagenen Bucheinbänden, Kelchen, Reliquiaren und liturgischen Gewändern. Interessant ist ein Hinterglasgemälde aus der Mitte des 18. Jahrhunderts, in dem sich die göttliche Dreifaltigkeit in drei Personen zeigt, wobei den Heiligen Geist eine Frau verkörpert.

Als Konzerthaus ist die Kirche wegen ihrer tonnenschweren **Orgel** geschätzt. Sie verfügt über 7000 Orgelpfeifen, verteilt auf mehr als 100 Register. Über zehn Meter misst die größte, fast 400 Kilogramm wiegt die schwerste. Eine Rarität ist die »Regenmaschine«, eine mit Orgelwinden angetriebene Holztrommel voller Metallkugeln, die an die Blechwand der Trommel schlagen. Seit Mitte des 19. Jahrhunderts sorgen sie bei vielen Konzerten für Gänsehaut im Publikum.

Gleich vor der Kirche steht das sogenannte **Rothenburgerhaus**, das angeblich älteste städtische Schweizer Holzhaus. Es war das Wohnhaus des Luzerner Chronisten Diebold Schilling der Jüngere. Er hielt die eidgenössische Geschichte in bunten Bildern und Texten fest, die das mittelalterliche Bild der Schweiz bis heute prägen. Neben der Hofkirche haben Angehörige einflussreicher Luzerner Familien in aufwendigen Grabanlagen ihre letzte Ruhe gefunden.

Altar Maria Entschlafung in der Hofkirche

Bourbaki-Panorama

Fünf Fußminuten von der Hofkirche entfernt liegt das sogenannte Bourbaki-Panorama: ein1000 Quadratmeter großes Riesenrundbild, das heute in ein Haus für Medien, Begegnung und Kultur integriert ist. Zu dem gehören auch Luzerns Stadtbibliothek und ein großes Kinozentrum. Das über 100 Meter lange und zehn Meter hohe Gemälde, das Edouard Castres im Jahr 1881 schuf, zeigt die im Deutsch-Französischen Krieg (1870/71) geschlagene französische Ostarmee bei ihrem Übertritt in die Schweiz. Die Armee, nach ihrem ersten Kommandeur General Charles Denis Bourbaki auch Bourbaki-Armee genannt, war auf französischem Gebiet von deutschen Truppen eingeschlossen worden. Im Panoramabild sind Massen hungernder und frierender Soldaten zu sehen, die von der Schweizer Bevölkerung umsorgt werden. Es ist ein von Friedenssehnsucht geprägtes, plastisch gestaltetes Bild.

Löwendenkmal

Nur gut fünf Fußminuten vom Bourbaki-Panorama entfernt findet sich eine weitere Touristenattraktion, die jährlich weit über eine Million Besucher zählt. Ein sterbender Löwe, vom dänischen Bildhauer Bertel Thorvaldsen (1770–1844) in eine Felswand gemeißelt, soll an die im August 1792 beim Sturm auf die Pariser Tuilerien gefallenen Solda-

Das Löwendenkmal erinnert an gefallene Schweizergardisten

ten der Schweizergarde erinnern. Mark Twain nannte den Luzerner Löwen »das traurigste und bewegendste Stück Stein der Welt«.

Über dem Löwen ist auf Latein zu lesen: »Helvetiorum Elvetiorum Fidei ac Virtuti« (»Der Treue und Tapferkeit der Schweizer«). Unter ihm stehen die Namen von Schweizergardisten, die damals dem französischen König Ludwig XVI. als Leibgarde dienten und im Verlauf der Französischen Revolution ums Leben kamen. Zur Anlage gehört auch ein Weiher, der als Wunschbrunnen gilt. Viele seiner Besucher werfen dort gern eine Münze ins Wasser, damit eine ihrer Herzensangelegenheiten in Erfüllung geht.

Gletschergarten

Eine der ältesten Touristenattraktionen Luzerns ist der Gletschergarten: ein Naturdenkmal aus dem 19. Jahrhundert mit Park und Museum. Mit seinen Gletschertöpfen und schachtartigen Vertiefungen im Gestein verweist es auf die Zeit, als die heutige Schweiz noch riesige Gletscher bedeckten. Ganz neu ist die **Felsenwelt**, eine unterirdische Erlebnislandschaft, die quer durch die Erdgeschichte führt, von einem versteinerten Meeresstrand bis zur Plattform **Alpenblick**, von der man den Blick über die Stadt bis zu den Alpen genießt.

Die passenden Informationen zur Klima- und Erdgeschichte liefert auf einem rund einstündigen Rundgang durch den Alpenpark mit vielen tausend verschiedenen Pflanzen, Bäumen und Sträuchern ein Audioguide und seit neustem auch ein kurzer Film. Zu den Attraktionen im Gletschergarten gehört vor allem für Kinder das **Spiegellabyrinth**, ein für die Schweizerische Landesausstellung Ende des 19. Jahrhunderts geschaffener Spiegelsaal aus einem etwa 50 Spiegeln, dessen Vorbild der Alhambra-Palast im spanischen Granada war.

Rotsee

Nur ein gutes Viertelstündchen Fußmarsch ist es vom Gletschergarten zum Rotsee, dem kleinen Bruder des Vierwaldstättersees sozusagen. Der See wie auch seine Uferregion stehen unter Naturschutz.

Vor allem Ruderer und andere Wassersportler haben den Rotsee ins Herz geschlossen. Jährlich ist er Schauplatz der renommierten Lucerne Regatta, bei der internationale Ruderteams das Weltcup-

Das Verkehrshaus Luzern

▲ Karte S. 84, hintere Umschlagklappe

Schloss Meggenhorn

Finale bestreiten. Vom Palmsonntag bis Ende Oktober kann man den See auch täglich mit einer Fähre queren. Zum Schwimmen lädt das **Rotsee-Badi**, ein im Sommer beliebtes Freibad. Sonst aber ist das Baden im Rotsee verboten!

Verkehrshaus Luzern

Zu den meistbesuchten Schweizer Museen zählt das Verkehrshaus. Es wird von einem privaten Verein unterhalten, der sich zum Unterhalt seiner Sammlungen mehr und mehr privater Sponsoren wie Red Bull oder der Schokoladenfirma Lindt bedient, die im Verkehrshaus ihre eigenen Erlebniszentren unterhalten. Red Bull zum Beispiel ermöglicht Besuchern das virtuelle Surfen auf den Monsterwellen des Atlantik oder den Sprung von 27 Meter hohen Felsklippen. Mit einem Zusatzticket kann man zudem mit Hilfe modernster VR-Technologie den Gipfel des Matterhorns besteigen. Gesichert durch Klettergurte und umtost von eisigen Winden wird man zum Wanderer zwischen realen und virtuellen Welten. Die öffnen sich auch im **Planetarium**, das einen auf Spaziergänge im Weltraum mitnimmt. Wer die reale Welt liebt, freut sich über alte Lokomotiven, Flugzeuge, Autos, Fahrräder, Schiffe und Waggons. Auf mehr als 3000 Objekte, zu deren Prunkstücken ein U-Boot, das Dampfschiff Rigi aus dem Jahr 1848, alte Zahnradbahnen, zahlreiche Oldtimer und der angeblich erste Skilift zählen. Kinofreunde erwartet die angeblich größte Leinwand der Schweiz mit eigenen Programmen wie Live-Übertragungen aus berühmten Opernhäusern.

Rund um Luzern

Die Luzerner Bucht markiert den Ausgang der Stadt. Beide Seiten seines Ufers sind begehrte Wohngebiete, weshalb Dörfer wie **Meggen** – sein Wahrzeichen ist das von einem Park und Weinbergen gesäumte **Schloss Meggenhorn** – längst mit Luzern zusammengewachsen sind. Auch **Horw** oder **Kriens** zu Füßen des Pilatus, das seine neuen Ortsteile gern als LuzernSüd vermarktet, sind eng mit dem Kantonshauptort verbunden. Seinen dörflichen Charakter hat Kriens aber noch in seiner Fasnacht bewahrt, deren Masken zu den urigsten der Zentralschweiz zählen. Das dortige Maskentreiben am Dienstag (Güdisdienstag) vor Aschermittwoch jedenfalls sieht völlig anders aus als das in Luzern.

Eine Sehenswürdigkeit ist die oberhalb von Kriens am nördlichen Hang des Pilatus gelegene Wallfahrtskirche **Unserer Lieben Frau** in Hergiswald. Die Geschichte des Marienortes begann im späten 15. Jahrhundert, als sich ein Eremit dort niederließ und eine Kapelle baute, in deren Neubau man Mitte des 17. Jahrhunderts eine sogenannte Loretokapelle integrierte. Größte Sehenswürdigkeit ist neben einer Schwarzen Madonna in der Kapelle die aus 324 kleinen Bildern bestehende Holzdecke des Gotteshauses. Sie stammt von Kaspar Meglinger, dem Maler des Totentanz-Zyklus auf der Luzerner Spreuerbrücke.

Die Umgebung von Luzern

Pilatus

Der Pilatus gilt als Luzerner Hausberg. Genau betrachtet aber ist er kein Berg, sondern ein ganzes Massiv und ein Freizeitrevier der Extraklasse mit besten Möglichkeiten für Wanderer, Kletterer, Gleitschirmflieger, Biker und Wintersportler. »Jeder kennt den Berg und keiner kennt ihn ganz«, umschrieb der in Luzern geborene Schriftsteller Peter von Matt die Faszination des über 2000 Meter hohen Gebirges. »Was allen vertraut ist und gern für das Ganze genommen wird, ist die klippenschroffe Front nach Nordosten. Sie ragt über der Stadt Luzern in den Himmel, gefährlich und ab-

Wandergruppe am Pilatus

weisend. Die Kontur erinnert an den gezackten Buckelrücken eines Sauriers und steht in auffallendem Kontrast zur sanften Horizontlinie des Gegenübers, der Rigi. Während der Pilatus, von Luzern aus gesehen, wild und lotrecht auffährt, liegt die Rigi kamelfromm da«.

Seinen Namen hat der im Mittelalter »fractus mons« und bis in die Neuzeit »Fräkmont« genannte Pilatus wahrscheinlich vom lateinischen Wort *pilleatus*, was soviel wie »Der mit einer Kappe Bedeckte« bedeutet. Die Bezeichnung verweist darauf, dass sich der Pilatus gern in Wolken hüllt, weshalb er im Volksglauben als eine Art Wettermacher gilt. »Hat der Pilatus einen Hut, bleibt im Land das Wetter gut. Hat er einen Nebelkragen, darf man eine Tour wohl wagen ...«

Flora und Fauna der sagenumwobenen Landschaft weckten schon früh wissenschaftliche Neugier. Gelehrte wurden freilich nur unter Auflagen ins Gebiet gelassen und mussten versprechen, ja keine Steine ins Wasser des Sees zu werfen, die nach damals landläufiger Ansicht Unwetter brächten.

▶ Karte S. 92/93

■ Sagenlandschaft Pilatus

Schon früh umrankten das Gebirgsmassiv geheimnisvolle Geschichten. Sie erzählten von Drachen, wilden Pferden, die durch die Lüfte flogen, Hexen und dem Teufel, der die glatten Felswände gern als Rutschbahn nutzte. Gern auch brachte man den Statthalter des römischen Kaisers in Judäa, Pontius Pilatus, der Jesus zum Tod verurteilte, mit dem nur schwer zugänglichen Gebiet in Verbindung. So verortete man seinen Leichnam im inzwischen weitgehend verlandeten **Pilatussee**, einem unter Naturschutz stehenden Hochmoor auf dem Gebiet der Gemeinde Schwarzenberg, zu dem heute zum Teil anspruchsvolle Wanderwege führen. Der Geist des Pontius Pilatus wurde für Unwetter in der Region verantwortlich gemacht, so dass die Besteigung des Pilatus bis ins 16. Jahrhundert sogar verboten war. »Wirft man mit Absicht etwas in diesen See«, schrieb der Humanist und Reformator Joachim Vadian Anfang des 16. Jahrhunderts, »so gibt er seinen Zorn durch erschreckliche Unwetter kund. Fällt jedoch zufällig etwas in ihn hinein, so rührt er sich nicht, gleichsam, als ob er verstände, dass dem, was von ungefähr geschieht, keine böse Absicht zugrunde liegen kann«. Um den Wahrheitsgehalt dieser Geschichten zu prüfen, zogen anno 1585 der Luzerner Stadtpfarrer und der Stadtschreiber zum See, warfen Steine ins Wasser und wühlten es auf. Der Wettergott freilich war gnädig und die Sage widerlegt, so dass man den See danach langsam trockenlegte.

Tourismus am Pilatus

Das Bergmassiv aber fand weiterhin kaum Freunde. Luzern habe ihm gefallen, schrieb ein Reisender Anfang des 17. Jahrhunderts in sein Tagebuch, »wenn der Anblick des scheußlichen Pilatus nicht wäre«.

Doch die Zeiten änderten sich, als die Berge das Interesse romantischer Naturfreunde weckten. Im 19. Jahrhundert begann man deshalb, die Pilatus-Region touristisch zu erschließen. Erste Hotels wurden gebaut und eine noch heute betriebene Bergbahn von Alpnachstad zum Kulm des Pilatus in Betrieb genommen, die **Pilatusbahn**, bis heute laut Eigenwerbung die steilste Zahnradbahn der Welt. Knapp eineinhalb Stunden brauchte die mit Dampf betriebene Bahn anfangs bis nach ganz oben. Heute fährt sie elektrisch angetrieben in rund einer halben Stunde bergauf. Im **Mythen Foyer** unweit der Bergstation werden in der Dragon World die alten Drachensagen, die sich um den Pilatus ranken, virtuell zu neuem Leben erweckt, die vor allem Familien mit Kindern zur Fahrt auf den Pilatus ermuntern sollen.

Weitere Aufstiegshilfen von Kriens ins Gebirgsmassiv des Pilatus – eine **Panorama-Gondelbahn** bis zur Station Fräkmüntegg und eine **Luftseilbahn** von dort bis zum Gipfel – machen interessante Tagesausflüge von Luzern aus möglich. »Goldene Rundfahrt« nennt sich die schönste Tour über den Berg, die Besucher mit Bahn, Bus und Schiff von Juni bis Oktober zum und über den Pilatus schafft.

Nichts für Menschen mit Höhenangst: die Pilatusbahn

Luzern

Vorwahl: +41/41
Postleitzahlen: 6000–6006
Luzern Tourismus, Zentralstr. 5 (im Hauptbahnhof, Gleis 3), Tel. 041/2271717; Mo–Fr 8.30–17, Sa und Feiertage 9–16, So 9–13 Uhr. Im Angebot sind Tickets für Bahnen, Busse, Seilbahnen, Gondeln und Schiffe sowie Hotelübernachtungen. www.luzern.com

Bahnhof, Zentralstr. 1. Luzerns zentraler Kopfbahnhof ist Halt vieler überregionalen Schnellzüge (Fahrplan auf www.sbb.ch). Die S-Bahnen verkehren gewöhnlich im Halbstunden-Takt im Kanton Luzern und einigen Nachbarkantonen. Streckennetz und Fahrpläne unter www.vvl.ch, Streckennetz auf S. 242.
Das städtische Busnetz reicht bis weit in die Nachbarkantone. Am besten fährt man mit einer **Tageskarte**, die je nach Tarifzone ab 9,60 CHF kostet und auch die Nutzung der Bahnlinien in Nid- und Obwalden einschließt. www.passepartout.ch

Fernbusbahnhof Landenberg, Landenbergstrasse. Die wichtigste Haltestelle für Fernbusse liegt in der Nähe des Hauptbahnhofs und der Schiffsanlegestellen.

Für die Erkundung der Innenstadt empfiehlt es sich, das Auto außerhalb abzustellen. Die innenstadtnahen Parkhäuser kosten pro Stunde 3–4 CHF.
www.pls-luzern.ch

Linienschiffe verkehren von den Abfahrtsbrücken in Bahnhofsnähe ganzjährig nach Flüelen (Pier 1), Küssnacht (Pier 3) oder zum Bürgenstock (Pier 3). Neben den Linienfahrten gibt es einstündige Rundfahrten im Luzerner Seebecken und zahlreiche Sonderfahrten.
www.lakelucerne.ch

Fahrradvermietung Nextbike. Klassische Velos und E-Bikes. Die ersten 30 Min. kosten 2 CHF, danach wird im Viertelstunden-Takt (je 1 CHF) abgerechnet, Tageshöchstpreis: 20 CHF. E-Bikes kosten das Doppelte. www.nextbike.ch

Stadtführung, ab Touristeninformation am Bahnhof; 25 CHF. In 1,5 Std. geht es zu den bekanntesten Sehenswürdigkeiten Luzerns. Buchung und weitere Angebote auf www.luzern.com.
City Train. Das Touristenbähnchen fährt von April bis Oktober zu den wichtigsten Sehenswürdigkeiten. Fahrtdauer: 45 Min. Start und Ziel: Franziskanerplatz, tgl. mehrere Abfahrten Mai–Okt. ab 11, April und Ende Okt. ab 14 Uhr. www.citytrain.ch

Radisson Blu Hotel, Inseliquai 12, Tel. 041/3699000; DZ ab 285 CHF. Direkt neben dem Hauptbahnhof gelegenes Hotel am See. 189 Zimmer, Sauna und Restaurant. www.radissonhotels.com
Hotel Beau Séjour, Haldenstr. 53, Tel. 041/4101681; DZ ab 140 CHF. 27 modern und individuell eingerichtete Zimmer in Seenähe in altem Belle-Epoque-Haus. www.beausejourlucerne.ch
Backpackers Luzern, Alpenquai 42, Tel. 041/5118241; Übernachtung ab 39 CHF, DZ ab 85 CHF. Zentral gelegenes Hostel mit bis zu 30 Zimmern mit maximal 4 Betten. www.backpackerslucerne.ch

Camping International Lido, Lidostr. 19, Tel. 041/413702146; ganzjährig geöffnet. Nahe dem Verkehrshaus gelegener Platz am See. www.camping-international.ch/luzern

Restaurant Zur Werkstatt, Waldstätter Str. 18, Tel. 041/9790303; Mo–Fr 11.30–13.30 und 17–0.30, Sa 10–14 und 17–0.30 Uhr. Nachhaltig wirtschaftendes

▶ Karte S. 84, hintere Umschlagklappe

Restaurant in Bahnhofsnähe mit täglich wechselndem dreigängigen Mittagstisch. www.zurwerkstatt-lu.ch

Seebistro Luz, Bahnhofplatz (Schifflandungsbrücke 1), 6002 Luzern, Tel. 079/8409428; Mo–Mi 7.30–23, Do–Sa 7.30–0.30, So 7.30–22 Uhr. Saisonale Bistro-Küche in einem Fin-de-Siècle-Pavillon unweit des Hauptbahnhofs. www.luzseebistro.ch

Restaurant Reussbad, Brüggligasse 19, Tel. 041/2405423; Di–Fr 11–14 und 18–23, Sa 11–23 Uhr. Stilvolles, familiengeführtes Restaurant mit gehobener Küche im Westen der Altstadt. www.reussbad-luzern.ch

Kafi-Bar Taburettli, Hirschmattstr. 16, Tel. 041/412103725; Mo–Sa ab 8 Uhr. Beliebtes Frühstückslokal in Bahnhofsnähe.

Wochenmarkt (Rathausquai, Unter der Egg, Jesuitenplatz, Bahnhofstraße); Di und Sa 7–12 Uhr. Der Markt am Reussufer gilt als einer der schönsten in der Schweiz.

Bourbaki-Panorama, Löwenplatz 11, Tel. 041/4123030; April–Okt. tgl. 10–18, Nov.–März 10–17 Uhr. www.bourbakipanorama.ch

Franziskanerkirche, Franziskanerplatz 1, Tel. 041/2299696; tgl. 7.30–18.30 Uhr. www.kathluzern.ch

Gletschergarten, Denkmalstr. 4, Tel 041/4104340; tgl. 10–18 (Nov.–März nur bis 17) Uhr. www.gletschergarten.ch

Historisches Museum, Pfistergasse 24, Tel. 041/412285424; Di–So 10–17 Uhr. Sammlung mit rund 3000 Objekten im ehemaligen Zeughaus. www.historischesmuseum.lu.ch

Hofkirche (St. Leodegar im Hof), St. Leodegarstr. 6, Tel. 041/2299500; Mo–Fr 9–12 und 14–16.30 Uhr. www.hofkirche.ch

Jesuitenkirche, Bahnhofstr. 11 A, Tel. 041/2403134; tgl. 6.30–18.30 (Mo und Do erst ab 9.30) Uhr. www.jesuitenkirche-luzern.ch

Kunstmuseum Luzern, Europaplatz 1, Tel. 041/2297800; Di–So 11–18 (Mi bis 19) Uhr. Die in Wechselausstellungen präsentierte Museumssammlung zeigt moderne und zeitgenössische Kunst neben historischen Werken aus der Zentralschweiz. www.kunstmuseumluzern.ch

Natur-Museum Luzern, Kasernenplatz 6, Tel. 041/2285411; Di–So 10–17 Uhr. Museum zu Pflanzen und Tieren der Region. www.naturmuseum.ch

Richard-Wagner-Museum, Richard-Wagner-Weg 27, Tel. 041/3602370; April–Okt. Di–So 11–17 Uhr. www.richard-wagner-museum.ch

Sammlung Rosengart, Pilatusstr. 10, Tel. 041/2201660; April–Okt. tgl. 10–18, Nov.–März tgl. 11–17 Uhr. Kunstmuseum mit über 300 Werken weltweit bekannter Künstler. www.rosengart.ch

Verkehrshaus der Schweiz, Lidostr. 5, Tel. 041/3757575; tgl. 10–18 Uhr, im Winterhalbjahr eine Stunde kürzer, Tagespass 62 CHF (Kinder ab 12 CHF). www.verkehrshaus.ch

Kleintheater Luzern, Bundesplatz 12, Tel. 2101219. Vom bekannten Kabarettisten Emil Steigenberger gegründete Kleinkunstbühne mit vielfältigem Programm. www.kleintheater.ch

Fasnacht. Größtes Fest der Stadt mit Umzügen am Donnerstag und Montag vor Aschermittwoch, Maskentreiben mit Guggenmusiken. https://luzerner-fasnacht.ch

Lucerne-Festival; im November. Internationales Festival für klassische Musik. Während in den Sommermonaten oft weltbekannte Stars den Ton angeben, bestimmen im Herbst junge Musiker mit moderner Musik das Programm. www.lucernefestival.ch

Seebad Luzern, Nationalquai, Tel. 041/4101812; Mai–Sept., nur bei schönem Wetter. Freibad mit Restaurant direkt am See. www.seebadluzern.ch

Unterwegs im Kanton Luzern

Die deutlich mehr als eine Milliarde Franken, die der Kanton Luzern jährlich im Tourismus umsetzt, werden nicht nur in der Stadt verdient. Auch am **Vierwaldstättersee** (→ S. 118), zu Füßen von Pilatus und der Rigi, und dem **Luzerner Seeland** gibt es zahlreiche touristische Angebote. Urlauber, die eher geruhsame Ferien suchen, schätzen das auf halbem Weg zwischen Bern und Luzern liegende und nur wenig besiedelte **Napfgebiet** (→ S. 111), zu dessen Füßen **Willisau** (→ S. 109) liegt. Ebenfalls zum Napfgebiet, das gern auch als Napfbergland firmiert, gehört das UNESCO-Biosphärenreservat **Entlebuch** (→ S. 112), eine ideale Wanderregion. Schon alpinen Charakter hat schließlich der südlichste Teil des Kantons mit dem Feriendorf **Sörenberg** (→ S. 114) zu Füßen des Brienzer Rothorns (2350 Meter).

! Nicht verpassen

Sempach → S. 101
Beromünster → S. 105
Willisau → S. 109
Kloster Werthenstein → S. 110
UNESCO-Biosphäre Entlebuch → S. 112
Sörenberg → S. 114

Luzerner Seeland

Gleich drei größere Seen – **Sempachersee**, **Baldeggersee** (→ S. 105), und **Hallwilersee** (→ S. 106) – bieten Wassersportlern, Spaziergängern und Radlern ideale Freizeitmöglichkeiten. Reste von Pfahlbauten, die heute zum Weltkulturerbe gehören, belegen ebenso wie Funde aus der Römerzeit, dass hier schon früh Menschen siedelten. Alte Schlösser und steinerne Wohntürme beweisen zudem, dass es sich in der Seeregion auch im Mittelalter gut leben ließ.

Heute lassen sich Burgbesuche mit Uferspaziergängen kombinieren, laden historische Städtchen wie **Sursee** (→ S. 102), **Sempach** (→ S. 101) oder **Beromünster** (→ S. 105) zum Bummeln. Ganz neu sind eine Handvoll neuer **Velorouten für E-Bikes** am Hallwiler- und Baldeggersee, die als erste Schweizer »Achtsamkeitstrails« beworben werden und zu »Raststätten zum kleinen Glück« führen – etwa zu Plätzen, an denen man aufgerufen ist, aus kleinen Steinen Männchen zu bauen. Naturfreunde sind am Baldeggersee gut aufgehoben, der seit 1940 im Besitz der Schweizer Naturschutzorganisation Pro Natura ist und zu den besten Plätzen für Vogelbeobachtungen in der Zentralschweiz gehört.

Im weiten Umfeld der Seen finden sich Wiesen, Wälder, Obstplantagen und große Felder, gilt der Norden des Kantons Luzern doch als eine der Kornkammern der Schweiz. Kulturfreunde könnten die an Fresken reichen Kapellen in **Kirchbühl**, **Neuenkirch** oder **Bertiswil** (→ S. 99) interessieren.

■ Sempachersee

Nicht einmal eine halbe Autostunde vor den Toren Luzerns liegt der Sempachersee, der letzte Rest eines Eiszeit-Gletschers. Seinen Namen verdankt er dem am südlichen Ostufer liegenden Sempach. Seine Altstadt grenzte einst unmittelbar an den See, den man Anfang des 19. Jahrhunderts aber aus Hochwasserschutzgründen und zur Gewinnung neuen Baulandes um fast zwei Meter absenkte.

Ruderer, Kanuten, Windsurfer, Segler und Paddler fühlen sich auf dem See ebenso wohl wie Fischer am Ufer. Vielerorts kommen auch Schwimmer auf ihre Kosten, nennen doch die meisten der Anliegergemeinden ein kleines Seebad

▸ Karte S. 100/101

ihr eigen. In Sursee und Sempach kann man Ruder- und Tretboote mieten und den See so ganz aus eigener Perspektive erobern. Wanderer umrunden ihn in gut fünf Stunden, wobei allerdings der direkte Weg am Ufer entlang oft von privaten Grundstücken versperrt ist und leider viele Kilometer asphaltiert sind.

Rund um den See gibt es eine Reihe kleiner Kapellen und Kirchen, die Freunde mittelalterlicher Wandmalereien interessieren könnten. Dazu gehört vor allem die von baulichen Veränderungen über Jahrhunderte verschonte Martinskirche in **Kirchbühl** vor den Toren Sempachs: ein in einem kleinen Friedhof gelegenes romanisch-gotisches Schmuckstück mit dem ältesten Freskenzyklus im Kanton. Die eindrucksvollen Malereien an ihren Seitenwänden wurden im Lauf der Jahrhunderte mehrmals übermalt und erst vor gut 100 Jahren freigelegt. Auch

Altar in der Martinskirche von Kirchbühl

Stürmisches Wetter am Sempachersee

wenn der berüchtigte Zahn der Zeit kräftig an ihnen genagt hat, zeugen sie noch immer von Zeiten, in denen der Tod allgegenwärtig war. So gehört in Kirchbühl ein Bild, auf dem sich Tote und Lebende begegnen, zu den eindringlichsten Mahnungen an die Endlichkeit des Lebens.

Zur Kirchengemeinde Sempach gehört auch eine Wallfahrtskapelle mit sehenswerten Altären aus dem frühen 17. Jahrhundert im südlich angrenzenden **Neuenkirch**. Sie ist den Vierzehn Nothelfern sowie den Heiligen Gallus und Elnbeth geweiht. Von Kaspar Meglinger, dem Maler der Giebelbilder auf der Luzerner Spreuerbrücke, stammen zwei Dutzend Bilder, die aus dem Leben der beiden Heiligen erzählen.

Auf halbem Weg zwischen Luzern und dem Sempachersee liegt das Dorf **Bertiswil** mit der mittelalterlichen Marienkirche, bei deren Renovierung vor einem guten halben Jahrhundert eine Reihe schöner Fresken zutage kamen. Sie zeigen vornehmlich Apostelbilder.

Mit ihrer Lage punktet die **Flüss-Kapelle** hoch über dem Westufer des Sees, ebenfalls ein Wallfahrtsort. An ihrer Stelle

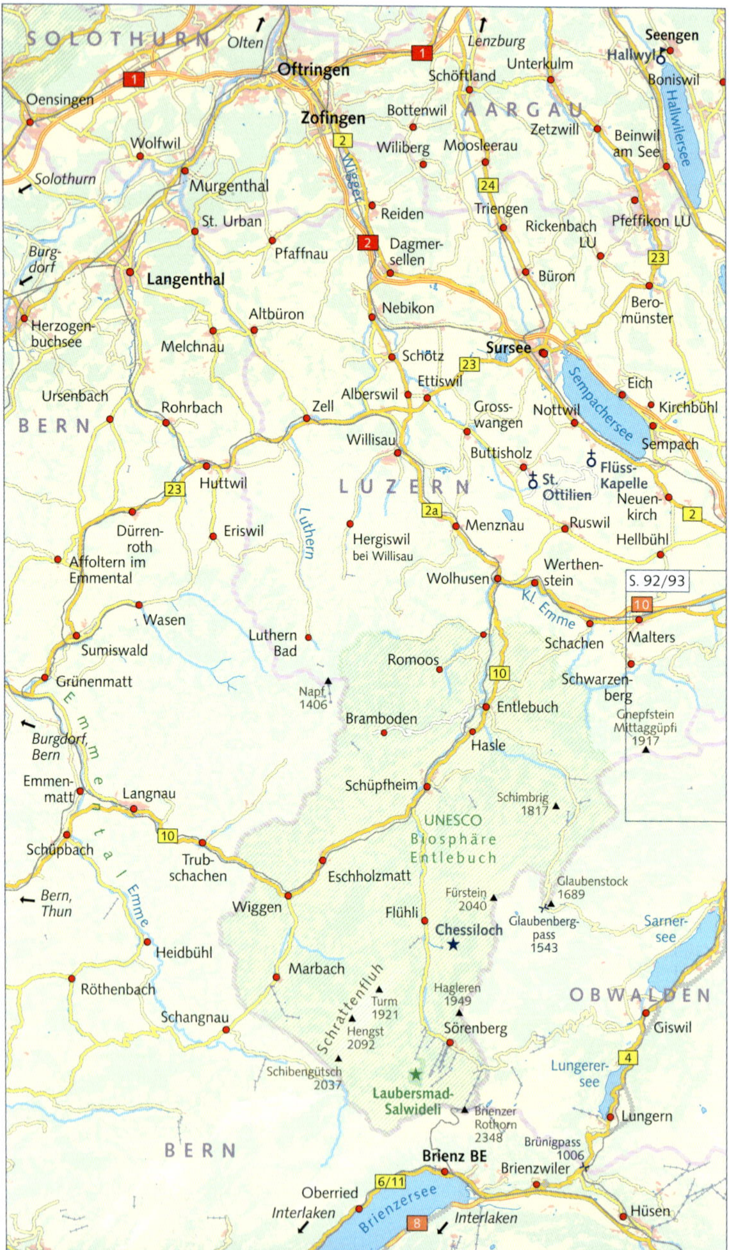

Der Kanton Luzern

soll im 17. Jahrhundert die Muttergottes in Form einer roten Kugel, die sich langsam zu einem Rosenkranz formte, erschienen sein.

Fast schon orientalisch mutet die Wallfahrtskapelle **St. Ottilien** eine gute Stunde Fußmarsch weiter südwestlich an. Es ist eine achteckige Kapelle wie viele in der Gegend, mitten im Grünen. Ein vorbarockes Gnadenbild zeigt die aus dem Elsass stammende heilige Ottilie vor dem rechten Seitenaltar, die bei Augenleiden angerufen wird. Jeden ersten und dritten Mittwoch wird in der Kapelle der Augensegen erteilt – nachmittags nach der Vesper mit einem Kreuz, das Reliquien der Heiligen enthält.

Mitten im benachbarten **Ruswil** verströmt die Kirche **St. Mauritius** spätbarocke Opulenz. Sie ist das von einem Friedhof gerahmte Wahrzeichen des Dorfes mit Deckenfresken und Stuckarbeiten vom Feinsten.

Sempach

Sehenswert ist Sempachs kleine Altstadt, deren mittelalterliche Stadtmauern zum Teil noch erhalten sind. Zu ihren Sehenswürdigkeiten gehören die etwas am Rand gelegene **Kreuzkapelle** (Rainerstraße) mit mittelalterlichem Kirchenschatz wie Altären und Heiligenfiguren, Wohntürme aus dem 13. Jahrhundert, die klassizistische Stadtkirche und zwei das Bild Sempachs prägende Stadttore.

Im Zentrum stehen ein mittelalterlicher **Brunnen** und das **Rathaus** aus dem späten 15. Jahrhundert. Auf vier Stockwerken hält es heute als **Museum** die Erinnerung an die Geschichte der Stadt und die Schlacht bei Sempach wach (→ S. 103). Die noch immer gern heroisierte Auseinandersetzung von 1386, bei der Österreichs Herzog Leopold III. ums Leben kam, war ein wichtiger Meilenstein auf dem Weg zum Werden der Eidgenossenschaft. Das wichtigste Relikt der Schlacht, das Panzerhemd des gefallenen Schlachtenlenkers der Habsburger, Herzog Leopold III. von Österreich, liegt heute mit weiteren Beutestücken allerdings in Luzerns Historischem Museum.

Sursee

Am Nordwestende des Sempachersees liegt Sursee. Prächtige Herrenhäuser und idyllische Gassen künden von glanzvollen Zeiten. Auch Teile der mittelalterlichen Stadtbefestigung stehen noch. Historischer Kern ist der **Rathausplatz**, an dem die katholische Kirche **St. Georg** aus dem 17. Jahrhundert steht. Neben dem Gotteshaus findet sich Sursees **Sankturbanhof**, ein Museum zur Stadtgeschichte. Und mit gleich drei sehenswerten Marienaltären wartet die frühbarocke **Wallfahrtskirche Maria Zell** über dem Nordende des Sempachersees auf.

Sempachersee

Regionalzüge und Züge der S1 fahren ab Luzern nur bis **Sempach-Neuenkirch, nicht direkt nach Sempach**. Beide Linien halten auch in **Sursee**, dort bietet die S29 Anschluss nach Olten.

Restaurant und Hotel Vogelsang, Vogelsang 2, 6205 Eich, Tel. 041/4626666; DZ ab 250 CHF. Familiär geführtes und ruhig gelegenes Hotel mit großer Restaurantterrasse über dem Sempachersee. Zimmer im Loftstil. www.vogelsang.ch

Schweizerische Vogelwarte, Luzernerstr. 6, 6204 Sempach, Tel. 041/4629700; Di–So 10–16 Uhr. Besucherzentrum mit großteils interaktiven Ausstellungen. www.vogelwarte.ch

Rathausmuseum Sempach, Stadtstr. 28, 6204 Sempach, Tel. 041/4600881; Mi-Fr 14–17, Sa/So 13.30–17.30 Uhr. Museum mit Schwerpunkt »Schlacht bei Sempach«. www.museumsempach.ch

Museum Sankturbanhof, Theaterstr. 9, 6210 Sursee, Tel. 041/9222499; Do 14–20, Fr 14–17, Sa/So 11–17 Uhr. Museum zur Stadtgeschichte. www.sankturbanhof.ch

Toni's Zoo, Zoostraße, 6023 Rothenburg, Tel. 041/2804050; tgl. 9–18 (im Winter bis 17) Uhr. Privatzoo mit fast 400 Tieren, darunter Raubkatzen, Zebras und Exoten in den Tropenhäusern. www.toniszoo.ch

Im Zentrum von Sempach

▸ Karte S. 100/101

Die Schlacht bei Sempach

Gut 20 Autominuten von Luzern entfernt, auf halbem Weg von der kleinen Gemeinde Sempach zum noch kleineren Dorf Hildisrieden, steht eine stattliche Kapelle. »Zur Schlacht« heißt das Gasthaus gegenüber. Es markiert den Ort, an dem im Sommer 1386 eidgenössische Truppen auf ein bestens gerüstetes Ritterheer der Habsburger trafen, die unter Führung ihres Herzogs Leopold III. unterwegs waren. Am Ende gingen die Eidgenossen als Sieger vom Schlachtfeld, mussten die Habsburger den Kampf mit dem Tod ihres Herzogs bezahlen. Kein Wunder, dass noch heute gewöhnlich die Schweizer Fahne auf dem kleinen Altartisch der Kapelle liegt, die seit Jahrhunderten an die Opfer der Schlacht mahnt.

Die blutige Auseinandersetzung der Habsburger mit den Eidgenossen ist auf einem gigantischen Schlachtgemälde in der Kapelle verewigt, das ein Luzerner Maler Mitte des 17. Jahrhunderts schuf. Das Bild, immer wieder bestens restauriert, zeigt links die kämpfenden Eidgenossen und in ihrer Mitte den legendären Kämpfer Arnold Winkelried, um den sich mancher Mythos rankt. »Ich will euch eine Gasse bahnen, sorget für mein Weib und meine Kinder«, soll er seinen Mitkämpfern zugerufen haben, bevor er sich in selbstmörderischer Absicht in die Schlacht stürzte. So soll er eine Lücke in die sonst geschlossene Front des habsburgischen Ritterheeres geschlagen haben, das mit seinen langen Speeren die Eidgenossen mit ihren kürzeren Hellebarden auf Distanz hielt.

Für seinen selbstlosen Einsatz, bei dem er tatsächlich zu Tode kam, setzten ihm die Schweizer an der Stelle, wo er gefallen sein soll, einen tonnenschweren und fast vier Meter hohen Gedenkstein. Tausende von Patrioten sollen zur Einweihung des Denkmals im September 1864 gekommen sein, großteils Bewunderer des legendären Helden Winkelried. Allerdings gibt es keine Beweise, dass er in der Schlacht bei Sempach auch wirklich dabei war. Historisch gesichert dagegen ist die Teilnahme Herzog Leopolds III., der in der Schlacht fiel, als sich der Überlieferung nach ein paar hundert Eidgenossen, die sich im benachbarten Wald versteckt hatten, zusätzlich in den Kampf stürzten.

Schlachtengemälde in der Kapelle

Seriöse Quellen zur Schlacht sind rar. Gott selbst, so eine Zürcher Chronik, hätte den Eidgenossen den Sieg geschenkt. Unbestritten ist, dass die wehrpflichtigen Bauern und Bürger aus Luzern und den Urkantonen von kampferprobten Söldnern begleitetet wurden, zu denen bestens ausgebildete Armbrustschützen gehörten. Den unterlegenen Habsburgern lastete die österreichische Geschichtsschreibung neben einer fehlenden Schlachtordnung viele feige Ritter an, die angesichts der eidgenössischen Truppen statt zu kämpfen lieber das Weite gesucht hätten. Auch die brütende Hitze am Tag der Schlacht hätte zur Niederlage der Habsburger in ihren schweren Ritterrüstungen entscheidend beigetragen.

Die Folgen der Schlacht

Der Ausgang des Kampfes stärkte vor allem die Stadt Luzern als neue Macht, die sich nach der gewonnenen Schlacht viele Ländereien der Habsburger wie das Entlebuch einverleibte und so ihr Territorium Stück für Stück vergrößerte. Das Ende der habsburgischen Herrschaft in der Zentralschweiz aber markierte die Schlacht bei Sempach noch nicht. So wunderte es niemanden, dass die Habsburger schon im Jahr nach der Schlacht am Ort der Niederlage eine erste kleine Kapelle zum Gedenken an ihre Toten errichteten. Schließlich aber bereiteten ihnen die Glarner bei Näfels eine weitere schwere Niederlage, mit der Österreichs Einfluss auf die Schweiz weiter bröckelte. 1415 nahmen ihnen die Eidgenossen den Aargau ab, 1460 auch den Thurgau. Auch das rechtlich immer noch österreichische Luzern ging zunehmend auf Distanz zur habsburgischen Herrschaft – bis es 1415 die Reichsfreiheit erhielt. Nach der Schlacht von Sempach hatte der Luzerner Rat den vom Sieg gekrönten Kampftag zum allgemeinen Feiertag erklärt, aus dem die »Sempacher Schlachtjahrzeit« wurde, eine Feier der Luzerner, die nach Gründung des Schweizer Bundesstaates rasch auch nationale Beachtung fand. Auf ihr wurden gewöhnlich die Namen der Gefallenen verlesen. Politiker und Geistliche erinnerten in ihren Reden und Predigten zudem an die Bedeutung des Kampfes für das Entstehen der Schweiz. Und im 19. Jahrhundert verklärten Lieder die Schlacht vom 9. Juli 1386: »Lasst hören aus alter Zeit von kühner Ahnen Heldenstreit, von Speerwucht und wildem Schwertkampf, von Schlachtstaub und heissem Blutdampf. Wir singen heut' ein heilig Lied, es gilt dem Helden Winkelried«.

Sempach feiert die Schlacht noch immer jedes Jahr im Sommer. Dann zieht die Kriegergruppe Sempach in historischen Uniformen auf. Reden umrahmen den Tag, meist Lobeshymnen auf die Tapferkeit der Eidgenossen, manchmal aber auch Worte, die aufhorchen lassen – etwa 1962, als ein Pfarrer seine Ansprache zur Kritik nutzte: »Die Feier darf keine Verherrlichung der glorreichen Vergangenheit sein, sie ist Ausdruck des schlechten Gewissens eines blutrünstigen Volkes.«

Die Schweizer Flagge am Altar

Im Stiftsbezirk von Beromünster

Beromünster

Zwischen Sempachersee und Baldeggersee liegt Beromünster. Jahrzehntelang war hier der Mittelwellensender Radio Beromünster zuhause, aus dem das Schweizer Radio DRS hervorging, das den Marktflecken schweizweit bekannt machte. Seine größte Sehenswürdigkeit ist das im Mittelalter gegründete Chorherrenstift **St. Michael** mit über 30 Chorherrenhäusern und einer romanischen Säulenbasilika, die später barockisiert wurde. Sie gilt heute als einer der schönsten Schweizer Rokokobauten. Die Gemeinschaft der Chorherren bilden pensionierte Weltpriester, die in den Stiftshäusern rundum zuhause sind und sich regelmäßig in der Basilika zu Gottesdiensten, Gebet und Andacht treffen. Neben den Deckengemälden und Altären prägt das renovierte Gotteshaus ein prachtvolles Chorgestühl aus dem 17. Jahrhundert, das Reliefs mit Szenen aus dem Leben Jesu zeigt. Juwel ist der Kirchenschatz, liturgische Objekte aus über 1300 Jahren Stiftsgeschichte, wie man sie in dieser Vielfalt sonst kaum noch findet. Zum Bestand der Stiftsbibliothek gehören mittelalterliche Handschriften und eines der ersten auf heute Schweizer Boden entstandene Druckwerke: eine 1470 in Beromünster gefertigte Inkunabel. Von ihrem Werden erzählt eine Ausstellung im sogenannten **Schloss**, einem Wehrturm aus dem 13. Jahrhundert. Zur Stiftanlage gehört auch das **Schlössliwäldli**, gut zehn Fußminuten von der Basilika entfernt: ein barocker Park mit Alleen aus Hainbuchen und Rosskastanien.

Führungen durch das Chorherrenstift können auf der Website des Stifts angefragt werden (https://stiftberomuenster.ch).

Baldeggersee

Wie der Sempachersee ist auch der Baldeggersee ein ehemaliger Gletschersee. Er punktet mit Seebädern und Wanderwegen am Ufer. Zu den Sehenswürdigkeiten in der Region zählen die Pfarrkirche **St. Martin** in Hochdorf und die einstige **Ordensburg der Johanniter** in Hohenrain. In ihrem Wohnturm aus dem frühen 14. Jahrhundert erzählt eine Ausstellung aus der Geschichte des Ritterordens.

Mit schönem Rosengarten und barockem Herrschaftshaus überrascht hoch über dem nordöstlichen Seeufer **Schloss Heidegg** in Gelfingen, dessen denkmalgeschützter Park immer einen Besuch wert ist.

Frühbarock gibt sich die Pfarrkirche **Sankt Pankratius** in Hitzkirch, eine Gründung des Deutschritterordens. An den erinnert auch eine mittelalterliche **Ordensburg**, die im Barock zum Schloss umgebaut und heute als Seminarzentrum genutzt wird. Einen Abstecher ist das schon im Aargau gelegene **Kloster Muri** wert, 15 Autominuten weiter. Mit seinen drei Türmen und dem angeblich größten Kuppelzentralbau der Schweiz ist es nicht zu übersehen. Das Kloster wurde Anfang des 11. Jahrhunderts von den Habsburgern gestiftet und diente ihnen lange als Grabstätte. Mehr über die Geschichte der Abtei erfahren Besucher im Klostermuseum, wo sich auch Teile des ehemaligen Kirchenschatzes wie Tabernakel, Monstranzen und Kelche finden. Sehenswert ist die dem heiligen Martin geweihte Klosterkirche mit romanischer Krypta, die ihre Prägung aber erst im Barock fand. Eine

Stiftskirche Beromünster

▶ Karte S. 100/101

Ende des 17. Jahrhunderts geweihte Loretokapelle dient als Eingang zur Familiengruft der Habsburger, wo inzwischen auch das Herz des selig gesprochenen Kaisers Karl I. (1887–1922), des letzten Herrschers der Donaumonarchie, seinen Platz gefunden hat.

Baldeggersee

Die S9 aus Luzern hält in **Baldegg**, **Gelfingen** und **Hitzkirch**.
Das **Kloster Muri** ist von Luzern aus mit der S1 (bis Rotkreuz) und der S26 erreichbar (Station Muri AG).

Seminarzentrum Hitzkirch, Seminarstr. 10, 6285 Hitzkirch, Tel. 041/9196300; 6 Doppel- und 48 Einzelzimmer, DZ 105 CHF. Hotel und Restaurant (Mo–Fr 11.30–13.30 Uhr) in einem Seminarzentrum, Restaurant mit preiswerter Küche. www.seminarhitzkirch.ch
Bendlihof, Bendlismatte 1, 6289 Müswangen, Tel. 041/9100533; Zeltmiete 95 CHF. Biobauernhof mit Hofladen, Stellplätzen für Camper und glamourös eingerichteten Zelten mit Dusche, WC und Kühlschrank.
www.bendlihof.ch

Schlossmuseum Heidegg, 6284 Gelfingen, Tel. 041/9171325; April–Okt. Di–Fr 13.30–16.30, Sa/So 10–17 Uhr. Eine neue interaktive Ausstellung erzählt vom Leben der Schlossherren.
www.heidegg.ch
Museum Kloster Muri, Marktstrasse, 5630 Muri, Tel. 041/566647011; Di–So 11–17 (im Winter bis 16) Uhr. Dauerausstellung zur Klostergeschichte und dem Alltag der Mönche. www.murikultur.ch

■ Hallwilersee

Schon weit in den Kanton Aargau ragt der Hallwilersee, der vielleicht schönste der drei großen Seen im Luzerner Seenland. Er auch ist der einzige, auf dem regelmäßig Schiffe verkehren. Die Schiffsverbindungen machen das Wandern um den See zum Vergnügen, weil man die mehr als 20 Kilometer lange Runde um den See per Schiff jederzeit abkürzen kann. Schwimmer verwöhnen gleich mehrere **Strandbäder** wie in Meisterschwanden, Beinwil am See, Aesch oder Seengen.

Größte Sehenswürdigkeit ist **Schloss Hallwyl**, ein Schloss wie aus dem Bilderbuch. Es stammt aus dem späten 12. Jahrhundert und liegt eine Viertelstunde Fußmarsch vom nördlichen Ende des Sees entfernt. Eine Brücke verbindet die beiden auf kleinen Inseln stehenden Bauten inmitten eines künstlich geschaffenen Wasserrings. Schloss Hallwyl ist heute im Besitz des Kantons Aargau, der im Museum die Baugeschichte des Schlosses und das Leben der einstigen Schlossherren dokumentiert.

Gern besuchtes Dorf am Hallwilersee ist **Meisterschwanden**, wo sich mit dem Meitlisunntig ein einmaliger Brauch erhalten hat, der längst zum geschützten lebendigen Kulturerbe der Schweiz gehört (→ S. 108).

Hallwiler See

Die **S9** zwischen Luzern und Lenzburg hält in **Mosen**, **Beinwil am See** und **Birrwil**.
Schifffahrt Hallwilersee, Delphinstr. 28, 5616 Meisterschwanden, Tel. 056/6670000. Schiffsrundfahrten von Frühjahr bis Herbst ab Meisterschwanden.
https://schifffahrt-hallwilersee.ch

Camping Seeblick, Campingstr. 5, 6295 Mosen, Tel. 041/9171666; März–Okt. Campinganlage mit Badestrand am Hallwilersee. 50 Stellplätze, Shop und einfachem Restaurant. Von der Anlegestelle Mosen starten Rund- und Sonderfahrten.
www.camping-seeblick.ch

Schloss Hallwyl, 5707 Seengen, Tel. 0848/871200; April–Okt. Di–So 10–17 Uhr. Sehenswerte Burg mit Museum zur Geschichte des Hauses.
www.museumaargau.ch

Am Hallwilersee

Meitlisunntig: Mit Netzen auf Männerfang

Frauen und Mädchen übernehmen jährlich rund um den zweiten Sonntag im Januar die Macht am Hallwilersee. In Fahrwangen und Meisterschwanden feiern sie ihren »Meitlisunntig«, bei dem die Männer gewöhnlich nur Zuschauer sind. Dabei sollten sie gut auf der Hut sein, wenn sie zum Fest nicht in einem der großen Fangnetze oder bodenlosen Körbe zappeln wollen, mit denen die Damen in diesen Tagen unterwegs sind.

Die ersten Männer landen schon am Meitlidonnerstag in den weiblichen Fängen, wenn die Frauen der Dörfer am Nachmittag mit Trommelklängen ihr »Weiberregiment« installieren. Dann ist »Meitlizyt«, wie die Damen ihre Regentschaft heißen. In altmodischer Garderobe und mit großen Hüten auf dem Kopf ziehen die Frauen meist in kleinen Gruppen los, um die Männer in den Gaststätten der Dörfer zu fangen. Ganz harmlos fängt das Späßchen in der Regel an: beim Tanz, denn an den närrischen Tagen ist traditionell Damenwahl. Irgendwann aber zappelt die Beute im Netz: im sogenannten Grasbogen, einem großen, aus Hanfseilen gefertigten Netz, in dem man früher das Gras nach Hause schaffte. Mit ihrem Fang, der zur Gaudi aller kräftig geschüttelt und immer wieder in die Höhe katapultiert wird, ziehen die Jägerinnen zur nächsten Gastwirtschaft, wo sich der frisch Gefangene mit einem Lösegeld freikaufen muss, gewöhnlich einem Umtrunk, der den Brauch beflügelt. Für die Herren ist das keine Schande, zumal sie als Gefangene mit einer jährlich neu geschaffenen Medaille geehrt werden.

Am Samstag geht das närrische Spielchen weiter, dann stürzen sich die Damen erneut auf die Männer, diesmal aber sind sie kostümiert und nicht selten auch maskiert. Sie haben zwar auch wieder ihre Grasbogen dabei, der Männerfang findet jedoch nur am Donnerstag statt. Am Sonntag schwärmen die Frauen wiederum in die Wirtschaften aus und tragen Vorführungen aus, Lieder, Gedichte und Tanzeinlagen. Abends kommt letztlich ein großer Ring aus Eierzopf auf den Festtisch, ein Kuchen mit einem halben Meter Durchmesser, der gegen Mitternacht aufgeschnitten und verteilt wird – auch an die Männer, die so ihre Regentschaft zurückgewinnen.

Besonders prachtvoll geht es alle vier Jahre zu, wenn sich die Frauen beider Dörfer zum großen Umzug vereinen und gemeinsam von Fahrwangen nach Meisterschwanden ziehen. Ihr Aufmarsch, an dem Männer allenfalls als Musiker teilnehmen dürfen, steht immer unter einem anderen Motto und gehört zu den originellsten närrischen Manifestationen der Schweiz.

Beim großen Umzug erinnern Herolde zu Pferd und kostümierte Kriegerinnen mit schwerem Geschütz, die sogenannte Villmerkrieg-Gruppe, an jene Aargauer Frauen, die im Sommer 1712 an der Seite Berner Protestanten gegen die zahlenmäßig überlegenen katholischen Zentralschweizer kämpften. Der Berner Heerführer hatte sie damals in die umliegenden Wälder geschickt, um kräftig zu lärmen und dem Gegner so ein möglichst großes Gegenüber vorzugaukeln. Ein listiger Schachzug, der den Protestanten den Sieg brachte und den Berner Heerführer veranlasst haben soll, dem streitbaren »Weibervolk« drei Feiertage zu schenken, an denen sie über das »Mannevolch« regieren dürfen. Schriftlich gibt es dafür keine Beweise, die Festlaune aber trübt das keineswegs.

Region Willisau

Willisau ist ein Landstädtchen zwischen dem Napfgebiet und dem Tal der Wigger – Mittelpunkt einer Region mit Hügeln, Feldern, Wiesen und Wäldern, die touristisch freilich eher im Schatten des Kantons Luzern steht. Tradition wird hier groß geschrieben, was in Willisau nicht Jodeln und Alphorn, sondern Jazz heißt. Seit Ende der 1960er Jahre treffen sich dort Ende August Jazzmusiker aus aller Welt zum großen Festival.

Willisau

Willisau punktet mit mittelalterlichen Wehrbauten und Brunnen, zwei Stadttoren und einem Rathaus aus dem frühen 18. Jahrhundert. Immer wieder wurde das Städtchen durch Brände verwüstet, ein Schmuckstück aber ist es immer noch. Zu seinen Sehenswürdigkeiten zählt vor allem das Ende des 17. Jahrhunderts erbaute **Landvogteischloss**, ein barocker Prachtbau. Angedockt ist ein Turm aus der Zeit um 1400. Noch älter ist der spätromanische Glockenturm der Pfarrkirche, der allerdings eine barocke Haube trägt. Neben dem Obertor, dem Eingang zur Altstadt, steht die **Heiligblut-Kapelle** mit einer sehenswerten, mit biblischen Motiven versehenen Holzdecke. An den Wänden erzählen Bilder die Heiligblut-Legende. Sie wurzelt im späten 14. Jahrhundert, als bei einem Kartenspiel ein Mann, der sein ganzes Geld verspielt hatte, sein Schwert zog und rief, es solle den Leib Christ durchbohren. Prompt holte ihn der Teufel, zurück blieben ein paar Blutstropfen auf dem Spieltisch. Beim Versuch, sie aufzuwischen, starben auch die beiden Mitspieler. Die Blutstropfen, die der Pfarrer später aus der Tischplatte herausschnitt, füllen heute die Heiligblut-Monstranz, die jährlich am zweiten Sonntag nach Pfingsten in großer Prozession durch Willisau getragen wird.

Ettiswil

Eine ähnlich spannende Geschichte wie in Willisau erzählt man sich auch im benachbarten Ettiswil. Dort wurde eine Frau auf dem Scheiterhaufen verbrannt, die angeblich Hostien aus der Kirche gestohlen hatte. Mitte des 15. Jahrhunderts baute man eine kleine **Sakramentskapelle**, in der ein Gemäldezyklus von der Tat und ihrer Sühne berichtet. Aus dem Mittelalter stammt auch das immer mal wieder neu gestylte **Wasserschloss Wyher**, das heute als Ort für Ausstellungen und Feste dient.

Liebhaber von Pflanzen und Tieren sei das benachbarte **Naturlehrgebiet Buchwald** zum Besuch empfohlen. Wo früher Kies abgebaut wurde, wachsen und blühen inzwischen 700 verschiedene Pflanzen, von der Königskerze bis zum Froschlöffel. Zu den tierischen Bewohnern, denen man auf bequemen Lehrpfaden begegnen kann, gehören vor allem Insekten und Amphibien wie die Gelbbauchunke.

Alberswil

Eine Stippvisite ist auch Alberswil wert, das Straßendorf zu Füßen der **Burgruine Kastelen**. Sie krönt ein Mitte des 13. Jahrhunderts erbauter Wehrturm, der in den Bauernkriegen Mitte des 17. Jahrhunderts zerstört wurde. Renoviert dient er heute als Aussichtsturm mit Panoramablick – bei klarer Sicht vom Säntis im Osten über den ganzen Alpenkranz bis weit ins Mittelland und den Jura.

Zu Füßen der Burgruine steht das Schweizerische Agrarmuseum Burgrain. *Wer ist Landwirtschaft?* fragt es unter anderem in einer Ausstellung, in der aktuelle Agrarpolitik in meist interaktiven Inszenierungen zur Sprache kommt. Zum **Erlebnisraum Burgrain** gehören zudem ein Naturgarten, ein großer Hofladen mit regionalen Produkten, eine Sammlung von Spanschachteln, ein Lehrbienenstand und ein Restaurant. Für Kirchenfreunde ist die **St.-Blasius-Kapelle** mit schönen Altären und einer Kassettendecke aus dem 17. Jahrhundert von Interesse.

Werthenstein

Eine gute Viertelstunde Autofahrt von Willisau Richtung Luzern liegt Werthenstein mit sehenswerter **Wallfahrtskirche**. Nicht zu übersehen thront sie hoch auf einem Felsen über der Kleinen Emme. Ihre Geschichte geht angeblich auf einen holländischen Goldwäscher zurück, dem im Mittelalter die Gottesmutter erschienen war. Zum Dank hängte er am Ort der Erscheinung ein Marienbild auf. Anfang des 16. Jahrhunderts baute man an seiner Stelle eine erste Kapelle, in der bald darauf eine holzgeschnitzte Pietà Einzug hielt, ein aus dem Kanton Bern stammendes Gnadenbild, das heute auf dem linken Seitenaltar in der Wallfahrtskirche steht.

Gnadenbild im Kloster Werthenstein

In Werthenstein führt eine denkmalgeschützte Holzbrücke über die Kleine Emme

Wundersame Heilungen sagte man dem Bild nach, so dass immer mehr Menschen den Kraftort besuchten. Anfang des 17. Jahrhunderts baute man deshalb eine neue Kirche und ein Kloster, dessen Betrieb Franziskaner übernahmen. Einer ihrer Patres entdeckte schließlich die Quelle eines noch heute sprudelnden **Gnadenbrünneli**. Es liegt am Aufgang zum Kloster, zu dem vom Dorf aus eine alte, überdachte **Holzbrücke** führt. Vor allem im Sommer machen dort täglich Menschen kurz Halt, um vom angeblich heilenden und schmerzlindernden Wasser zu trinken, das langsam aus dem Brunnen sprudelt.

Wie viele Klöster in der Schweiz wurde auch das Kloster Werthenstein in der ersten Hälfte des 19. Jahrhunderts aufgelöst. An Flair hat die Anlage dadurch nicht verloren, sie ist noch immer einer der schönsten in der Zentralschweiz. Das liegt auch an den vielen Gemälden im **Hallenumgang**, einer Grablege, die sich im weiten Bogen um die Kirche zieht und mit zahllosen, zum Teil verblassten Wandbildern geschmückt ist. Die Bilder erzählen vom Leben und Leiden Christi und der Geschichte des Klosters. Prunkstück im Kircheninneren ist neben dem

▸ Karte S. 100/101

Gnadenbild eine im Renaissancestil geschaffene Kanzel aus Nussbaum, die aus einer abgebrochenen Kirche im Kanton Luzern stammt. Wanderer erwarten vom Kloster aus schöne Spazierwege zu benachbarten Wasserfällen.

St. Urban

Ganz im Nordwesten von Willisau, an der Grenze zu den Kantonen Bern und Aargau, liegt das ehemalige Klosterdorf St. Urban, ein Ortsteil der Gemeinde Pfaffnau. Sein Juwel ist die ehemalige **Klosterkirche der Zisterzienser**, ein barockes Schmuckstück. Sehenswert ist neben dem noch aus der Vorgängerkirche stammenden Hochaltar das eindrucksvolle barocke Chorgestühl, das an seiner Rückwand interessante Szenen aus Altem und Neuem Testament zeigt. Die Schnitzarbeiten dienten den Mönchen bis zur Auflösung des Klosters Mitte des 19. Jahrhunderts siebenmal täglich als Kulisse für Gebet und Messfeier.

Region Willisau

Willisau Tourismus, Postplatz 2, 6130 Willisau, Tel. 041/9702666; Mo–Fr 8.30–12 und 13.30–17 Uhr, Mitte April–Mitte Okt. auch Sa 9–13 Uhr.
www.willisau-tourismus.ch

Willisau liegt an der S-Bahnlinie 6 (Luzern–Langenthal), die auch in **Werthenstein** hält. www.sbb.ch

B&B Hotel Peter und Paul, Wydematt 8, 6130 Willisau, Tel. 041/9701717; 1- bis 6-Bettzimmer, DZ ab 169 CHF. Modernes Hotel mit Self-Check-Inn und kostenloser Tiefgarage im Norden.
www.peterpaulhotel.ch

Café Amrein Chocolatier, Hauptgasse 24, 6130 Willisau, Tel. 041/9701114; Di–Fr 8–18.30, Sa/So 8–17.30 Uhr. Für Frühstücksgäste und Kaffeetrinker, die auch Kuchen und Torten mögen. Zur Tradition des Hauses gehören die Willisauer Ringli, ein sehr hartes Gebäck, das nur in Willisau gefertigt werden darf. www.willisauerringli.ch

Schweizerisches Agrarmuseum Burgrain, Burgrain 24, 6248 Alberswil, Tel. 041/9802810; Di–So 10–17 Uhr.
www.museumburgrain.ch

Kloster Werthenstein, Oberdorfstr. 9, 6106 Werthenstein, Tel. 041/4901265; Kirche tgl. 8–20 Uhr. Zimmerbuchung unter Tel. 079/1053862.
www.kloster-werthenstein.ch

Naturlehrgebiet Buchwald, 6218 Ettiswil, Tel. 041/9800001. Bequeme Wege führen durch eine neu angelegte Naturlandschaft. www.naturlehrgebiet.ch

Napfgebiet

Etwa in der Mitte zwischen Luzern und Bern liegt das Napfgebiet, das sich über die beiden Kantone Luzern und Bern erstreckt. Seinen Namen verdankt es seiner höchsten Erhebung, dem **Napf** (1406 Meter). Es ist die Grenzregion zwischen dem katholischen Luzern und dem bernisch-protestantischen Emmental, eine voralpine Landschaft, in der nur wenige Menschen zuhause sind und das Handy mancherorts noch keinen Empfang hat. Ein Paradies also für alle, die Ruhe suchen und Stille aushalten können. Touristisch bestimmen im Sommer Wanderer und Biker ihr Bild, im Winter Schneeschuhläufer.

Die Region ist bis heute stark landwirtschaftlich geprägt. Auch altes Handwerk wird noch gern gepflegt, etwa in **Romoos** zu Füßen des Napf, wo die angeblich letzten Köhler der Schweiz leben, denen

Im Entlebuch

man gerne über die Schulter schauen kann, wie sie in mehrwöchiger Arbeit Holz zu Kohle machen. Hoch geschätzt ist im Tal der Kleinen Emme und den angrenzenden Bergregionen auch die Mundart. Es ist ein Dialekt, der ganz anders klingt als der in der Kantonshauptstadt Luzern, die wächst und wächst, während das Napfgebiet immer mehr junge Leute verlassen.

■ Luthern und Luthern Bad

Im stark bewaldeten Luthertal liegt Luthern mit seinem unter Denkmalschutz stehenden Dorfkern. Mit der Rokokokirche **St. Ulrich** und zwei alten Gasthäusern gilt er als einer der schönsten in der Zentralschweiz. Das eine gute Fußstunde weiter südlich gelegene **Luthern Bad** ist ein beliebter Wallfahrtsort. Seine Popularität fußt in einer Geschichte aus dem späten 16. Jahrhundert, als einem an Gicht leidenden Bauern die Muttergottes von Einsiedeln im Traum geraten haben soll, hinter seinem Haus nach Wasser zu graben und darin zu baden. Der Rat hatte offensichtlich Erfolg und machte Luthern zum Pilgerziel.

Das **Badbrünnli** von damals steht heute noch. Füße und Arme tauchen die Pilger längst aber nebenan in einem unterirdischen Bad ins angeblich heilende Wasser. Es ist ein spiritueller Raum, ebenso wie das Jurtendorf ein paar hundert Meter weiter, in dem man für ein paar Tage ganz einfach in großen Zelten lebt, Solarduschen nutzt und sich von geselligen Menschen bekochen lässt. Wer will, kann in gut anderthalb Stunden von Luthern Bad auf den **Napf** wandern. Zunächst gemütlich am Fluss Luthern entlang, dann durch den Wald in steilen Kehren aufwärts bis zum Berghotel auf dem Gipfel, das allerdings schon im Kanton Bern liegt.

UNESCO-Biosphäre Entlebuch

Das UNESCO-Biosphärenreservat ging aus einer erfolgreichen nationalen Volksabstimmung zum Schutz von Moorgebieten hervor. 2001 erhielt die unter Schutz gestellte Region schließlich das weltweit begehrte Gütesiegel der Völkergemeinschaft. Heute sind die größten Schweizer Moore das touristische Aushängeschild der Region, die dort meist nachhaltig geschaffenen Biosphären-Produkte längst Markenartikel, die in der ganzen Schweiz unter dem Label »Echt Entlebuch« vertrieben werden. Dazu ge-

▸ Karte S. 100/101

hören Kuh-, Schaf-, Ziegen- und Büffelmilch, das Fleisch von Wiesenschweinen, Teemischungen aus Alpenkräutern und Teigwaren aus Ur-Dinkel.

Mehr als 100 Flach- und Hochmoore sowie vier Moorlandschaften von nationaler Bedeutung gehören offiziell zum Biosphärenreservat. Dazu kommen Auenlandschaften, Amphibienlaichgebiete und Trockenwiesen: alles Horte der Biodiversität, in der teils seltene Pflanzen und Tiere zuhause sind. Sogenannte Biosphärenguides führen auf Wanderungen zu den schönsten Plätzen der Region, bringen in Kursen Besuchern aber auch bei, wie man Pilze sammelt und verarbeitet, wie wilde Kräuter manche Mahlzeit bereichern können, wie ein Alphorn zu blasen ist oder was die Kunst des Jodelns ausmacht.

Das Pfund, mit dem das Biosphärenreservat freilich am meisten wuchert, sind die vielen Dutzend **Wanderwege** in allen Längen und Schwierigkeitsstufen. Am besten lernt man die Region auf dem **Moorlandschaftspfad** kennen, einem Weitwanderweg über 80 Kilometer, der sich im September und Oktober von seiner schönsten Seite zeigt, wenn die Moose ihre ganze Farbenpracht entfalten.

Beinhaus in der Pfarrkirche von Hasle

Entlebuch

Das der UNESCO-Biosphäre Entlebuch den Namen gebende Dorf bietet Wanderern eine Vielzahl von Routen – zum Beispiel durch die oberhalb des Dorfes gelegene Moorlandschaft Mettelimoos bei Finsterwald. In Entlebuch startet auch die bei Motorradfahrern sehr beliebte Straße über den Glaubenbergpass zum Sarnersee im Kanton Obwalden, die im Winter allerdings gesperrt ist. Im Sommer dagegen bietet sie beste Einstiegsmöglichkeiten zu Berg- und Moorwanderungen.

Hasle

Für Freunde mittelalterlicher Totentanzdarstellungen ist das **Beinhaus** neben der Pfarrkirche in Hasle auf alle Fälle einen Halt wert. Dort zeigt ein Freskenzyklus aus dem späten 17. Jahrhundert den Tod unter anderem in Begegnungen mit Papst und Kaiser, aber auch Älplern und Bauern. So reißt der Tod dem Papst die Tiara vom Kopf, dem Kaiser Reichsapfel und Zepter aus der Hand. Die Wandmalereien sind in bestem Zustand und lohnen immer einen Zwischenstopp!

Schüpfheim

Der Ort zieht sich am linken und rechten Ufer der Kleinen Emme entlang. Er gehört zu den zentralen Orten des Entlebuch. Dort auch findet sich das **Regionalmuseum Entlebucherhaus**, das auf über 1000 Quadratmetern den Alltag der Region dokumentiert. Es erzählt vom Wohnen und Feiern, aber auch von der Entwicklung des Wintersports und der Sommerkuren.

Keine zehn Autominuten sind es von Schüpfheim zur **Wallfahrtskirche Heiligkreuz**, die postalisch zu Hasle gehört. Seit dem Mittelalter wird dort ein Stück des Heiligen Kreuzes verehrt. Ende des 16. Jahrhunderts baute man für die Wallfahrer die heutige Heiligkreuz-Kirche, die später barock ausgestaltet wurde. Gegenüber der Kirche führt ein Pfad in den Wald zum **Seelensteg**, einem 500 Meter langen Holzsteg durch Heidelbeeren und Farne, der nach dem verheerenden Sturm »Lothar« Ende des letzten Jahrtausends aus dem Holz entwurzelter Bäume geschaffen wurde: ein Kraftort, der daran mahnt, mit der Natur verantwortungsvoll umzugehen.

Escholzmatt-Marbach

Die erst in diesem Jahrtausend zusammengelegten Dörfer glänzen mit schönen Dorfbildern, allen voran Escholzmatt mit der neugotischen Pfarrkirche **St. Jakob**. Zu ihren Füßen erinnert ein Gedenkstein an den im Bauernkrieg Mitte des 17. Jahrhunderts ums Leben gekommenen Anführer der Aufständischen, die sich damals gegen die Bevormundung aus Luzern gewaltsam zur Wehr setzten. Marbach wartet neben der barocken Pfarrkirche **St. Nikolaus** mit einer modernen **Bergkäserei** auf, in der man zusehen kann, wie aus der Milch von Kühen und Büffeln Käse wird – so auch der erste Büffelmozzarella der Schweiz.

Sörenberg-Flühli

Von Schüpfheim führt eine Straße ins Mariental nach Sörenberg, der touristischen Hochburg im Entlebuch. Sie passiert Flühli, wo sich zahlreiche Wandermöglichkeiten eröffnen. Die schönste führt zum **Chessiloch**, einem Schluchtengebiet mit der größten Hängebrücke im Entlebuch.

Sörenberg, im Winter relativ schneesicher, ist ein Ganzjahres-Urlaubsgebiet, das Liftanlagen und Gondeln wie auf das **Brienzer Rothorn** erschließen. Das macht Wandern und Biken ebenso leicht wie Wintersport. Was die Attraktivität

Die Felsformation Teufelskralle im Gebirgsstock Schrattenfluh

▲ Karte S. 100/101

der Region außerdem ausmacht, ist die ihr nachgesagte Familienfreundlichkeit. Sie zeigt sich in vielen auf die Jüngsten zugeschnittenen Erlebnisangeboten wie dem **Mooraculum**, einem großen Spielplatz, der auf seine eigene Art den Kindern viel Wissen um die Moorlandschaften im Entlebuch vermittelt, oder dem mit interaktiven Elementen ausgestatteten **Moor-Rundweg**. Das Moorgebiet **Laubersmad-Salwideli** bei Sörenberg gehört gar zu den bedeutendsten Feuchtgebieten der Welt.

Zu den interessantesten Gebirgsformationen in der Region gehört die **Schrattenfluh**, eine kilometerlange Bergkette mit mehreren rund 2000 Meter hohen Gipfeln. Bizarre Gesteinslandschaften prägen ihr Gesicht, die - weil Aufstiegshilfen fehlen - nur in mehrstündigen und schweißtreibenden Wanderungen zu erobern sind. Groß ist das Wintersportangebot, zu dem neben 16 Transportanlagen mehr als 50 Kilometer präparierter Pisten und Langlaufloipen und zwei ausgewiesene Schlittenpisten gehören.

Entlebuch

UNESCO-Biosphärenzentrum Entlebuch, Chlosterbüel 28, 6170 Schüpfheim, Tel. 041/4854250; Mo–Fr 8–12 und 13.30–17 Uhr. www.biosphaere.ch

Sörenberg Flühli Tourismus, Rothornstr. 21, 6174 Sörenberg, Tel. 041/4881185; Mo–Fr 8–12 und 13.30–17 Uhr.
www.soerenberg.ch

Tourismusbüro/Biosphärenshop, Bahnhofstr. 16, 6182 Escholzmatt, Tel. 041/4860130; Mo–Fr 8–11.30 und 14–17, Sa/So 8–12 Uhr.
www.escholzmatt-marbach-tourismus.ch

Die **S6** fährt zwischen Luzern und Langnau mit Halt in **Entlebuch**, **Hasle**, **Schüpfheim** und **Escholzmatt**. Die **RE7** verbindet diese Orte - außer Hasle - mit Luzern und Bern.

Hotel Rischli, Rischlistr. 88, 6174 Sörenberg, Tel. 041/4881240; DZ ab 230 CHF. Familiär geführtes Haus mit Restaurant, Wellness und Sauna, die auch Tagesgäste nutzen können. www.hotel-rischli.ch

Gasthaus Engel, Dorf 16, 6166 Hasle, Tel. 041/4801368; DZ ab 115 CHF. Familienbetrieb in vierter Generation mit regionaler Frischeküche und vier einfachen Zimmern.
www.engel-hasle.ch

Jurtendorf, Unter Niespel, 6156 Luthernbad, Tel. 041/9780193; Übernachtung mit Vollpension 110 CHF. 75 Schlafplätze in Schweizer Jurten, zu denen auch eine Saunajurte gehört. www.jurtendorf.ch

Bergkäserei Marbach, Dorfstr. 16, 6196 Marbach, Tel. 041/344933144; Mo–Fr 8–18, Sa/So 8–17 Uhr. Erlebniskäserei mit großem Shop, auf Anfrage auch Führungen zum Büffelhof mit Verkostung. www.kaeserei-marbach.ch

Entlebucherhaus (Museum), Kapuzinerweg 5, 6170 Schüpfheim, Tel. 041/4842221; Mi und So 14–17 Uhr oder nach Vereinbarung.
www.entlebucherhaus.ch

Besuch beim Köhler. Führungen bietet Familie Renggli in Unterbramboden, 6167 Bramboden, Tel. 079/4421387.
www.familie-renggli.ch

Entlebucher Alpabfahrt. Traditionelles Ende der Alpsaison Ende September. Die Hirten mit ihren reich geschmückten Tieren starten frühmorgens von ihren Alpen rund um die Biosphäre Entlebuch, um gegen Mittag in Schüpfheim einzuziehen. Jodlergruppen und Alphornbläser bereichern das mit einem Markt verbundene Fest.

Touristisch betrachtet ist der Vierwaldstättersee das Filetstück der Zentralschweiz. Zwar sind Bodensee und Genfersee größer – in der Publikumsgunst der Schweizer aber rangiert der Vierwaldstättersee ganz oben. Ein See wie aus dem Bilderbuch mit vielen Buchten, die sein Ufer in die Länge ziehen, ein Sehnsuchtsort, der schon früh Urlauber aus aller Welt lockte.

Aussicht auf den Vierwaldstättersee vom Pilatus

VIERWALDSTÄTTERSEE

Der Vierwaldstättersee

Sagen und Mythen verschafften dem Vierwaldstätter See Ruhm, allen voran die Geschichten um den legendären Schweizer Nationalhelden Wilhelm Tell. Kein Wunder, dass die Seeregion vielen als die »Wiege der Schweiz« gilt. Tells legendäres Leben wurde rund um den Vierwaldstättersee verortet, in den geschichtsträchtigen Urkantonen Uri, Schwyz, Nid- und Obwalden. Zusammen mit Luzern gaben diese vier Waldstätte, wie man früher die Kantone nannte, dem See seinen heutigen Namen. Folgerichtig nennen ihn die Franzosen Lac des Quatre-Cantons, die Italiener Lago dei Quattro Cantoni.

Der Vierwaldstättersee hat eine Uferlänge von rund 150 Kilometern und entstand am Ende der Eiszeit nach der Gletscherschmelze. Heute speist ihn neben einigen kleineren Flüssen vor allem die Reuss. Sie entspringt in der Furka-Region und fließt zwischen Flüelen und Luzern weiter durch den See. In Massen bringt sie auf ihrem Lauf Richtung Süden Steine und Schutt aus dem Gotthardmassiv mit, so dass sich das Reuss-Delta zwischen Flüelen und Seedorf im Lauf der Zeit kräftig nach vorne geschoben hat. Auf der anderen Seite des Vierwaldstättersees kontrolliert Luzern mit einer Wehranlage den Abfluss der Reuss aus dem See und unterstreicht so weiter seine historische gewachsene Machtstellung am Ufer. Die führte früher öfters zu Konflikten mit den Seeanrainern, die mit den von Luzern bestimmten Wasserständen am See leben mussten.

Das Wasser der Reuss, so will es die Wissenschaft herausgefunden haben, bleibt gewöhnlich dreieinhalb Jahre im Seebecken, wo es sich kräftig aufwärmt. Inzwischen wird das Seewasser im Sommer oft deutlich wärmer als 20 Grad Celsius, was den Vierwaldstättersee als Badeort immer attraktiver macht. Andererseits frieren seine Buchten schon seit mehr als einem halben Jahrhundert nicht mehr zu.

! Nicht verpassen
Hohle Gasse Küssnacht → S. 127
Die Rigi → S. 131
Tellskapelle Sisikon → S. 136
Flüelen → S. 136
Rütliwiese → S. 144
Bürgenstock → S. 141

Im Gegensatz zu den meisten anderen Schweizer Seen verzweigt sich der Vierwaldstättersee in alle Richtungen, was im Vergleich zur Gesamtfläche seine große Uferlänge erklärt. Sieben Becken, Buchten oder Arme geben ihm seine charakteristische Form. Alle tragen eigene Namen. So eine Art Kopf des Sees ist die Luzerner Bucht, die Küssnachtersee und

Am Urnersee

▲ Karte S. 124/125

Horwerbucht mit anhängendem Alpnachersee Richtung Süden und Nordosten verbreitern. Weiter folgen Vitznauerbecken und Gersauerbecken. Der für viele sicher schönste Teil ist der Urnersee ganz im Süden, der großteils von Steilufer umgeben ist. Er macht rund 45 Prozent der gesamten Uferfläche des Vierwaldstättersees aus.

Wassergüte und Fischbestand

2017 wurde der See von Wissenschaftlern der Universität Bern gründlichst unter die Lupe genommen. »Project Lac« hieß ihr Projekt, bei dem der Fischbestand ebenso sorgfältig untersucht wurde wie der ökologische Zustand des Sees. So wurde festgestellt, dass nur etwa 41 Prozent der Seeufer einen naturnahen Zustand aufweisen, der Rest mehr oder minder stark verbaut sind – insbesondere die flachen Uferbereiche und Zuflüsse, die als Laichgebiete für die Fische besonders wichtig sind.

Sechs Tage dauerte die Untersuchung des Fischbestands, in dessen Rahmen fast 2500 Fische gefangen wurden, knapp zwei Dutzend Arten. Am häufigsten traf man auf das Egli, den Flussbarsch. Auch Laube, Rotauge, Felchen, Seesaibling und Kaulbarsch gingen den Wissenschaftlern relativ häufig ins Netz. Die Fischfauna des Sees entspricht so eines nährstoffarmen Sees. Allerdings sind Felchen eher unter-, der Seesaibling dagegen eher überrepräsentiert. Gefreut haben sich die Wissenschaftler über die Wiederentdeckung des Tiefseesaiblings im Urnersee, der früher immer wieder beschrieben wurde.

Die Wasserqualität des Sees ist im letzten Jahrzehnt erstaunlich stabil, das heißt gut, geblieben. Das ist wichtig, ist der See doch auch ein wichtiger Trinkwasserspeicher. So ist die Phosphorkonzentration durch den Bau von Kläranlagen weiter zurückgegangen. Die aber konnten die Zunahme von Stickstoffverbindungen nicht verhindern. Als Problem erweist sich auch die Zunahme von sogenannten Mikroverunreinigungen, also kleinste inhaltliche Rückstände von Medikamenten, Körperpflege- oder Reinigungsmitteln, welche die Kläranlagen nur unzureichend abbauen. Auf die gesundheitliche Qualität des Wassers hat das aber kaum einen Einfluss, so dass die Aufsichtsbehörden dem Vierwaldstättersee auch 2023 beste Badequalität bescheinigten.

Seegeschichte

Bis ins 16. Jahrhundert hieß der Vierwaldstättersee noch Luzernersee. Das lag mit daran, dass es viele Jahrhunderte kaum Wege am Wasser entlang gab. In der Regel bestieg man auf dem Weg zum oder vom Gotthard in Luzern das Schiff nach Flüelen oder umgekehrt.

Mit der Zeit aber entdeckten die Menschen den See als Reiseziel. Er »ist wegen seines pitoresken, romantischen, grossen und schauerlichen Karackters, und der großen Mannigfaltigkeit in den Nüanzierungen desselben einer der interessantesten Seen der Schweiz«, beschrieb ihn ein Reiseführer anno 1793. Dass die Gegend um den Vierwaldstättersee ab der Mitte des 19. Jahrhunderts noch mehr in den Mittelpunkt des Reisens rückte, lag vor allem an einem signifikanten Wandel der Wahrnehmung, die mehr und mehr von der Optik bestimmt wurde. Fotos und Zeichnungen in Zeitungen und Zeitschriften, dazu bunte Lithografien idyllischer, von Seen umgebener Berglandschaften, weckten in vielen Menschen Europas die Lust, diese Landschaften selbst zu entdecken. Dazu kamen in den großen Metropolen Europas sogenannte Alpen-Dioramen, die in überdimensionalen Guckkästen

Der Ort Brunnen im 19. Jahrhundert auf einem Gemälde von Johann Heinrich Müller

die Berg- und Seenlandschaft perfekt in Szene setzten. Für tausende von Städtern, insbesondere im schon damals hochindustrialisierten England, mutierte der Vierwaldstättersee so zu einer Art Paradies, in der keine Schornsteine die Luft verpesteten und statt Industriearbeitern zufrieden scheinende Hirten und Bauern das Bild bestimmten. Zahllose von den Briten auf ihren Schweiz-Reisen verschickte Postkarten – allein von der Rigi gab es unzählige verschiedene Motive – weckten die Sehnsucht, ins Land von Wilhelm Tell zu reisen.

Noch aber mangelte es an massentauglicher Infrastruktur wie passenden Straßen in die Ortschaften am See oder auch Bahnen, welche die Reisenden schnell und bequem in die Höhe schaffen konnten. Wie ein Segen erschien so die Dampfschifffahrt, die ab den späten 1830er Jahren zum Motor des Tourismus wurde. Aber auch die Straßen am See entlang wurden mehr und mehr ausgebaut – so wie die Axenstraße am östlichen Ufer, die 1865 fertig war. Das fast eine Million Franken teure Meisterwerk damaliger Straßenbautechnik öffnete den Seetouristen neue Möglichkeiten.

▶ Karte S. 124/125

Den Anforderungen des wachsenden Autoverkehrs aber, bedingt durch den zunehmenden Warentransport quer durch Europa, war die Axenstraße mit ihren in die Felsen gesprengten Tunnelbauten und überdachten Galerien schon bald nicht mehr gewachsen, auch wenn man immer wieder neues Geld in ihre Unterhaltung und weiteren Ausbau steckte. Spürbare Entlastung brachte erst der Bau einer Autobahn auf der anderen Seeseite, die heute von Luzern zum Gotthard führt. Aber auch die Axenstraße soll bis Mitte nächsten Jahrzehnts zur Autobahn werden, deren Trasse zwischen Brunnen und Flüelen dann ebenfalls weitgehend in Tunneln verschwunden sein wird.

Seeschifffahrt

Was für den Paris-Reisenden die Besteigung des Eiffelturms, ist für den Besucher der Zentralschweiz eine Schiffsfahrt auf dem Vierwaldstättersee. Die organisiert eine eigene Gesellschaft, deren Schiffe auch im Winter regelmäßig unterwegs sind, wenn auch seltener als im Sommer. Ihr ganzer Stolz sind neben 14 Motorschiffen 5 Raddampfer, die klingende Namen wie *Uri*, *Gallia* oder *Schiller* tragen. Flaggschiff der »Schifffahrtsgesellschaft des Vierwaldstättersees« ist der fast 100 Jahre alte Raddampfer *Stadt Luzern* mit seinen Belle-Epoque Salons und Schaufelrädern, der eine Seefahrt zum Nostalgietrip werden lässt. Schiff- und Zugfahrt, wie einst auf dem stilvollen Weg Richtung Süden üblich, verbindet der Gotthard Panorama Express. Dabei betritt man in Luzern das Schiff nach Flüelen, wo man anschließend bequem in den bereitstehenden Panoramazug über die historische Gotthardstrecke umsteigt, dessen Ziel nach knapp sechs Stunden Lugano im Tessin ist.

Schon im Spätmittelalter war von Luzern und Flüelen aus der Transport von Personen und Waren auf Flößen, Ruder- und Segelschiffen über den See geregelt. Mit den ersten Dampfschiffen wurde der Verkehr schließlich perfektioniert, vor allem aber beschleunigt. Schon 1894 nutzten mehr als eine Million Menschen die neuen Transportangebote, zumeist Ausländer, die bis zum Ersten Weltkrieg angeblich 80 Prozent der Schiffsreisenden auf dem Vierwaldstättersee ausmachten. Mit zu diesem Erfolg trugen Bergbahnen wie auf die Rigi oder den Bürgenstock bei, deren Talstationen die Schiffe zum Teil direkt ansteuerten.

Nach dem Zweiten Weltkrieg wurden viele Dampfer durch Schiffe mit Dieselmotoren ersetzt. Ein paar aber sind noch immer planmäßig im Einsatz, das älteste Schiff der Flotte, die *Uri*, inzwischen seit weit über 100 Jahren. Sie wurde 1994 generalsaniert und gilt heute als einzig wintertaugliches Dampfschiff auf dem Vierwaldstättersee. Bei ihrer Sanierung wurde auch der neobarocke Salon wieder in den Stil der »Goldenen 20er Jahre« zurückversetzt, was die Fahrt mit der Uri zur Reise in die Vergangenheit werden lässt.

Eine Schiffsreise ist neben der Fahrt vom einen Ort zum anderen vor allem eine Begegnung mit der Natur und ihren Gewalten. »Von der Seite erfrischt eine kühle Brise, unten schäumt auf tiefdunklem Wasser die Gischt«, hat ein Reisebuchautor einmal die Szenerie von Bord aus beschrieben. »Das Schiff pflügt im Zickzack die Wellen, legt immer wieder am Ufer an, derweil sich ringsum stetig die Landschaft verändert ...«

Ausflugsschiffe auf dem Urnersee

EXTRA

Vom Nobody zum Nationalhelden – Mythos Tell

Millionen Menschen lernten Wilhelm Tell spätestens seit den ersten Aufführungen von Friedrich Schillers gleichnamigem Drama als engagierten Kämpfer für die Freiheit kennen. Sein Mord am Tyrannen, einem Landvogt namens Gessler, verkörperte für den großen deutschen Dichter das Gute im Menschen. Tells Geschichte, längst auch von Gioachino Rossini als Oper vertont, machte im 19. Jahrhundert jedenfalls einen Eidgenossen zum neuen Helden Europas. Ihm zu Ehren wurden vor allem in der Zentralschweiz immer neue Brunnen und Denkmäler aufgestellt oder Kapellen und Hauswände mit Bildern bemalt, die Tell beim legendären Rütlischwur, bei der Ermordung Gesslers in der hohlen Gasse zu Küssnacht oder beim Schuss mit der Armbrust auf seinen Sohn zeigen.

Dabei hat es Wilhelm Tell höchstwahrscheinlich nie gegeben. Davon jedenfalls ist der Großteil der Wissenschaft inzwischen überzeugt. So ist ein Bösewicht namens Gessler urkundlich bis heute nicht zu fassen. Und auch skrupellose Landvögte, die das eidgenössische Volk um das Jahr 1300 geplagt haben könnten, hat die Forschung bislang nicht ausgemacht.

Längst ist sich die Fachwelt einig, dass die Erzählung um den Schweizer Nationalhelden auf einer ähnlichen, Ende des 12. Jahrhunderts im heutigen Dänemark entstandenen Geschichte beruht. Allerdings fand in Skandinavien der Apfelschuss mit einem Bogen statt, nicht wie in der Schweiz mit einer Armbrust. Und wo der nordische Held sich nach kühner Skifahrt durch einen Sprung über einen Felsen dem Tyrannen entzieht, lassen die Eidgenossen ihren Tell auf der Flucht vor Gesslers Schergen von einem Boot auf einen rettenden Felsen am Ufer springen: der Tellsplatte.

Die hohle Gasse in Küssnacht soll an den Ort erinnern, an dem Tell Gessler erschoss

Genauer betrachtet kommt Tell in dem ab 1470 verfassten sogenannten *Weißen Buch von Sarnen* zur Welt, das mit nur einem einzigen Satz den heutigen Nationalhelden zum Leben erweckte: »Nu was da ein redlicher man hiess der thäll«. Generationen Schweizer Wissenschaftler werteten die Worte als Tells Geburtsurkunde. Weitere Fakten schuf Ende des 15. Jahrhunderts ein Luzerner Stadtschreiber. Tell, im Weißen Buch noch ein fast ängstlicher Mann, ist jetzt ein zorniger Eidgenosse, der von nun an den Vornamen Wilhelm trägt.

Im Jahr 1507 erschien Tells Geschichte erstmals gedruckt und illustriert mit einem Bild vom Apfelschuss, das schnell zur neuen Ikone Schweizer Geschichte wurde. Nur ein paar Jahre später war Tell sogar bühnenreif, erschien er im Urner Tellenspiel in Altdorf. Der Schweizer Chronist Aegidius Tschudi (1505–1572)

Verherrlichung Tells an der Tell-Kapelle in Bürglen

schrieb den Mythos Tell in seiner Schweizer Chronik schließlich mit einem einprägsamen Datum fest, als er den Rütlischwur auf den 8. November 1307 datierte.

Um Tell aber als Nationalhelden zu inszenieren, war es wichtig, ihn auch als Heiligen darzustellen. So bildete sich im Kanton Uri, wo man seinen Geburtsort verortete, die Legende, er sei bei der Rettung eines Kindes aus den Hochwasserfluten des Schächenbaches, der bei Altdorf in die Reuss mündet, ums Leben gekommen. Als eine Art Märtyrer light aber hatte er in der katholischen Zentralschweiz keine Chance, so dass dieses Kapitel schnell wieder in Vergessenheit geriet.

Prägendster Kopf der Tellgeschichte wurde schließlich Friedrich Schiller, der zwar nie in der Schweiz war, mit seinem 1804 uraufgeführten Drama Tells Heroisierung aber die Krone aufsetzte. Er popularisierte unter anderem die Vornamen für Tells Sohn (Walter) und den Landvogt Gessler (Herrmann).

In Matten bei Interlaken, vor allem aber in Altdorf, wo ein eigenes Tellspielhaus steht, wird gewöhnlich Jahr für Jahr theatralisch an Wilhelm Tell erinnert. Auch Comics, Filme, Hörspiele und Romane leben noch immer vom alten Mythos, der genauer betrachtet aber eher einer Hassbotschaft gleicht. »Tell ist«, meint der Schweizer Historiker Michael Blatter, »neben vielem anderen eben auch ein Terrorist aus dem Mittelalter.« Kein Wunder, dass sich zahlreiche Mörder wie etwa die Kämpfer der palästinensischen Befreiungsfront, die 1969 am Flughafen Zürich eine israelische Passagiermaschine beschossen, für ihre Taten auf Wilhelm Tell beriefen.

Den Terroranschlag auf das Flugzeug nahm der Schriftsteller Max Frisch übrigens zum Anlass, den Schweizer Nationalhelden im literarischen Rahmen zu entthronen. In seiner 1971 veröffentlichten Novelle *Tell für die Schule* erzählte er seine Geschichte aus der Perspektive Gesslers. Anders als bei Schiller ist Frischs Landvogt ein kleiner, dickbäuchiger Ritter und Beamter, der mit den fremdenfeindlichen Urschweizern um Tell aneinandergerät. Die Tötung Gesslers ist für Frisch so keine politisch motivierte Befreiungstat mehr, sondern ein feiger Meuchelmord.

Perlen
Immensee
Rothenburg
Buchrain
Dierikon
Udligenswil
Küssnacht
Ebikon
Emmen
Adligenswil
Merlischachen
LUZERN
Reussbühl
Wurzenbach
Littau
Luzern
Verkehrshaus-Lido
Greppen
Rigi Rotstock 1650
Meggen
Hermitage
Tribschen
Meggenhorn
Kriens
Obernau
Weggis
Rigibahn
Hertenstein
Horw
Vierwaldstättersee
Kastanienbaum
Ennethorw
Kehrsiten Bürgenstock
Bürgenstock 1128
Kehrsiten Dorf
Kehrsiten
Hergiswil
Fürigen
Ennetbürgen
Stansstad
Steiglihorn 1984
2119
Buochs
Chrummhorn 1254
Haslihorn 961
Beckenried
Oeli
Alpnachstad
Rotzberg 672
Stans
Oberdorf
Alpnach Dorf
Dallenwil
St. Jakob
Stanserhorn 1898
Kägiswil
NIDWALDEN
Wirzweli
Sand
Wolfenschiessen
Kerns
Sarnen, Interlaken
OBWALDEN
Melchtal
Engelberg
Rund um den Vierwaldstättersee

ZUG
Immensee
Walchwil
Zugersee
Chaiserstock 1426
Rothen-thurm
Wildspitz 1580
Rossberg
Sattel
Arth
Rigi Kulm 1797
Oberarth
Steiner-berg
Rigi Rotstock 1650
4
Goldau
Steinen
Rigibahn
Lauerzersee
2
Rigi Scheidegg 1656
Lauerz
Seewen
Rigibahn
2b
SCHWYZ
Schwyz
1699
Rickenbach bei Schwyz
Vitznau
Vitznau
Ingen-bohl
Ibach
Brunnen
Gersau
2b
Brunnen
Gersau Förstli
Gersau
Treib
Treib
Vierwaldstättersee
Seelisberg
Morschach
Stoos SZ
Becken-ried
Beckenried
Rütli
Fronalpstock 1921
Chlingenstock 1935
Urnersee
Sisikon
Sisikon
Riemen-stalden
Bauen
Tells-platte
Fronalpstock 1921
Bauen
Tellskapelle
Heitliberg 1780
Isleten
Isleten-Isenthal
Isenthal
2
Flüelen
Flüelen
Seeburg
URI
Altdorf
Seedorf UR
Bürglen UR
Attinghausen
Gotthard
2
0 2 4 km

Rund um den Vierwaldstättersee

Der Vierwaldstättersee steht nicht nur bei Urlaubern aus Europa hoch im Kurs, sondern vor allem bei Reisenden aus Asien, Arabien und Amerika, die ihren Europa-Trip aus Zeitgründen möglichst effektiv gestalten müssen. Für sie ist die Gegend zwischen Luzern und Flüelen so etwas wie die Schweiz en miniature, eine ganze Nation auf engstem Raum sozusagen. Das wissen längst auch die Gastronomen und ihre Mitarbeiter am Ufer und auf den Bergen, die neue Gäste deshalb nicht selten gleich in Englisch ansprechen - und mancher Luxusladenbesitzer, der seine Schätzchen lieber in Dollar oder Euro als in Schweizer Franken auszeichnet.

Größtes Kapital der Urlaubslandschaft sind neben dem See die Berge. Viele sind schon seit dem späten 19. Jahrhundert mit Bahnen bestens erschlossen - allen voran **Pilatus** (→ S. 93) und **Rigi** (→ S. 131). Aber auch das **Stanserhorn** (→ S. 195), wegen seiner leichten Erreichbarkeit gern als »Faulenzerberg auf 5-Sterne-Niveau«verspottet, ist ein beliebtes Ausflugsziel. Ebenso der **Bürgenstock** (→ S. 141), heute Hort des angeblich größten Schweizer Hotel-Resorts, das mit dem See durch die Bürgenstock-Bahn verbunden ist. Mit einmaligem Panoramablick punktet nicht zuletzt der **Fronalpstock** (→ S. 136) auf der Ostseite des Sees, zu dessen Füßen die legendäre **Rütliwiese** (→ S. 144) liegt.

Es versteht sich von selbst, dass die Seeufer dort am dichtesten bebaut sind, wo die Berge fehlen oder wie zu Füßen von Rigi oder Pilatus genügend Platz zum Bauen lassen. Besonders viele Menschen leben so an den nördlichen Ufern wie im Kanton Luzern. Das Seeufer in den Kantonen Uri und Nidwalden ist weniger bevölkert, wo die Berge oft steil und schroff im See ankern. Aus diesem Grund gibt es auch keine durchgängig am See entlangführende Straße. Selbst Wanderer müssen bei seiner Umrundung immer wieder auf die Höhen ausweichen. Dieses Kapitel stellt die wichtigsten Seeorte vor. Sie liegen über gleich mehrere Kantone verstreut. Was die touristische Vermarktung des Vierwaldstättersees angeht, arbeiten die aber längst zusammen.

Blick auf Bürgenstock und Vierwaldstättersee vom Stanserhorn aus

▲ Karte S. 124/125

Die nachfolgend aufgeführten Ortschaften liegen im Uhrzeigersinn rund um den See. Mehr über Luzern und seine an der Luzerner Bucht gelegenen Vororte erfährt man in den Kapiteln Luzern (→ S. 80) und Rund um Luzern (→ S. 91).

Waldstätterweg

Die beste Route, um den See per Fuß zu umrunden, ist der Waldstätterweg: 115 Kilometer Wanderwege, unterteilt in sieben Tagesetappen. Schweizer Geschichte und Tradition verpflichtet endet der Weg auf der **Rütliwiese**. Er ist auch interessant, weil er durch Städte wie Luzern ebenso führt wie durch einsame Berglandschaften. Er setzt wegen seiner knapp 5000 Höhenmeter allerdings die passende Kondition voraus und auf manchen Abschnitten auch Trittsicherheit. Die Route umrundet alle Arme des Sees und ist mit Schiff, Bahn und Bus verkehrstechnisch bestens erschlossen, so dass man seine Tour ganz individuell planen kann. Wem das zu viel ist, der kann auch eine organisierte Tour um den See buchen, in deren Rahmen das Gepäck vom einen zum anderen Hotel transportiert wird. Als die vielleicht schönste Etappe auf dem Waldstätterweg gilt die zwischen Beckenried und der Rütliwiese (www.schweizmobil.ch/de/wanderland/route-98).

Etappe	Start–Ziel	Länge in km	Höhenmeter
1. Etappe	Brunnen–Vitznau	15	**1500**
2. Etappe	Vitznau–Küssnacht	18	**1540**
3. Etappe	Küssnacht–Luzern	17	**900**
4. Etappe	Luzern–Alpnachstad	21	**2000**
5. Etappe	Alpnachstad–Bürgenstock	16	**1380**
6. Etappe	Bürgenstock–Beckenried	13	**1040**
7. Etappe	Beckenried–Rütli	13	**1320**

Küssnacht

»Durch diese hohle Gasse muss er kommen, es führt kein andrer Weg nach Küssnacht«. Diese Zeilen aus Friedrich Schillers *Wilhelm Tell* machten das kleine Dorf an der Westflanke des Rigi-Massivs berühmt. Kein Wunder, dass die von Schiller dramatisierte Hohle Gasse – gut fünf Autominuten nördlich des Dorfzentrums – die populärste Sehenswürdigkeit in Küssnacht ist. Allerdings wurde das, was man heute sieht, erst in den 1930er Jahren mit Hilfe einer Stiftung geschaffen. Damals verwandelte man nach dem Bau einer Umgehungsstraße die einst fast vier Meter breite Hohle Gasse in einen nicht einmal mehr halb so breiten Hohlweg. Damit kam man den romantischen Vorstellungen vieler Schweizer entgegen, die sich einen Ort der Erinnerung wünschten. Einen, der ihre Vorstellung beflügeln sollte, wo und wie Wilhelm Tell angeblich den bösen Landvogt Gessler erschoss.

Am Ende der neuen Gasse steht die **Tellskapelle**, die in der heutigen Form dem Jahr 1638 entstammt. Erst im frühen 20. Jahrhundert entstanden die Bilder von Gesslers Tod an der Fassade und Tells Tod in einem Bach, als er ein Mädchen vor dem Ertrinken retten wollte. Ein kleiner Informationspavillon am Eingang zur Hohlen Gasse informiert knapp über Tell und den Mythos, der ihn umgibt. Im Wald oberhalb des Dorfes sind zudem die **Reste einer Ritterburg** zu sehen, die man gern Gessler als einstigen Amtssitz zuschreibt.

Sind die Erinnerungen an den Nationalhelden Tell historisch umstritten oder längst wissenschaftlich als Fake entlarvt, erinnert die **Astrid-Kapelle** am Seeufer Richtung Merlischachen an ein reales Unglück: an den tödlichen Autounfall der belgischen Königin Astrid 1935. Der belgische König hatte damals den Wagen - einen Packard 120 Convertible Coupé - selbst gesteuert und den Chauffeur auf die Rückbank verfrachtet. Von der Schönheit der Landschaft abgelenkt, so heißt es, fuhr er schließlich mit Tempo 50 gegen einen Birnbaum, worauf die Königin aus dem Fahrzeug geschleudert wurde und ihren Verletzungen erlag. Die Katastrophe, die ganz Belgien in tiefe Trauer stürzte, dokumentiert unter anderem auch das **Heimatmuseum**, das sich in der Touristikinformation Hohlgassland hinter der barocken Pfarrkirche **St. Peter und Paul** mit ihrer hölzernen Kreuzigungsgruppe aus dem Mittelalter findet.

Die Tellskapelle in Küssnacht

▲ Karte S. 124/125

Im **Gasthaus Engel** am Hauptplatz, einem Fachwerkbau aus der Mitte des 16. Jahrhunderts, erinnert die Goethe-Stube an den Aufenthalt des großen deutschen Dichters in Küssnacht. Er soll Schiller zu seinem Tell-Drama inspiriert und ihm vielleicht auch die Hohle Gasse für eine der Schlüsselszenen des *Wilhelm Tell* ans Herz gelegt haben.

Eine Luftseilbahn fährt das ganze Jahr von Küssnacht auf die **Seebodenalp** mit schönen Wanderwegen und Wintersportmöglichkeiten. Höhepunkt im Dorfleben ist das jährliche **Klausjagen**, einer der schönsten europäischen Nikolausbräuche, der Jahr für Jahr auch viele tausend Touristen lockt.

Küssnacht

HohlgassLand Tourismus Küssnacht, Unterdorf 15, 6403 Küssnacht, Tel. 041/8503330; Di–Sa 14–17, So 10–17 Uhr. Die Touristik-Information ist gleichzeitig Sitz des Heimatmuseums. www.hohlgassland.ch

Zugverbindungen nach Luzern, St. Gallen und Arth-Goldau per Voralpen-Express (VAE). Die S3 (Luzern–Brunnen) hält auch in Küssnacht. www.sob.ch, www.sbb.ch

Küssnacht ist per Schiff mit Luzern und anderen Orten am See verbunden, Fahrplan: www.lakelucerne.ch

Gasthaus Engel, Hauptplatz 1, 6403 Küssnacht, Tel. 041/8508889; Do–Mo 11–14 und 18–22 Uhr. Historischer Gasthof und Bar mit täglich wechselnden Menüs, die mittags besonders preiswert sind. www.gasthausengel.ch

In Küssnacht kommt der Samichlaus

»Renn auf mich zu«, instruiert ein Kameramann den schwarzen Gesellen, »schwing wild deine Rute, schreie und springe!« Für die Medien aus aller Welt, die Jahr für Jahr zur Berichterstattung an den Vierwaldstättersee reisen, sind die Rollen beim Klausjagen in Küssnacht klar verteilt. Schmutzli heißen die Bösen, die in dunklen Kutten und geschwärzten Gesichtern unterwegs sind – Samichlaus der Gute. Hinter dem Namen verbirgt sich der Heilige Nikolaus, der mit Bischofsstab und Mitra jährlich an seinem Namenstag (6. Dezember) ganz würdevoll durchs Dorf schreitet. Fällt der allerdings auf einen Samstag oder Sonntag, ist der Samichlaus schon freitags unterwegs.

Das Fest ist Jahr für Jahr das gleiche. Kaum sind Viertel nach acht die Lampen im Dorf verlöscht, tönt aus dem nächtlichen Dunkel höllischer Krach. Mit schweren Glocken ziehen viele hundert Männer und Burschen lärmend durch die Nacht. Andere traktieren lautstark ihre Kuhhörner, so als wollten sie mit ihrem Getöse die Welt aus den Angeln heben. Erinnerungen an Wotans wildes Heer weckt der Haufen, das im Volksglauben einst durch die Winternächte tobte. Mit Schafsgeißeln peitschen stämmige Burschen den Zug durch das Spalier der Zuschauer, machen so Platz für die rund 200 ganz in Weiß gekleideten Männer mit den großen Lichterkappen auf dem Kopf. »Iffele« heißen die Einheimischen die kiloschweren Kopfbedeckungen. Oder schlicht »Infuln«, was an die lateinische *infula* erinnert, den Bischofshut. Über 15 Kilo schwer und bis zu zweieinhalb Meter hoch sind die prächtigsten, mit denen die Burschen und Männer entlang der Zuschauerreihen tänzeln, die Knie vor Freunden und Verwandten, die sie im Dunkeln entdecken, beugen und sie so grüßen. Es ist ein rituelles Spiel mit langer Tradition. Volkskundler erinnert es an die Narrenfeste des Mittelalters, als man zum Jahreswechsel geistliche Riten nachahmte und die Welt für ein paar Stunden auf den Kopf stellte, indem man sich riesige Bischofshüte überstülpte. Von Parodie aber will am Vierwaldstättersee heute niemand was wissen. Im Gegenteil, Ernst und Elfer bestim-

Mehr als 15 Kilogramm wiegen die aufwändigen Kopfbedeckungen

men längst das Treiben der Lichterkläuse in ihren weißen Hemden mit rotem Gürtel.

Über das Alter des Klausjagens wird viel spekuliert. Schon zu heidnischen Zeiten, heißt es bei den Einheimischen, sei man im Winter lärmend umhergezogen. Aktenkundig wird der Brauch erstmals 1732 in einem Ratsprotokoll. »Wegen den Buben, die durch ihr Hornblasen und Tricheln nächtlicher Zeit die Leute so beunruhigen, ist erkannt, dass bei einem Pfund Buße sie solches in solchem Ungestüm nicht mehr tun sollen«. Auch in der Folgezeit war wenig Rühmliches über den Brauch zu lesen.

Die Iffele stehen schon bereit

Das änderte sich 1928 mit der Gründung der »St. Niklausengesellschaft«, die das Spiel veredelte. Seit 1933 organisiert sie offiziell den Brauch. Damals verpflichteten sich die Küssnachter Bürger, »das Klausenjagen in würdiger und schöner Form durchzuführen und alle Ausartungen zu vermeiden.«

Aus den bis dahin wenig auffallenden Bischofsmützen, die an den heiligen Nikolaus erinnern sollten, wurden spektakuläre Lichterkappen, deren Baupläne heute fast jedes Kind in Küssnacht kennt. Grundstock sind zwei große Kartons, die wie ein gotisches Kirchenfenster nach oben spitz zugeschnitten werden. Darauf zeichnet man mit Bleistift und Zirkel Ornamente und Figuren, auch Rosetten, Bänder und Girlanden, die mit einer Stanze herausgestochen und schließlich auf der Innenseite mit buntem Seidenpapier hinterlegt werden. Ehe man die beiden Kartons, die unten auf einem ovalen Holzbrettchen stehen, an der Seite zusammenheftet, befestigt man auf einem Holzgestell im Innern noch ein paar Kerzen, die für den nächtlichen Lichterzauber sorgen. Bis zu 800 Arbeitsstunden stecken in den schönsten Exemplaren. Meist zeigen sie den heiligen Nikolaus, aber auch die Gottesmutter oder die Vorderfront des nahen Klosters Einsiedeln.

Die Lichterkläuse ebnen Samichlaus den Weg, den eine Handvoll Fackelträger und eine Handvoll Schmutzli begleiten, junge Burschen mit schwarzen Gesichtern, die Schweizer Ausgabe von Knecht Ruprecht sozusagen. Dem Heiligen folgen Hundertschaften mit schweren Glocken. »Trychler« heißen sie am Vierwaldstättersee, die eigentlichen Klausjäger, ein Trupp in weißen Hirtenhemden und schwarzem Gurt. In Fünferreihen sind sie unterwegs, ihr Eisenblech im Gleichtakt vom einen auf den anderen Oberschenkel schlagend.

Am Seeufer vor der großen Kirche macht der Lichterumzug Pause, ehe es zurück ins Dorf geht, wo er sich eine gute Stunde später auflöst. Dann gehen die Lichter wieder an, ziehen die meisten der vielen tausend Zaungäste aus Küssnacht ab. Die Lichterkläuse aber feiern weiter, bis morgens früh zum Teil, wenn sich die Tapfersten zur letzten Nikolausparade vereinen. Zum sogenannten Sächsizügli, bei dem es einigen sichtlich schwerfällt, die riesigen Lichterkappen auf dem Kopf zu halten.

Weggis und Vitznau

Wo Berge wie die Rigi die zu ihren Füßen gelegenen Dörfer am Ufer des Vierwaldstättersees vor kalten Nord- und Ostwinden abhalten, ist es im Jahresdurchschnitt meist wärmer als in der weniger geschützten Nachbarschaft. Das gilt vor allem für die beiden Gemeinden Weggis und Vitznau, die zusammen einen Gemeindeverband bilden und gern damit werben, an der »Schweizer Riviera« zu liegen. Davon zeugen Palmen und andere mediterrane Bäume und Sträucher. **Mark Twain** sprach von Weggis als dem »schönsten Flecken der Erde«. Zum Dank dafür setzte man ihm am Ufer des Vierwaldstättersees einen eigenen **Gedenkstein** (Gotthardstr. 39). Außerdem erinnert ein **Themenweg** an den prominenten Besucher, der vor allem amerikanische Touristen locken soll. Er führt in etwa elf Kilometern via Rigi Kaltbad und Rigi-Staffel in knapp sechs Wanderstunden auf Rigi-Kulm. Weniger schweißtreibend ist ein Tag am **Lido** (Hertensteinstr. 45), wo 1919 das angeblich erste Schweizer Strandbad öffnete, das noch heute zum nostalgischen Vergnügen lädt. Im benachbarten **Vitznau** ist man stolz

Die erste Zahnradbahn Europas fährt noch heute Gäste von Vitznau auf die Rigi

auf die **erste Zahnradbahn Europas**, die seit 1871 Interessierte auf die Rigi bringt und das Dorf fast über Nacht weltberühmt machte. Nicht zu übersehen ist das renovierte **Parkhotel** im Jugendstil, einer der großen Schweizer Hotelpaläste aus der Zeit der Belle Epoque. 30 000 Weinflaschen, gelagert im Keller, warten dort im gleich mit zwei Michelin-Sternen gekrönten Gourmet-Restaurant auf anspruchsvolle Gäste.

Weggis und Vitznau

Tourist Information Weggis, Seestr. 5, 6353 Vitznau, Tel. 041/2271800; Mo–Fr 8.30–12 und 13–17, Sa/So 8.45–12.15 und 12.45–16.15 Uhr. www.weggis-vitznau.ch

Weggis und Vitznau sind von Luzern aus per Schiff zu erreichen, Fahrplan: www.lakelucerne.ch

Regionalmuseum der Luzerner Rigi-Gemeinden, Zihlstr. 1, 6354 Vitznau, Tel. 079/6305138; Pfingsten–Mitte Nov. Mi–Sa 16–18, So 10–12 Uhr. Interessante Sammlung, die vor allem die touristische Entwicklung am Rigi und die Pionierzeiten der Bergbahnen dokumentiert. www.regionalmuseum.ch

Die Rigi

Ein Balkon mit einmaligem Rundblick ist das vielleicht berühmteste Bergmassiv der Schweiz: die Rigi. Mit dem Übergang vom Mittelalter zur Neuzeit entdeckten sie erstmals Wallfahrer und später Badegäste, die im Lauf der Jahrhunderte immer mehr wurden. Bereits im 16. Jahrhundert sollen Menschen in **Rigi Kaltbad** auf die heilende Wirkung einer Quelle geschworen haben. Heute steht dort ein modernes Aqua-Spa-Resort, gestaltet vom Stararchitekten Mario Botta. Im Gegensatz zu früher, wo – wie schon der Name Kaltbad sagt – ausschließlich kalt gebadet wurde, ist das Wasser inzwischen wohlige 35 Grad warm.

Anfangs nutzten das Quellwasser vor allem Pilger nach dem Besuch einer der Kapellen auf der Rigi. Die bekannteste ist die Wallfahrtskapelle **Maria zum Schnee**. Dort war eine Kopie des Gnadenbildes Maria zum Schnee aus der römischen Kirche Santa Maria Maggiore der Publikumsmagnet, der schon im 18. Jahrhundert jährlich bis zu 20 000 Besucher auf den Berg zog. Ausgestattet mit fünf Altären und schönem Chor sollen sie viele Pilger als eine Art Miniaturausgabe der Stiftskirche zu Einsiedeln empfunden haben.

Wallfahrtskirche und Bad jedenfalls beschleunigten die Popularität der Rigi, auf der 1816 das erste Gasthaus öffnete. Rasch folgten andere Herbergen, die davon lebten, dass die Rigi zum Sehnsuchtsort aller Romantiker wurde, die einmal einen ungewöhnlichen Sonnenaufgang erleben wollten. »Genau gesprochen, ist der Berg nur ein Hügel von zweitausend Meter Höhe, der mitten in einem Amphitheater von Berg steht; eine Loge im ersten Rang für die Betrachtung des Sonnenaufgangs, die man aber mittels einer guten Treppe ersteigt...«, witzelte der französische Dichter Edmund About, den die Welt damals als den »neuen Voltaire« feierte, im Jahr 1858 nach einem Abstecher auf die Rigi.

Alexandre Dumas, Autor der Abenteuerromane *Die Drei Musketiere* oder *Der Graf von Monte Christo*, beeindruckte

Das Rigi-Gebiet

Die Rigi im Nebelmeer

der Sonnenaufgang stärker und tiefer. Überwältigt vom Spiel des Lichtes bilanzierte Dumas: »Es giebt Beschreibungen, derer keine Feder mächtig ist, Bilder, die kein Pinsel wiederzugeben vermag. Dazu gehört ein solcher Sonnenaufgang auf der Rigi Kulm«.

Auch Johann Wolfgang Goethe erfreute der Gipfelbesuch und ebenso den englischen Maler William Turner, der angeblich gleich 30 Bilder von der Rigi malte. Und für viele Reisende Mitte des 19. Jahrhunderts war der Ausblick von oben einer der schönsten der Welt. Die Rigi-Touren beflügelten letztlich auch den Verkauf des 1844 erstmals erschienenen Reisehandbuchs *Die Schweiz*, das Karl Baedeker als Autor und Verleger bis zu seinem Tod achtmal aktualisieren musste. Bücher, Bilder, Postkarten, Reiseerzählungen und Reportagen in den Illustrierten jedenfalls weckten in zahllosen Menschen den Wunsch, die Rigi zu besuchen, vor allem auch bei denen, die zum Aufstieg Esel oder Pferd nutzten oder sich in einer Sänfte bergauf tragen ließen. So gehörten auch der russische Zar, König Ludwig II. von Bayern oder die englische Königin Victoria zu den Besuchern des Bergstocks. Ab 1871 wurde der Aufstieg einfacher, als mit der **Vitznau-Rigi-Bahn** (VRB) die erste Zahnradbahn Europas ihren Betrieb aufnahm. 1875 folgte die **Arth-Rigi-Bahn** (ARB), die von Goldau viele Zehntausend Gäste jährlich in die gut 2000 Gästebetten auf der Rigi verfrachtete.

Anfang des 20. Jahrhunderts entdeckte man das Bergmassiv schließlich als Wintersportregion, die Bergbahnen auf die Rigi verkehrten das ganze Jahr über. Mit dem Ersten Weltkrieg aber waren die großen Zeiten des Rigi-Tourismus erst einmal zu Ende, so dass man sich nach dem Zweiten Weltkrieg auf die Neuorientierung der Erlebniswelt Rigi besann. Schließlich hatte sich nach Erfindung des Flugzeugs unter den Jetsettern herumgesprochen, dass man prächtige Sonnenuntergänge auch anderswo erleben kann. Deshalb rückte der Tagestourist in den Vordergrund, der in den Dörfern zu Füßen der Rigi unterwegs ist und stilvoll mit dem Schiff aus Luzern anreist.

Zu diesem Zweck wurden die alten Bergbahnen modernisiert und neue Gondeln gebaut – etwa Luftseilbahnen von Goldau nach Rigi Scheidegg, von Weggis nach Rigi-Kaltbad oder von Küssnacht auf die Seebodenalp. »Ein Berg – neun Bahnen« wird die Rigi heute deshalb beworben (www.rigi.ch). Dank der Aufstiegshilfen lässt sich die Rigi von allen Seiten ganzjährig schnell und bequem erobern, nicht aber mit dem Auto, ist das Bergmassiv doch weitgehend autofrei. Lang vorbei sind auch die Zeiten, als sich die Bergbahnen im Kampf um Kunden heftige Konkurrenzkämpfe lieferten. So musste die Vitznau-Rigi-Bahn (VRB) für das Endstück zum Gipfel lange Zeit eine teure Pacht an die Arth-Rigi-Bahn (ARB) zahlen, welche die Konzession für den schon im Kanton Schwyz liegenden Streckenabschnitt besaß.

Gersau

In Gersau blühen oft schon im Februar die ersten Mandelbäume – dank der Rigi, die kalte Nord- und Ostwinde abhält. Größte Sehenswürdigkeit ist das alte **Rathaus** (Dorfstrasse 14), in dem das **Heimatmuseum** aus der einmaligen Geschichte des Dorfes, der »altfryen Republik Gersau«, erzählt. Denn das Dorf war seit dem frühen 15. Jahrhundert eine reichsunabhängige Gemeinde, die erst 1817 dem Kanton Schwyz zugeschlagen wurde. Jahrhundertelang war Gersau nur per Schiff zu erreichen. Erst im 19. Jahrhundert schuf man Straßen in die Nachbardörfer Vitznau und Brunnen. Sagenumwoben ist die Kapelle **Maria Hilf** mit ihrer Rosenkranzmadonna aus dem 18. Jahrhundert am östlichen Ende von Gersau gleich neben dem Strandbad. Sie thront auf einem steilen Felsvorsprung über dem Ufer. »Käppeli zum Kindli« heißt die 1570 eingeweihte Kapelle im Volksmund. Den Namen verdankt sie angeblich einem Kindermord. So soll ein Familienvater seine quengelnde und hungrige Tochter hier wütend an einem Felsen zerschmettert und die Leiche in

▸ Karte S. 124/125

Blick auf Brunnen

den See geworfen haben. Das Einzige, was man vom Kind später fand, war ein blutiger Schuh, der unweit von Gersau an Land geschwemmt wurde. Daher rührt auch der Name »Rotschuo« wie in Gersau Jugendferienheim und Hotel heißen.

Brunnen SZ

Brunnen ist heute ein Ortsteil der stark industriell geprägten Gemeinde Ingenbohl und mit einer stündlich verkehrenden S-Bahn an Luzern angebunden. Ihr bekanntester Bewohner war der Westfale Timo Konietzka, Fußballtrainer und Spieler, der 1963 das erste Tor in der damals gegründeten deutschen Fußball-Bundesliga schoss.

Brunnen besticht durch sein Dorfbild – vor allem mit seiner **Seepromenade**, die einmalige Blicke auf den Vierwaldstättersee, aber auch auf Rigi und Pilatus bietet. Selbstverständlich gehören zur Kulisse auch hier die Belle-Epoque-Paläste der Hotellerie. Sehenswert ist die sogenannte **Bundeskapelle** am Anfang der Bahnhofstraße aus dem Jahr 1635 mit einem Altarbild eines Schülers des niederländischen Malers Peter Paul Rubens. Die allgemeine Bezeichnung für das Gotteshaus, eigentlich eine Dreifaltigkeitskapelle, verweist auf die Stelle, an der Vertreter aus Uri, Schwyz und Unterwalden nach der für sie erfolgreichen Schlacht von Morgarten im Jahr 1315 ihren Beistandspakt erneuerten. Historisch ist das allerdings sehr umstritten. In Brunnen endet oder startet die **Axenstraße**, die über Sisikon nach Flüelen führt. Sie war nach mehrjähriger Bauzeit ab 1865 durchgehend befahrbar, nachdem man große Passagen in den Fels gesprengt hatte und mehrfach unterbrochene Tunnelwände schuf, die immer wieder neue Blicke auf den See bescherten. Für Millionen Bundesbürger war sie viele Jahrzehnte lang aber auch das Nadelöhr in den Italienurlaub.

i Brunnen

Tourist Info Brunnen, Waldstätterquai 1 (Schiffstation), 6440 Brunnen, Tel. 041/8250040; April–Mitte Okt. tgl. 8–17, Mitte Okt.–März Mo–Fr 9–12 und 13.30–17 Uhr.
www.erlebnisregion-mythen.ch

Bahnhof Brunnen, im Stadtteil Ingenbohl. Verbindungen nach Luzern (S3), Zug und Erstfeld (S2). Auch Fernzüge Richtung Zürich, Basel oder Locarno (Treno Gottardo) halten in Brunnen.
www.sbb.ch, www.sob.ch

Brunnen ist per Schiff mit Luzern und anderen Orten am See verbunden, Fahrplan:www.lakelucerne.ch

Restaurant Urmiberg, 6440 Brunnen, Tel. 041/8201405; tgl. 9–18 Uhr. Bergrestaurant mit Sonnenterrasse und einmaligen Blick auf den Vierwaldstättersee neben der Bergstation einer privaten Seilbahn von Brunnen (Schillerstr. 1) auf den Urmiberg. www.urmiberg.ch

Morschach am Urnersee

Morschach

Südlich von Brunnen führt eine Bergstraße nach Morschach, einem im 19. Jahrhundert sehr bekannten Urlaubsort am Pilgerweg Richtung Gotthard und Rom. Er liegt auf einer Hochterrasse über dem Vierwaldstättersee. Nach dem Krieg verlor der Ort allerdings an Attraktion. Heute findet sich dort, wo einst die Ferienpaläste der Belle Epoque standen, der **Swiss Holiday Park**, das größte Ferien- und Freizeitresort der Schweiz. Mehr als eine halbe Millionen Gäste, vor allem Familien mit Kindern, machen dort jährlich Station.

Von Morschach verkehrt eine Seilbahn ins autofreie **Stoos**, das auf einem sonnenreichen Hochplateau liegt. Auch von Schwyz aus ist das Dorf per Seilbahn zu erreichen (→ S. 170). In Stoos startet eine Sesselbahn auf den **Chlingenstock** (1935 Meter), bei gutem Wetter Ausgangspunkt einer der schönsten Gratwanderungen in der Schweiz. Der luftige, immer wieder von Treppen durchsetzte Wanderweg ist eine von Menschen geschaffene Route, zum Teil in den Fels gehauen und mit Seilen gesichert. Ihre Begehung setzt Schwindelfreiheit und

Trittsicherheit voraus. Außerdem verlangt die gut zweistündige Tour entsprechende Kondition. Krönung der Wanderung ist der Blick von der Aussichtskanzel auf dem **Fronalpstock** (1920 Meter), der über Luzerns Hausberge Rigi und Pilatus bis in die Vogesen und den Schwarzwald reicht – und auf die Rütliwiese tief unten.

Sisikon

Das kleine Dorf zu Füßen einer mächtigen Bergkette ist vor allem bei Windsurfern beliebt, deren Wagemutigste die hier häufigen Föhnwinde schätzen. Direkt am See liegt südlich von Sisikon die **Tellskapelle**. Sie steht an der **Tellsplatte**, wo der Sage nach Wilhelm Tell bei stürmischer See den Schergen des Landvogts Gessler entkam, indem er von ihrem Boot auf einen Felsen an Land sprang. Vier Fresken erzählen in der schon im Mittelalter bezeugten Kapelle, die ihr heutiges Gesicht aber erst Ende des 19. Jahrhunderts fand, neben dieser Geschichte auch von Tells Apfelschuss, dem Rütlischwur auf der gegenüberliegenden Seite des Urnersees und Gesslers Tod in Küssnachts Hohler Gasse. In Nähe der Kapelle steht ein computergesteuertes **Glockenspiel**, das Anfang dieses Jahrtausends Schweizer Schokoladenfabrikanten spendierten. Es bietet Besuchern ein Wunschkonzert aus 20 Melodien, meist Schweizer Volksliedern, die auf einer Tafel gelistet sind und per Knopfdruck abgerufen werden können. Die größte der Glocken wiegt 880, die kleinste ganze 8 Kilo.

Flüelen und Seedorf

Am Südende des Urnersees liegen Flüelen und Seedorf, vor deren Ufern man Anfang des Jahrtausends mit Schutt aus dem neuen Gotthard-Basistunnel ein paar

Die Tellskapelle bei Sisikon

▲ Karte S. 124/125

Sagenhaft – hier am Ufer soll Wilhelm Tell seinen Verfolgern entkommen sein

neue Inseln geschaffen hat. Sie dienen als Vogelschutzgebiete. Einblicke in dieses Naturreservat bietet der **Reussdelta-Turm** in der Nähe der **Lorelei Inseln**. Drei der Inseln bieten Schwimmern zudem Gelegenheit zum Baden.

Zwanzig Fußminuten weiter südlich findet sich einer der schönsten spätgotischen Bauten der Schweiz, das Wasserschloss **A Pro**. Der Bau gehört dem Kanton Uri, der im dritten Obergeschoss des Hauses die schönsten und wertvollsten beim Bau des Gotthard-Basistunnel gefundenen Mineralien zeigt.

Zu Seedorf gehört seit kurzem auch das direkt am Vierwaldstättersee liegende Dorf **Bauen** mit seinem autofreien Kern. Es ist die kleinste Gemeinde im Kanton Uri, ein idyllisches Örtchen, das mit einem Gourmetrestaurant punktet: dem historischen Zwyssighaus. Sein Name erinnert an den in Bauen geborenen Pater Alberik Zwyssig, den Komponisten der Schweizer Nationalhymne, dem ein Denkmal vor der katholischen Pfarrkirche gewidmet ist.

Wie Seedorf mit seinem Ortsteil **Isleten** schmiegt sich auch **Flüelen** eng an den Vierwaldstättersee. Älteste Sehenswürdigkeit ist das **Schlösschen Rudenz** (Dorfstrasse 18), ein Wehrturm aus dem 13. Jahrhundert, auf den man im 19. Jahrhundert einen neuen Wohntrakt setzte. Der Turm diente ursprünglich als Zollstation auf dem Weg zum Gotthard. Nicht zu übersehen ist auch die ehemalige barocke **Pfarrkirche** mit ihren Deckengemälden und Heiligenfiguren, die heute für kulturelle Veranstaltungen genutzt wird. Am Ufer nahe der Schiffsanlegestelle erinnert eine moderne **Eisenplastik** (»Schwurhände«) an den legendären Rütlischwur.

Flüelen und Seedorf

Von Flüelen Direktverbindungen nach Zug und Erstfeld (S2). Auch Fernzüge Richtung Zürich oder Locarno (Treno Gottardo) halten in Flüelen. www.sbb.ch, www.sob.ch

Flüelen ist per Schiff mit Luzern und anderen Orten am Urner- und Vierwaldstättersee verbunden, Fahrplan: www.lakelucerne.ch

Apertura Sonnendeck, Seestr. 7, 6454 Flüelen, Tel. 041/8701680; April–Sept. Di–Sa 11–23, So 11–21 Uhr. Mediterrane Küche samt großer Sonnenterrasse am Seeufer. www.apertura-sonnendeck.ch

Seerestaurant Seedorf, Schwebstrasse, 6462 Seedorf, Tel. 041/8707272; tgl. 9–18 Uhr (Mitte April–Mitte Sept. bis 22 Uhr). Selbstbedienungsrestaurant in Strandbadnähe am Urner See. Täglich wechselnde Menüs für unter 20 CHF. www.seerestaurant-seedorf.ch

Isenthal

Rund einen Kilometer Seeufer beansprucht das Urner Dorf Isenthal, von dem der Isentalerbach in den Vierwaldstättersee fließt. Er entspringt einem Gletscher, der ebenfalls zum Gemeindegebiet gehört. Nicht weit vom Strandbad Isleten zweigt eine schmale, kurvenreiche Straße ins **Isental** ab, das mit dem Slogan *Wo die Natur zuhause ist* um Feriengäste wirbt, die dort dichte Bergwälder und abgelegene Alpen erwarten - und ein paar alpine Herausforderungen für alle, die es sportlicher mögen. Als Aufstiegshilfen stehen einige kleine Seilbahnen zur Verfügung.

Isenthal

Eine Schiffsanlegestelle befindet sich in Isleten, von dort fährt der Bus 405 nach Isenthal, allerdings nur ein- bis zweimal pro Tag.
www.lakelucerne.ch

Bergrestaurant Musenalp, Kleintalstrasse, 6461 Isenthal, Tel. 077/5210386. Bergrestaurant (Juni–Sept.) mit traditioneller Küche wie Älplermagronen und frischen Kuchen. 3 Doppelzimmer und 21 Schlafplätze im Matratzenlager, Anreise per Seilbahn DZ ab 110 CHF.
www.bergrestaurant-musenalp.com

Zwyssighaus, 6466 Bauen, Tel. 041/8781177; März–Dez. Mi–So 11.30–14 und 18–23.30 Uhr. Gourmetrestaurant am Urnersee. Serviert wird ein saisonales, meist regional orientiertes Menü in drei bis sechs Gängen. Zum Übernachten gibt es vier einfache Doppelzimmer (160 CHF). www.zwyssighaus.ch

▸ Karte S. 124/125

Seelisberg

Für Richard Wagner war es die »reizvollste Entdeckung« in der Schweiz: das kleine Dorf Seelisberg, das auch als »Sonnenterrasse der Zentralschweiz« gilt. Wie alle touristisch relevanten Orte am und über dem See ist es auch per Schiff über die Station Treib zu erreichen, von wo eine über 100-jährige Standseilbahn nach Seelisberg verkehrt. Ein Wanderweg führt zudem in einer guten Stunde zur **Rütli**, der legendären Wiese am Vierwaldstättersee.

Am Schiffsanleger steht das **Haus zur Treib**, 1482 erstmals urkundlich erwähnt. Über Jahrhunderte diente es den Eidgenossen aus Uri, Schwyz und Unterwalden als Tagungsstätte. Sein heutiges Gesicht erhielt das Holzhaus Mitte des 17. Jahrhunderts, die charakteristischen Fensterläden in den Urner Farben schwarz und gelb ein Jahrhundert später. Im Inneren haben sich viele barocke Elemente wie Türen, Täfelungen und ein Büffet erhalten.

Direkt über dem Rütli liegt die Wallfahrtskirche **Maria Sonnenberg** mit einem Gnadenbild aus dem 14. Jahrhundert, zu dem an Maria Himmelfahrt die Wallfahrer pilgern. Angeblich hatte die Marienfigur ein Hirte beim Hüten der Ziegen entdeckt. Richard Wagner bewunderte bei seinen Besuchen die Marienfigur ebenso wie der Schriftsteller Gottfried Keller. Literarische Bewunderung fand sie auch beim Dichter Victor von Scheffel, der das alte Glöckchen der Kirche in einem seiner Werke ermunterte, »die Dämonen der Wildnis« zu verscheuchen.

Den östlichsten Punkt der Gemeinde markiert der sogenannte **Schillerstein**: ein rund 20 Meter hoher, aus dem Urnersee ragender Felsblock, ursprünglich einmal als Mythenstein bekannt. Anlässlich Friedrich Schillers 100stem Geburtstag, der Tells Ruhm in aller Welt mehrte, wurde er behauen und mit einer Inschrift versehen: »Dem Sänger Tells, F.Schiller. Die Urkantone.1859.« Sein schönstes Gesicht zeigt der Schillerstein übrigens dem Reisenden vom Schiff aus.

Seelisberg

Touristinfo Seelisberg, Bahnhofplatz 1, (Bergstation der Treib-Seelisberg-Bahn), 6377 Seelisberg, Tel. 041/8201563; Sommer tgl. 8.45–17.45, Winter Mo–Fr 8.30–11.45 und 13.15–16.45 Uhr. www.regionklewenalp.ch

Wirtschaft zur Treib, Treib 1, Tel. 041/8201261; Fr–Di 10–22.30 Uhr. Historisches Gasthaus mit Terrasse und Seeblick. Schweizer Küche mit Spezialitäten wie Heusuppe, Urner Risotto oder Älplermagronen. www.wirtschaftzurtreib.ch

Der Schiffsanleger ist in **Treib,** von dort geht es per **Funikular** in ca. 10 Min. nach Seelisberg (ganzjährig, Fahrpläne der Bahn sind auf die An- und Abfahrtszeiten der Schiffe abgestimmt).
www.lakelucerne.ch
www.seelisberg.com

Strandbad und Zeltplatz Seelisberg, Seestr. 4, Tel. 041/8203596. Zum klimaneutralen Betrieb in autofreier Zone (Parkplatz 500 m entfernt) gehören ein Bad mit bis zu 24 Grad warmem Wasser und im Sommer ein Zeltplatz.
www.seelisberg-naturcamping.ch

Per Bahn geht es vom Schiffsanleger Treib nach Seelisberg

EXTRA

Das Rütli: Die legendäre Schweizer Wiege

Das Rütli hoch über dem Urnersee am Ostabhang des Seelisbergs ist die bekannteste Schweizer Wiese. Sie erreicht man in einstündigem Fußmarsch von Seelisberg bergab – oder durch Wiesen und Wald vom Schiffsanleger Treib aus. Der schnellste Weg freilich ist mit dem Schiff ab Brunnen, das Besucher in wenigen Minuten über den Vierwaldstättersee zum Rütli bringt.

Glaubt man dem *Weissen Buch von Sarnen*, war das Rütli schon früh Treffpunkt der Urschweizer, was die moderne Geschichtsforschung aber immer mehr bezweifelt. Dem Besucherstrom tut das wenig Abbruch, jährlich werden noch immer rund 100 000 Besucher auf dem Wiesengelände gezählt. Dabei gibt es eigentlich wenig zu sehen – außer einer Wiese, über der gewöhnlich eine große Schweizer Fahne weht, und einem Gasthaus, dem Rütlihaus. Dazu kommen ein paar Picknickplätze. Auf halbem Weg von der Schiffsstation zur Wiese findet sich das nur 80 Quadratmeter große Musée Grütli, das sich »das kleinste Museum der Schweiz« nennt. Von Mai bis Oktober präsentiert es bei freiem Eintritt wechselnde Ausstellungen zu gesellschaftlichen Themen.

Richtig voll wird es auf dem Rütli jährlich am 1. August, zur Bundesfeier, dem Schweizer Nationalfeiertag, den eine Ansprache an das Schweizer Volk krönt. Die Bundesfeier ist Ausdruck nationaler Identität. Sie ist spätestens nach Schillers Tell-Drama auf dieser Wiese manifestiert, auf der sich angeblich drei Herren aus Uri, Schwyz und Unterwalden samt Gefolge getroffen haben, um Anfang des 14. Jahrhunderts einen Beistandspakt zu schließen. »Wir wollen sein ein einzig Volk von Brüdern, in keiner Not uns trennen und Gefahr«, heißt es dazu bei Schiller.

Schon lange wollten Schweizer Freiheitskämpfer und Patrioten deshalb ein Denkmal auf der Wiese aufstellen, was politisch aber immer wieder scheiterte. Um einen Hotelbau auf dem Rütli zu verhindern, kaufte schließlich die Schweizerische Gemeinnützige Gesellschaft (SGG) 1859 die Liegenschaft. Das nötige Geld besorgte sich die Organisation aus einer nationalen Sammelaktion, an der sich besonders die Schweizer Jugend beteiligte. Ein Jahr später schenkte die SGG das Rütli der Eidgenossenschaft als »unveräußerliches Nationaleigentum«. Es folgte die Aufforstung der Landschaft und die Neugestaltung des Schwurplatzes – und letztlich auch der Bau einer neuen Schiffsstation zu Füßen der Wiese.

Direkt über dem Rütli liegt übrigens die Wallfahrtskapelle Maria Sonnenberg (→ S. 138). Sie ist Hort eines Gnadenbildes, das angeblich ein Hirtenbub im 16. Jahrhundert dort fand.

Das Rütlihaus an der gleichnamigen Wiese

Spektakulär: der Hammetschwand-Lift

Beckenried und Buochs

Viele kennen die beiden Dörfer nur, weil zwischen ihnen eine Autofähre auf das andere Ufer des Vierwaldstättersees übersetzt. **Buochs** reklamiert den Mittelpunkt der Zentralschweiz für sich und punktet mit einer schönen Seepromenade und der auf einer Anhöhe stehenden Martinskirche mit spätbarocken und klassizistischen Altären. Auffällig sind die vielen barocken Kapellen und Wegkreuze in der Region. Vom christlichen Glauben zeugt zudem die Loretokapelle auf dem Ennerberg mit der Nachbildung der Casa Santa über dem Portal.

Kapellen und eine Lourdes-Grotte kennt **Beckenried**, dazu die Pfarrkirche St. Heinrich im klassizistischen Stil und das prächtig ausgestattete barocke Kirchlein Maria im Ridli (Ridlistrasse) aus dem Jahr 1700. Es ist über dem See gelegen und gilt als Wallfahrtskirche der Seeschiffer. Geübten Wanderern könnte die **Risletenschlucht** mit ihren Wäldern und Felsbändern Freude machen, die man auf einer Wanderung von Beckenried nach Treib quert, von wo es mit dem Schiff zurückgeht.

Eine Gondel bringt Besucher von Beckenried auf die autofreie **Klewenalp** mit ihrer Kapelle. Sie bietet im Winter viel Platz für Ski- und Schlittenfahrer, im Sommer anspruchsvolle Wanderrouten, einen Klettersteig und Abfahrten für Biker.

Ennetbürgen

Ennetbürgens Wappen zeigt seit Ende des 19. Jahrhunderts unter anderem eine lachende Sonne, die mit dem linken Auge zwinkert. Dies ist eine Anspielung auf den sonnigen Südhang des Seedorfes, der es zur angeblich sonnenreichsten Gemeinde im Kanton Nidwalden macht. Größtes Pfund der Gemeinde ist der **Bürgenstock**, früher Bürgenberg genannt: ein kilometerlanger Bergrücken am Vierwaldstättersee mit steiler Nordflanke, die großteils im Besitz der Stadt Luzern ist (→ S. 142).

Ennetbürgen bietet Wanderern beste Ausflugsmöglichkeiten – etwa auf dem Felsenweg des Bürgenstocks oder zur **St.-Jost-Kapelle** ganz im Nordosten des Dorfes, einem gotischen Kirchlein am Waldrand mit barocken Altären. Sein Chor mit interessanten Fresken entstammt der Mitte des 14. Jahrhunderts. Es ist ein schön über dem Vierwaldstättersee gelegener Ort, den vor allem Paare als Kulisse für ihre Hochzeit schätzen.

Vom Bürgerberg zum Bürgenstock

Bis weit ins 19. Jahrhundert kannte niemand den Bürgenstock, allenfalls den Bürgenberg. Dessen Name war im 14. Jahrhundert erstmals urkundlich aufgetaucht, als Nidwalden und Luzern jahrzehntelang im Streit lagen, wem die felsige und waldreiche Landschaft auf der Halbinsel Bürgen am Vierwaldstättersee gehöre. 1378 sprach ein Schiedsgericht ihren nördlichsten Abschnitt zwischen Kehrsiten und Mattgrat schließlich der Stadt Luzern zu, die bis heute Eigner der unbewohnten Exklave Bürgenstock ist.

Im 19. Jahrhundert tauchte der Begriff Bürgenstock neben dem Begriff Hammetschwand dann als Bezeichnung für die höchste Erhebung des Bergmassivs auf, das 1871 erstmals mit einer Straße erschlossen wurde. Schon ein Jahr später begann man mit dem Bau eines Grand Hotel, dessen Lage im Grundbuch unter »Bürgenstock« eingetragen wurde. Es war die Geburtsstunde einer neuen touristischen Marke. Von der profitiert heute die Stadt Luzern ebenso wie die Nidwaldner Gemeinden Ennetbürgen und Stansstad, von dessen Schiffsstation Kehrsiten aus im Jahr 1888 eine erste Standseilbahn auf den Bürgenstock in Betrieb genommen wurde.

Dem Bau der Bahn folgte die Ansiedlung neuer Hotels und Villen Anfang des 20. Jahrhunderts. Sie machten den Bürgenstock zum »Place to be«, zum Treffpunkt der High Society, die es sich im Sommer auf dem Bergrücken gut gehen ließ. Dazu zählten Filmschauspieler wie Charlie Chaplin, Sophia Loren, Shirley McLain und Audrey Hepburn, die in der Kapelle auf dem Bürgenstock ihren Schauspielkollegen und Filmproduzenten Mel Ferrer heiratete. Gern zu Gast auf dem Bürgenstock waren auch Politiker wie Konrad Adenauer, Jimmy Carter und Henry Kissinger oder Literaten wie Georges Simenon. Mit dem 1905 in Betrieb genommenen Hammetschwand-Lift und dem neu angelegten Felsenweg über die Höhen des Vierwaldstättersees schuf man zudem zwei Attraktionen, die noch heute die Popularität des Bürgenstocks erklären.

Ende des letzten Jahrhunderts freilich geriet die Ferienanlage in Schwierigkeiten. Obwohl die Hotels jetzt auch im Winter geöffnet hatten, wurden sie von einem zum anderen Eigner weitergereicht. Zuletzt übernahmen sie Investoren aus dem Emirat Katar, die viele hundert Millionen Franken in die Totalrenovierung der Luxushotels und privaten Suiten in verschiedenen Villen steckten. Auch die lange Zeit stillgelegte Standseilbahn auf den Bürgenstock wurde wieder aktiviert.

Heute ist das Bürgenstock Resort Lake Lucerne eine der ersten Schweizer Tagungsadressen für gut betuchte und gern unter sich bleibende Gäste, zu denen Staatsmänner ebenso gehören wie Wirtschaftsführer. Beste Küche, Tennisplätze, eine Golfanlage und ein mit Seewasser betriebenes Spa sorgen für Komfort und Abwechslung.

Ganz neu gestylt wurde zuletzt der schon im 19. Jahrhundert geschaffene Felsenweg über den Bergrücken mit einmaligen Aussichten. Am Ende des Weges liegt die Talstation von Europas höchstem freistehenden Freiluft-Aufzug: dem Hammetschwand-Lift. Millionen Menschen sind mit ihm inzwischen schon auf und ab gefahren, um die einmaligen Blicke aus der verglasten Liftkabine auf den Vierwaldstättersee zu genießen.

Stansstad

Am westlichen Hang des Bürgenstocks liegt Stansstad, dessen Ortsteil Kehrsiten Talstation der **Bahn auf den Bürgenstock** ist. Die Bahn war die erste elektrisch angetriebene Standseilbahn der Schweiz und löste einen Boom an mit Strom betriebenen Aufstiegshilfen in der Zentralschweiz aus. An Stansstads Seeufer findet sich die **Wallfahrtskapelle Maria in Linden** an der Stelle (Hostettli), wo Anfang des 17. Jahrhunderts die Muttergottes zwei Fischern erschienen sein soll. Das **Festungsmuseum Fürigen** ist eine in den schroffen Felswänden des Bürgenstocks versteckte und bis in die 1980er Jahre betriebene Stellung der Schweizer Armee. Der geheime Felsenbunker wurde angelegt, um einen möglichen Vormarsch der Deutschen während des Zweiten Weltkriegs abzuwehren.

Hergiswil

Zu Füßen des Pilatus liegt Hergiswil mit der einzigen Schweizer **Glashütte**, die nur gut fünf Fußminuten von der Schiffsanlegestelle entfernt ist. In Handarbeit werden hier seit 1817 Gläser aller Art gefertigt und verkauft. Im Rahmen einer Werksbesichtigung kann man den rund 100 Glasbläsern bei ihrer Arbeit zusehen, die für Besucher auf Wunsch gern auch individuelle Stücke fertigen. Ein Museum erzählt aus der Geschichte des Betriebes, und natürlich kann man in der Glashütte auch einkaufen. Attraktion ist ein **Glaslabyrinth**, das man in Pantoffeln und Handschuhen durchstreift. Hoch über Hergiswil liegt die Talstation einer kleinen Gondelbahn, die zum Gasthof auf der Alp Gschwänd führt – mit schöner Aussicht auf den Vierwaldstättersee und den Bürgenstock.

Hergiswil

Der Bahnhof Hergiswil ist mit Luzern durch die S4 und die S5 verbunden. www.sbb.ch

Fahrplan für den Schiffsanleger Hergiswil: www.lakelucerne.ch

Alpgschwänd, 6052 Hergiswil, Tel. 041/3201414; tgl. (im Winter Mo und Di geschl.) 9–24, So bis 21.30 Uhr. Mit einer Gondel gut zugängliche Bergwirtschaft hoch über dem Vierwaldstattersee; Übernachtungsmöglichkeiten 59 CHF/Pers. im 8er- oder 5er-Zimmer, im DZ 69 CHF/Pers. www.alpgschwaend.ch

Hergiswiler Glas, Seestr. 12, Tel. 041/6323232; Mo–Fr 9–17, Sa 9–16 Uhr. Glashütte mit Restaurant und Verkaufsraum, in dem auch Glasprodukte aus zweiter Wahl im Angebot sind. www.glasi.ch

Stansstad mit der Brücke über den See

EXTRA

Weg der Schweiz

Zu ihrem 700-jährigen Bestehen leistete sich die Schweiz ihren eigenen Wanderweg. Er sollte an die Gründung der »Eidgenossenschaft« 1291 erinnern, an das legendäre Bündnis der Waldstätte Uri, Schwyz und Unterwalden. Ort des Schwures soll die Rütliwiese gewesen sein, weshalb der »Weg der Schweiz« dort auch seinen Anfang nimmt, genau genommen gegenüber seinem Endpunkt in Brunnen auf der anderen Seeseite, von wo man am besten mit dem Schiff über den Urner See zum Start übersetzt.

Rund 35 Kilometer ist der gut ausgeschilderte Rundweg lang, der um die Südspitze des Vierwaldstättersees führt – auf und ab, ohne große technische Anforderungen. Es ist ein Weg für Alt und Jung, der in zwei oder besser drei Tagen zu schaffen ist. Man kann sich aber auch noch ein oder zwei Tage mehr Zeit lassen, zumal er durch eine Landschaft führt, die immer wieder neue Einsichten in den schönsten Teil des Vierwaldstättersees gewährt. Postauto, Bahn und Schiff erlauben alle paar Kilometer den Ein- und Ausstieg, so dass man sich für die gesamte Wanderung auch irgendwo in Seenähe fest einquartieren kann. Wer Großstadtleben mag, nimmt ein Zimmer in Luzern, von wo Schiff, Bus und Bahn Wanderer immer wieder zurück auf den »Weg der Schweiz« bringen.

Die Route charakterisiert die Schweiz auf eigene Art, haben seine Macher doch jedem Schweizer Kanton einen eigenen Abschnitt zugeordnet. Der ist chronologisch nach dem Eintritt der Kantone in die Eidgenossenschaft geordnet und der Länge nach sortiert nach ihrer Einwohnerzahl. Fünf Millimeter hat man angeblich jedem Einwohner zugemessen, damals jedenfalls, als man ihn konzipierte. Unter-

An der Uferpromenade von Fluelen

Auch am Reussdelta mit seinen vorgelagerten Inselchen führt der Weg der Schweiz vorbei

wegs ist man anfangs so auf den Spuren der Urkantone. Den Schluss bildet die dem Kanton Jura gewidmete Wegstrecke, der als letzter Schweizer Kanton erst 1979 entstand.

Obwohl man den Weg in beide Richtungen laufen kann, starten fast alle Wanderer nach der Schiffsüberfahrt von Brunnen an der Rütliwiese, von wo es in Spitzkehren gut 500 Meter hoch nach Seelisberg geht. Zum Trost sei gesagt, das jeder Schritt, den man anfangs nach oben steigt, mit einem gleich großen nach unten belohnt wird. Schließlich ist man in Bauen, einem kleinen Dorf, wieder direkt am See. Hier kann man gut die erste Nacht verbringen! Da die Hotelkapazitäten in Bauen begrenzt sind, gibt es eine Alternative: die Übernachtung im Bergdorf Isenthal, wohin ein anfangs steil ansteigender, sportlicher Marsch über eindrucksvolle Hohlwege, Schluchten und Waldwege führt, in eine Landschaft, die ganz anders ist als die am See. Der ideale Platz jedenfalls, in der teils hochalpinen Umgebung einen zusätzlichen Ruhetag einzulegen.

Statt in Bauen steigt, wer in Isenthal übernachtet, in Isleten wieder in den Weg der Schweiz ein. Das Dorf gehört schon zum benachbarten Seedorf, von wo eine Brücke über die Reuss nach Flüelen führt. Danach folgt man der Seepromenade, die über Treppen schließlich zur alten Axenstraße führt, von wo man schließlich zur Tellsplatte mit ihrer sehenswerten Kapelle absteigt. Hier am Seeufer ist man dem Mythos Tell vielleicht am nächsten!

Auf und Ab geht es weiter am Urnersee entlang bis nach Sisikon, wo man vom Kanton Uri in den Kanton Schwyz wechselt. Von jetzt an wird es wieder steiler, ist noch einmal Kondition beim Anstieg auf das Binzenegg gefordert. Über die Höhen von Morschach geht es schließlich zum Aussichtspunkt Axenstein, der eine letzte phantastische Sicht über den Vierwaldstättersee bis zum Pilatus bietet. In kleinen Schleifen führt ein Waldweg letztlich hinab nach Brunnen, dem Ausgangspunkt. Streckenplan und Detailinformationen: www.wiegederschweiz.ch

Sie gelten als die Urkantone der Schweiz: Uri, Schwyz und Unterwalden, das aus den Kantonen Nid- und Obwalden besteht. Idyllische Seen wechseln in den Bilderbuchlandschaften mit Wiesen und Wäldern, Täler mit Hügeln und Bergen, die Richtung Norden immer höher werden. Naturerlebnisse werden in den Urkantonen das ganze Jahr über großgeschrieben, dazu gibt es viele alpenländische Traditionen. Es ist eine gewöhnlich nicht dicht besiedelte Gegend, in der sich vor allem Familien mit Kindern wohl fühlen.

URI, SCHWYZ UND UNTERWALDEN

Dorfplatz in Flüeli-Ranft

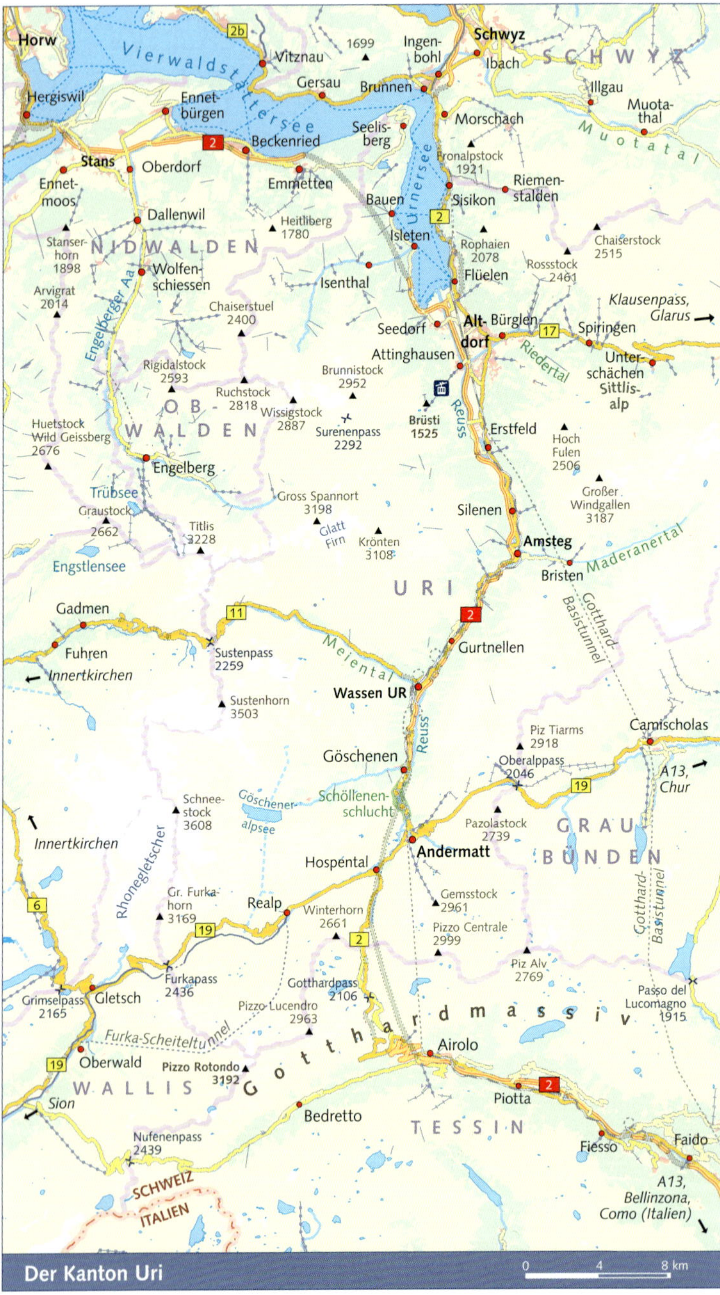

Der Kanton Uri

Kanton Uri

Der Kanton Uri ist die südlichste Region der Zentralschweiz. Er reicht vom Vierwaldstättersee bis zum Gotthardpass. Im Süden grenzt er ans Tessin, im Westen ans Wallis, das Berner Oberland und die Kantone Nid- und Obwalden, im Norden an die Schwyz und im Osten an die Kantone Glarus und Graubünden. Uri ist ein Land der Berge und Seen, ein flächenmäßig großes Land mit relativ wenigen Einwohnern, die sich zu drei Vierteln ganz im Norden ballen: im **Reusstal** (→ S. 150). Die Reuss entspringt unweit des Furkapasses und drängt an Andermatt vorbei talwärts zum Vierwaldstättersee. Sisikon, Flüelen, Seedorf, Isenthal und Seelisberg heißen die Urner Gemeinden dort am Ufer (→ ab S. 136). Weniger besiedelt sind die Seitentäler der Reuss, die an den Pässen Susten, Klausen, Oberalp und Furka gelegenen Gebiete, die vor allem Wintersportler schätzen.

1500 Kilometer ausgeschilderter Wanderwege gehören zum Urlaubsangebot im Kanton, dazu fast 600 Kilometer eigens ausgewiesene Strecken für Biker. Drei Dutzend große und kleine Seilbahnen, die oft nur einer Handvoll Personen Platz bieten, helfen beim Auf- und Abstieg in die Berge. Als Wintersportparadies gilt **Andermatt** (→ S. 156), wo man in den letzten Jahren viel Geld in die Erschließung neuer Pisten und den Bau von Gondeln, Bahnen und Liften gesteckt hat. Schlagader im Urnerland ist die Gotthardroute, die wichtigste Verbindung vom Norden in den Süden Europas. Tag und Nacht schiebt sich hier auf engstem Raum der Verkehr über und durch das Bergmassiv, über gut ausgebaute Straßen oder durch den längsten Eisenbahntunnel der Welt.

! Nicht verpassen

Altdorf → S. 150
Bürglen → S. 151
Schöllenenschlucht → S. 156
Andermatt → S. 156
Gotthardpass → S. 160

Geschichte

Erste Menschen siedelten in der Region schon in der Bronzezeit. Auch Kelten, Römer und Alemannen hinterließen in Uri ihre Spuren. Im Mittelalter gaben

Die Schöllenenschlucht war jahrhundertelang ein kaum zu überwindendes Hindernis

Zähringer und Habsburger im Land den Ton an, ehe die Urner reichsunmittelbar, also direkt dem Kaiser unterstellt wurden. Um ihre Freiheit zu stärken, schlossen sie schließlich einen Bund mit Schwyz und Unterwalden. Während der Reformation stand Uri ganz auf Seiten der katholischen Wortführer Luzern und Schwyz, weshalb der Kanton noch immer katholisch geprägt ist. Davon zeugen neben prächtig ausgestatteten Kirchen zahllose Kapellen und Kreuzwege. Gegen Napoleons Pläne, der Uri mit anderen Kantonen verschmolzen hatte, wehrten sich die Urner mit einem Aufstand, der blutig niedergeschlagen wurde. Schon bald darauf aber war der Kanton wieder unabhängig.

Reusstal

Das Tal der Reuss ist die Schlagader des Urnerlandes. Sie entstammt mehreren Quellflüssen, die sich bei Hospental vereinen. Bei **Andermatt** (→ S. 156), biegt die Reuss nach Norden ab, um sich durch die **Schöllenenschlucht** (→ S. 156), mit ihren spektakulären Felswänden zu drängen, ehe sie bei Erstfeld die breite Ebene erreicht und die Besiedlung zunimmt. Weitgehend kanalisiert fließt sie schließlich an der Autobahn entlang zum Vierwaldstättersee.

Tell-Denkmal in Altdorf

▸ Karte S. 149

■ Altdorf UR

In Altdorf haben die Schweizer den legendären Apfelschuss ihres Nationalhelden Wilhelm Tell verortet. Klar, dass hier der Kult um ihn und seine Taten besonders groß ist. Vor allem auf dem **Rathausplatz**, wo man ihm 1895 ein nicht zu übersehendes Denkmal gesetzt hat. Es zeigt Tell mit geschulterter Armbrust neben seinem Sohn. »Erzählen wird man von dem Schützen Tell, so lang die Berge stehn'n auf ihrem Grunde«, verrät dazu eine Bronzetafel. Hinter dem Denkmal erhebt sich das **Türmli**, ein Wohn- und Wachtturm aus dem 13. Jahrhundert, von dessen oberster Etage aus man eine schöne Sicht auf Altdorf hat.

Nur ein paar Schritte sind es vom Rathausplatz zum **Theater Uri** (Schützengasse 11), auch Tellspielhaus genannt. Es ist das kulturelle Zentrum sozusagen mit gleich mehreren Bühnen. Gewöhnlich alle vier Jahre kommt Schillers Drama *Wilhelm Tell* dort zur Aufführung, immer neu im Zeitgeist interpretiert.

Links vom Rathaus führt der Weg zum **Kapuzinerkloster** aus dem 16. Jahrhundert, das heute als Kulturzentrum genutzt wird. Prächtige Bürger- und Herrenhäuser wie in der Herrengasse zeugen vom einstigen Wohlstand, der großteils auf Diensten Urner Söldner in ganz Europa beruhte. Am Kirchplatz steht leicht erhöht über dem Ortskern die frühbarocke Pfarrkirche **St. Martin**. Sehenswert sind ihre Stuckaturen und die angrenzende Kapelle **St. Anna**, die einst als Beinhaus diente. Hinter der Pfarrkirche findet sich die frühbarocke **Ölbergskapelle** mit schönen Passionsbildern.

Altdorf UR

Tourist Info Uri, Tellspielhaus, Schützengasse 11, 6460 Altdorf, Tel. 041/8748000; Mo 13–17.30, Di–Fr 8–12 und 13–17.30, Mai–Okt. auch Sa 8–12 Uhr.
www.uri.swiss

Die **S2** von Zug nach Erstfeld hält in Altdorf, ebenso Fernverkehrszüge nach Zürich, Basel oder Locarno.
www.sbb.ch
www.sob.ch

Zum Schwarzen Löwen, Tellsgasse 8, 6460 Altdorf, Tel. 041/8748080; DZ ab 95 CHF. Hotel, Bar und Restaurant mit schöner Sommerterrasse inmitten der Altstadt. 16 individuell eingerichtete Zimmer in historischem Haus, im Restaurant saisonal geprägte Küche.
www.schwarzer-loewen.ch

Berggasthaus Eggberge, Eggberge 2, 6460 Altdorf, Tel. 041/8702826; DZ ab 138 CHF. Zum Boutiquehotel gestylter Gasthof mit Zimmern im alpinen Stil hoch in den Bergen über Altdorf. Die Anreise erfolgt mit einer kleinen Luftseilbahn. Im Restaurant wird saisonale Frischeküche serviert.
www.berggasthaus-eggberge.ch

Ürner Hüsgmachts, Schybenplätzliweg 4, 6460 Altdorf, Tel. 079/1051176. Bäuerinnen-Kooperative, die Hausgemachtes verkauft: Chutney, Essig, Pesto, Brotaufstriche, Gemüse, Soßen, Kräutersalz, Konfitüren, Destillate und mehr.
www.urner-husgmachts.ch

Historisches Museum Uri, Gotthardstr. 18, 6460 Altdorf, Tel. 041/8701906; Mitte April–Mitte Juni und Mitte Aug.–Mitte Okt. Mi, Sa, So 13–17 Uhr. Interessante Schau zu Geschichte und Alltag im Urnerland. www.hvu.ch

Tell-Trail Altdorf-Sörenberg. Zum Teil spektakulärer Höhenweg für anspruchsvolle Wanderer mit guter bis bester Kondition. Für viele der gewöhnlich elf Etappen sind Schwindelfreiheit und Trittsicherheit nötig. Der Trail ist auch als organisierte Tour mit Gepäcktransport im Angebot.

Gottardo-Wanderweg Nord. Entlang der Bahnstrecke zwischen Altdorf und Göschenen treffen Wanderer auf spektakuläre Brücken und Aussichtspunkte. Zahllose Informationstafeln erzählen die Geschichte der alten und neuen Gotthardbahnen (www.gottardo-wanderweg.ch).

Bürglen

Von Altdorfs Süden führt eine Straße ins Schächental zum im Winter gesperrten **Klausenpass**, dem Übergang in den Kanton Glarus. Es ist eine von Streusiedlungen geprägte Landschaft, in der Wilhelm Tell zuhause gewesen sein soll. Am Taleingang liegt Bürglen, volkstümlich Tellendorf genannt. Rund um den **Kirchplatz**, wo den Erzählungen nach einst auch sein Wohnhaus stand, ballen sich die Erinnerungen an den Nationalhelden. So erzählen Fresken in der **Tellskapelle** aus seinem Leben. Noch mehr über ihn erfährt man im **Tellmuseum** in einem mittelalterlichen Wehrturm wenig weiter. Dort auch startet der gut 20-minütige **Tell-Lehrpfad**, an dem Tafeln über den Mythos Tell und die Entstehung der Eidgenossenschaft informieren.

Bürglen

Tell-Museum Bürglen, Postplatz, 6463 Bürglen UR, Tel. 041/8704155; Mitte Mai–Mitte Okt. Di–So ab 10 Uhr. Umfangreichste Sammlung von Dokumenten, Darstellungen und Gegenständen zur Tellgeschichte.
www.tellmuseum.ch

Fresken in der Riedertaler Kapelle, Ausschnitt aus dem Jüngsten Gericht

Riedertal

Ganz im Osten von Bürglen zweigt ein Sträßchen bergauf ins Riedertal ab, das aber schon bald nach Erreichen des Waldes für den Autoverkehr gesperrt ist. Weiter ansteigend führt der Weg weiter zu einer einsam in einer Waldschneise gelegenen spätgotischen **Kapelle**, die als ältester Wallfahrtsort im Kanton Uri gilt und mit erstklassigen Wandbildern aus dem 16. und 17. Jahrhundert aufwartet. In Anlehnung an die Kapelle im Apostolischen Palast zu Rom, die ebenfalls vollständig mit Fresken ausgemalt ist, nennen sie die Einheimischen stolz »Urner Sixtina«. Beeindruckend ist die Darstellung des Jüngsten Gerichts an der Rückwand der Kirche und ein Gnadenbild der schmerzhaften Muttergottes aus der Mitte des 14. Jahrhunderts. Aus späterer Zeit stammen die ebenfalls die Gottesmutter zeigenden Seitenaltäre. Maria wird im Riedertal seit Jahrhunderten vor allem von Paaren angerufen, die sich ein Kind wünschen. Dass ihre Hoffnungen hin und wieder in Erfüllung gehen, verraten zahlreiche Votivtafeln in der Kapelle.

Klausenpassstraße

Die 1899 gebaute Klausenpassstraße weiter aufwärts liegen **Spiringen** und **Unterschächen**, von wo das einsame **Brunnital** abzweigt.

Eine kleine Luftseilbahn schafft Besucher auf die **Sittlisalp**. Dort verarbeitet eine Sennengenossenschaft im Sommer mehr als 3000 Liter Milch täglich zu Käse, der hier auch verkauft wird.

Unterschächens Sehenswürdigkeiten sind die Pfarrkirche **St. Theodul** mit schönen Rokokostuckaturen und die 1701 erbaute **Totenkapelle**. In einem Bilderreigen begegnet der Tod den Sieben Todsünden: Stolz, Habsucht, Wollust, Zorn, Unmäßigkeit, Neid und Trägheit.

Klausenpassstraße

Hotel Klausenpass, Klausenstr. 91, 6465 Unterschächen, Tel. 041/8791164; DZ ab 200 CHF, Bett im Mehrbettzimmer ab 55 CHF. Hotel und Restaurant (tgl. 8–22 Uhr) auf dem Klausenpass mit bester Aussicht und durchgehend warmer Schweizer Küche sowie modernen Zimmern. www.hotel-klausenpass.ch

Camping Unterschächen, Werkstr. 5, 6465 Unterschächen, Tel. 079/6754560; Mai–Mitte Okt., ab 28 CHF. Stell- und Zeltplätze sowie zwei Tipis. www.geissundmensch.ch

Erstfeld

Mit dem Bau der Gotthard-Eisenbahn Ende des 19. Jahrhunderts rückte das bis dahin unbekannte Dörfchen in den Blickpunkt. Heute ist es Tor zum längsten Tunnel der Welt, den täglich mehr als 300 Züge queren. Für alle, die ihn näher kennenlernen wollen, empfiehlt sich eine Führung vom Bahnhof Erstfeld aus, wo man – ausgestattet mit Leuchtweste, Helm und Trinkflasche – über einen Zugangsstollen rund zwei Kilometer in den Berg chauffiert wird. Von einem Fenster aus kann man dort den mit hohem Tempo vorbeirauschenden Zügen zuschauen. Ebenfalls im Berginneren informiert eine Ausstellung über die Geschichte des Tunnelbaus.

Alte Lokomotiven wie das legendäre »Krokodil«, das einst auf der Gotthardstrecke zum Einsatz kam, stehen im Depot des »Bahnhistorischen Vereins am Gotthard« (www.historic-erstfeld.ch). Gewöhnlich jeden ersten Samstag von April bis Oktober holen seine Mitglieder die Schienenveteranen zu »Fitnessfahrten« aus dem Lokschuppen – eine gute Gelegenheit für alle, die gern alte Eisenbahnen fotografieren. Am alten Saumweg zum Gotthard liegt

Sonderfahrt mit dem Krokodil

die **Jagdmattkapelle** (Dammweg), ein einst bekannter Wallfahrtsort. Sie markiert die Stelle, wo der Legende nach zu karolingischen Zeiten einem Jäger ein Hirsch mit dem Schweißtuch Christi im Geweih erschien. Schon im Hochmittelalter stand hier ein Gotteshaus, das jährlich Ziel von Prozessionen aller Urner Pfarreien war. Hier auch beschlossen die Urner 1799 den Aufstand gegen die Franzosen, die den Kanton Uri damals mit anderen Kantonen verschmolzen hatten.

Wer gern in alpiner Umgebung wandert, nimmt vom benachbarten **Attinghausen** die Luftseilbahn (www.brüsti-surenenpass.ch) auf das **Brüsti** (1525 Meter). Die Bergstation ist Startpunkt einer der schönsten, aber auch etwas anspruchsvolleren Wanderungen in der Zentralschweiz. Sie führt über den **Surenenpass** (2292 Meter) zur **Fürenalp**, von wo ein Shuttlebus nach Engelberg im Kanton Obwalden verkehrt. Sieben bis acht Stunden Wanderzeit sollte man für die gut 21 Kilometer schon einplanen – und sich merken, dass es unterwegs auch die eine oder andere Alphütte zum Übernachten gibt.

▶ Karte S. 149

Silenen

Über der flächenmäßig größten Urner Gemeinde thront eine barocke Kirche mit interessanten Deckenfresken. Wenig weiter erleichtert eine offene Seilbahn den Weg in die **Chilcherberge**, einem schönen Wandergebiet. Von Zeiten, als im Urnerland noch Ritter den Ton angaben, zeugt der gewaltige **Meierturm** aus dem 13. Jahrhundert. Fast 100 Treppenstufen geleiten zu einer Aussichtsplattform. Gleich neben dem Turm liegt die sehenswerte 14-Nothelfer-Kapelle mit bestens erhaltenen Wandfresken aus dem späten Mittelalter.

Vom Ortsteil **Amsteg** führt eine zum Teil steile Bergstraße ins **Maderanertal**, einem weiteren Wanderparadies im Urnerland. Am Taleingang liegt das Dörfchen **Bristen**. Von dort verkehrt eine Seilbahn zum **Golzernsee**. Ein beliebtes Wanderziel ist hoch oben die zweieinhalb Stunden Fußmarsch von der Bergstation der Bahn gelegene **Windgällenhütte**. Dort hat kein Handy mehr Empfang, was für Übernachtungsgäste im Matratzenlager gewöhnlich Ruhe garantiert. Nicht minder idyllisch liegt auf der anderen Seite von Amsteg der **Arnisee** mit einem familienfreundlichen Klettersteig. Auch er ist das Jahr über ab Amsteg oder dem benachbarten **Gurtnellen** mit der Seilbahn zu erreichen.

Wassen

Eine Kirche, die man als Zugreisender gleich dreimal sieht, hat das Dorf bekannt gemacht. Es ist ein dem heiligen Gallus geweihtes, mit barocken Altären prächtig ausgestattetes Gotteshaus. Größeres öffentliche Interesse aber erfuhr die Kirche erst mit der Eröffnung der Gotthardbahn Ende des letzten Jahrhunderts, als Bahnreisende aus dem Zugfenster sie gleich aus mehreren Perspektiven kennenlernten. Denn um den starken Anstieg auf der Strecke zum Gotthard abzufedern, führten ihre Planer die Schienen in gleich drei Kehrtunneln rund um das Dorf. Diese Streckenführung hat nicht nur den Schweizer Kabarettisten Emil Steinberger zu seinem Sketch *De Traum vom Zugfahre* angeregt, in dem er einem belgischen Touristen das Phänomen zu erklären versucht, sondern auch die Schweizer Rapper Lo & Leduc, welche die Kehrtunnel zur Metapher für nur mühsam vorankommende Beziehungen machten.

Blick in die Schöllenenschlucht

Sustenpass

Von Wassen zweigt die aus der Mitte des letzten Jahrhunderts stammende neue Straße über den Sustenpass ab. Sie ist gewöhnlich nur von Juni bis Oktober geöffnet und bei Radlern und Motorradfahrern sehr beliebt. Anfangs führt sie fast parallel zum alten Sustenweg durch das **Meiental** und in einer guten halben Autostunde zur Passhöhe. Die wird heute ebenso wie die Grenze zum Berner Oberland in einem Tunnel unterquert. Den legte man im Zweiten Weltkrieg als Unterstand für Militärfahrzeuge an, die dort vor Luftangriffen Deckung suchen konnten. Der Sustenpass ist bestens geeignet, um sich ein Bild vom Rückgang der alpinen Gletscherlandschaft zu machen. So gab es dort noch in den 1970er Jahren zwei Sommerskigebiete, lag der Steingletscher gut fünf Autominuten westlich unterhalb der Passhöhe fast vor den Toren des gleichnamigen Berghotels. Heute muss man zur Gletscherzunge auf Trampelpfaden sehr lange aufsteigen.

Göschenen

»Gotthardtunneldorf« nennt sich Göschenen heute selbstbewusst. Schließlich baut man dort an der zweiten Röhre für den Straßentunnel unter dem Gotthard, der 2030 fertig sein soll. Interessierte können die Großbaustelle vom Infozentrum in Göschenen aus (www.gotthardtunnel.ch) jeden Samstag (im Sommer auch Mi und Fr) besichtigen. Am Bahnhof in Göschenen hält der Treno Gottardo, der durch den Gotthardtunnel Richtung Locarno fährt (Fahrzeit gut anderthalb Stunden, Fahrpläne der Südostbahn auf www.sob.ch).

Göschenen markiert den Eingang zur **Schöllenenschlucht**, der engsten Stelle auf dem Weg zum Gotthard. Jahrtausendelang war sie ein kaum zu überwindendes Hindernis. Das änderte sich Anfang des 13. Jahrhunderts, als man in ihrem obersten und schmalsten Teil einen Brettersteg baute. Damit war die Querung der Schlucht erstmals auf einem Pfad möglich. Erleichtert wurde der Weg mit dem Bau einer inzwischen eingestürzten Steinbrücke Ende des 16. Jahrhunderts. Der Sage nach hatte sie der Teufel errichtet. Er hatte den Urnern vorgeschlagen, die Brücke zu bauen, wenn er die Seele desjenigen bekäme, der als erster das Bauwerk quere. Das aber war ein Geißbock, den man zum Ärger des Teufels über die Brücke schickte. Außer sich vor Wut schleppte der Satan deshalb einen haushohen Felsblock an, mit dem er die Brücke zerschmettern wollte. Weil ein altes Mütterchen aber geistesgegenwärtig ein Kreuz in den Stein ritzte, verfehlte der Teufel bei seinem Wurf

Das Talmuseum Ursern in Andermatt

▶ Karte S. 148, 157

Die romanische Kirche St. Kolumban

die Brücke. Der Felsblock kullerte so die Schlucht herab bis Göschenen, wo der legendäre **Teufelsstein** heute nahe dem Eingang zum Straßentunnel durch den Gotthard steht.

Die erste **Teufelsbrücke** wurde längst durch zwei weitere Brücken über die Reuss ersetzt. Auch eine Eisenbahnbrücke quert den Fluss hier inzwischen. Sie dient der einspurigen **Schöllenenbahn** auf dem Weg von Göschenen nach Andermatt. Rund um die Teufelsbrücke hat man einen zum Teil durch einen Tunnel führenden **Rundweg** geschaffen, der beste Einblicke in die Schluchtenlandschaft gewährt. Wer will, kann in den Granitfelsen der Schöllenenschlucht zwischen Mai und Oktober auch klettern: auf einem unter Alpinisten bekannten Steig namens **Diavolo**.

In Göschenen beginnt oder endet der **Gottardo-Wanderweg Nord** (→ S. 151).

Andermatt

»Mir ist's unter allen Gegenden, die ich kenne, die liebste und interessanteste«, schrieb Johann Wolfgang Goethe einst nach einem Besuch von Andermatt, das sich zu einer inzwischen weltweit bekannten Urlaubsdestination entwickelt hat und weiter kräftig expandiert. Dafür sorgt eine Betreibergesellschaft namens »Andermatt Swiss Alps« (ASA). Sie will das Bergdorf zur »Prime Alpine Destination« machen: zur ersten Ferienadresse in den Alpen sozusagen. Ein selbstbewusster Anspruch, hinter dem allerdings viel Kapital steckt. 51 Prozent der ASA gehören dem ägyptischen Multimilliardär Samih O. Sawiris, der vor allem in seinem Heimatland große Ferienanlagen wie am Roten Meer besitzt.

Das bis ins benachbarte Graubünden reichende Skigebiet **Andermatt-Sedrun**

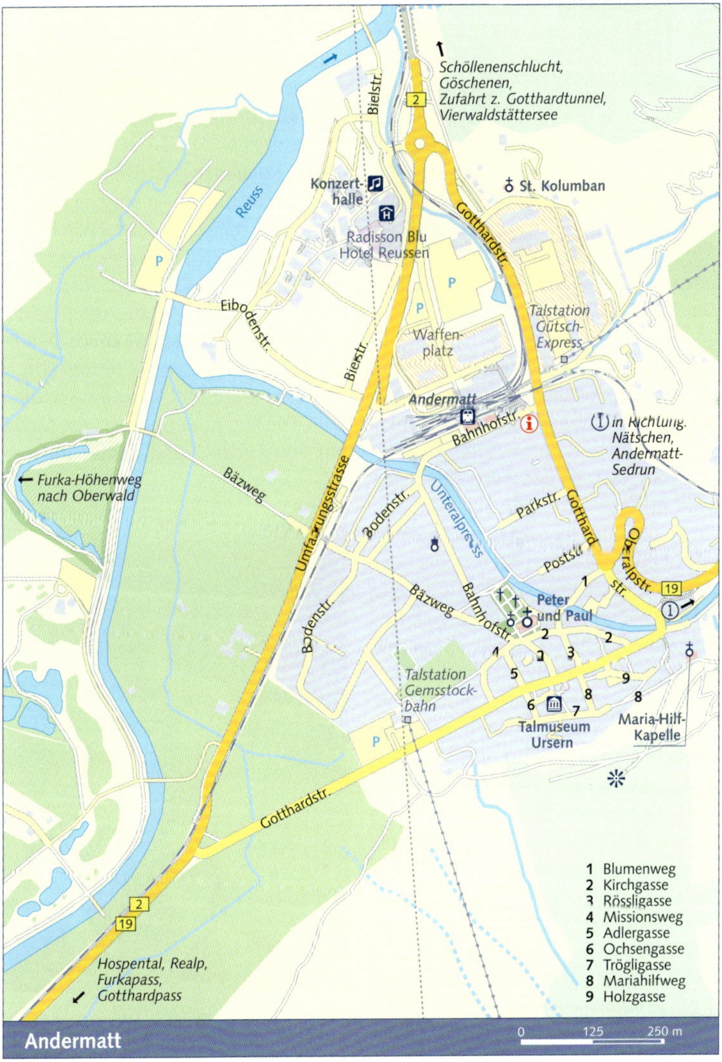

Der Turm der Herren von Hospental

mit seinen gastronomischen Betrieben, Liften und Skischulen ist mehrheitlich in den Händen der börsennotierten amerikanischen Gesellschaft Vail Resort, die in den USA, Kanada und Australien insgesamt 40 Skiresorts wie Vail oder Bever Creek betreibt. Ihr Schweizer Pfund ist der **Gemsstock** (2961 Meter), der auch in Zeiten des Klimawandels als absolut schneesicher gilt. Einfachere Pisten finden sich am **Nätschen**, den das ganze Jahr ein Sessellift erschließt, der auch interessante Bergwanderungen möglich macht. Nach Milliardeninvestitionen im letzten Jahrzehnt sollen künftig viele hundert weitere Millionen Franken in den Ausbau der Urlaubsdestination gesteckt werden – unter anderem in Beschneiungsanlagen in den tiefen Regionen und neue Lifte, vor allem aber in Ferienwohnungen, die je nach Größe und Ausstattung schnell eine Million Franken oder mehr kosten können. Dass ihr Verkauf boomt, liegt auch an gesetzlichen Ausnahmeregelungen. Sie erleichtern den Verkauf der Immobilien an ausländische Investoren, was in der Schweiz sonst nur schwer möglich ist. Andermatt jedenfalls hat schon jetzt ein neues Gesicht gewonnen. Stylische Sterneküche konkurriert inzwischen mit deftiger Hausmannskost in den Dorfbeizen, traditionell familiengeführte Hotels im Dorfzentrum mit Hotelpalästen und schicken Wohnanlagen wie dem ganz aus Holz gebauten Radisson Blu Hotel. Für kulturell Interessierte gibt es das **Talmuseum Ursern** und eine eindrucksvolle **Konzerthalle** ganz im Norden Andermatts.

Nur **St. Kolumban** (Gotthardstrasse 13), der bedeutendste romanische Bau im Urnerland, der einmal Pfarrkirche für das ganze Urserental war, steht noch immer verlassen am Dorfrand, ebenso wie oberhalb des alten Dorfes die prächtig ausgestattete **Maria-Hilf-Kapelle** (Mariahilfgasse 17), die man 1736 zum Schutz vor Lawinen errichtet hatte. Ihr Hochaltar zeigt eine Kopie des Gnadenbildes Mariahilf von Lucas Cranach dem Älteren

Das legendäre Hotel Belvedere am Furkapass

▲ Karte S. 157, 148

(1472–1553) im Innsbrucker Dom. Im Dorfzentrum lohnt die Kirche **Peter und Paul** (Kirchgasse 3) einen Zwischenstopp, ein barockes Schmuckstück.

Hospental

Zwischen Andermatt und Realp liegt das kleine Dorf Hospental mit dem **Turm der Herren von Hospental** (Gotthardstrasse 23) aus dem 13. Jahrhundert. Von seiner Aussichtsplattform hat man einen schönen Blick auf das Urserental. Nur einen Katzensprung weiter zweigt von der Straße über den Gotthard die Route zum im Winter gesperrten Furkapass ab. Nicht viel weiter ist es zum Bahnhof, von wo die Matterhorn-Gotthard-Bahn ins Wallis verkehrt.

Andermatt und Hospental

Andermatt-Urserntal Tourismus, Gotthardstr. 2, 6490 Andermatt, Tel. 041/8887100; Mo–Fr 8–17, Sa/So 8–12 und 13.15–16 Uhr. www.andermatt.swiss

Die **Matterhorn-Gotthard-Bahn** (MGB) fährt zwischen Zermatt (Wallis) und Disentis (Graubünden) und hält auch in Andermatt.
Andermatt ist Start- oder Endpunkt der **Schöllenenbahn** nach Göschenen.
Auch der **Glacierexpress** von Zermatt nach St. Moritz hält in Andermatt. Außerdem verkehren Regionalzüge nach Visp (Wallis) und Disentis (Graubünden).
www.sbb.de
www.matterhorngotthardbahn.ch
www.glacierexpress.ch

Radisson Blu Hotel Reussen, Bärengasse 1, 6490 Andermatt, Tel. 041/8881111; DZ ab 186 CHF. Modernes und architektonisch gelungenes Hotel mit 244 Zimmern, Spa, Schwimmbad und Wellnessabteilungen, Restaurant und Bar.
www.radissonhotels.com

Jugendherberge Hospental, Gotthardstr. 31, 6493 Hospental, Tel. 041/8870401; ganzjährig geöffnet, ab 43 CHF/Pers. Herberge mit Platz für 55 Personen in 6 Zimmern, Abendessen auf Vorbestellung.
www.jugendherberge-hospental.ch

Talmuseum Usern, Gotthardstr. 113, 6490 Andermatt, Tel. 079/7658845; Mitte Juni–Mitte Okt. Mi–Sa 16–18 Uhr. Ausstellung zum Leben in früheren Zeiten in und um Andermatt.
www.museum-ursern.ch

Furka-Höhenweg. Nur im Sommer begehbarer Weg von Andermatt nach Oberwald im Wallis oder umgekehrt. Gesamtlänge: rund 40 km, gesamte Wanderzeit: 15–17 Std. Die Tour führt über den Furkapass und erlaubt schöne Blicke auf Gotthardmassiv und Rhonegletscher.

Realp

Heute ist Realp vor allem Automobilisten bekannt, die ihre Autos hier zur Fahrt durch den **Furka-Basistunnel** nach Oberwald auf Züge verladen. Sie machen auch im Winter den schnellen Weg in den Nachbarkanton Wallis möglich. Touristenmagnet freilich ist die im Sommer verkehrende **Museums-Dampfbahn**, die durch den knapp zwei Kilometer langen, 1925 geschaffenen **Furka-Scheiteltunnel** nach Gletsch und Oberwald verkehrt. Es ist der höchste Schweizer Alpendurchstich auf Schienen. Die Bahn nutzt auf ihrem Weg bergauf und -ab großteils eine meterspurige Zahnradstrecke und unterquert die Passhöhe in einem Tunnel. Anders als die Straße über die Furka, die hinter Realp in Serpentinen ansteigt und 1964 eine der vielen Kulissen im James-Bond-Film *Goldfinger* mit Sean Connery und Gert Fröbe bildete. Einmalige Ausblicke beschert die Passhöhe (2429 Meter) auf der Kantonsgrenze zwischen Uri und Wallis, die immer einen Zwischenstopp wert ist und ohne die sonst auf bekannten Passhöhen üblichen Souvenirläden auskommt. Realp ist besonders beliebt bei **Langläufern**, für die es sogar eine Nacht-Loipe gibt. Im Winter führt ein schöner Wanderweg, der **Urserntalweg**, nach Andermatt (rund 3 Stunden).

Gotthard

Um es gleich zu sagen: Der Gotthard ist kein Berg, sondern ein Gebirgsmassiv mit dem **Pizzo Rotondo** als höchstem Gipfel (3192 Meter). Für Johann Wolfgang Goethe war es ein »königliches Gebirge über alle andern, weil die größten Gebirgsketten bei ihm zusammenlaufen und sich an ihn lehnen.«

Noch poetischer beschrieb Friedrich Schiller in seinem Drama *Wilhelm Tell* den Alpenübergang: »So immer steigend, kommt Ihr auf die Höhen des Gotthards, wo die Ewg'en Seen sind, die von des Himmels Strömen selbst sich füllen. Dort nehmt Ihr Abschied von der deutschen Erde, und muntern Laufs führt Euch ein andrer Strom ins Land Italien hinab ...«

Jahrhundertelang war der Weg über den Gotthard so gut wie unmöglich. Das änderte sich Anfang des 13. Jahrhunderts mit der Erschließung der Göschenenschlucht (Schöllenenschlucht). Fast gleichzeitig baute man auf der Passhöhe eine Kapelle, die dem Heiligen der Kaufleute, Sankt Gotthard, geweiht war. Aus dem damals als »Berg des Schreckens« verschrienen Übergang wurde so der Gotthardpass. Er avancierte schnell zum wichtigsten Transportweg über die Alpen – und zum Hauptweg der Pilger nach Rom, die in einer von Ordensleuten geführten Herberge auf dem Pass froh wa-

Auffahrt zum Gotthardpass

▲ Karte S. 148

Das alte Hospiz am Pass ist heute ein Hotelrestaurant

ren, ein Dach über dem Kopf zu haben. Schon im Jahr 1237 wurde der Verkehr über den Gotthard erstmals geregelt. Verträge verpflichteten die sogenannten Säumer, den Weg über den Pass in Schuss zu halten. Einige Reisende hinterließen in Tagebüchern spannende Beschreibungen ihrer Touren. So querte ein Chronist im März 1401 den Gotthard auf einem von Ochsen gezogenen Schlitten. An den gefährlichsten Stellen der Tour habe er sich die Augen verbinden lassen, um nicht in die schwindelerregenden Tiefen blicken zu müssen. Schon Anfang des 15. Jahrhunderts nutzten Jahr für Jahr mehr als 10 000 Personen den Pass, sorgten tausende von Saumtieren für den Warentransport. Außerdem verkehrten regelmäßig Kuriere und Boten über den Gotthard, die Nachrichten zwischen Klöstern, Universitäten und Fürstenhöfen beförderten. Nach dem Ausbau des mittelalterlichen Saumweges nutzten ab Ende des 18. Jahrhunderts auch Postkutschen die Strecke. Im nächsten Jahrhundert schließlich wurde eine erste Straße über den Gotthard gebaut, die über die Passhöhe mit dem Gotthard-Hospiz ins Tessin führte. Schon Ende des Jahrhunderts aber war die Tour über das Gebirgsmassiv nicht mehr zwingend nötig, gab es für Bahnreisende zwischen Göschenen und Airolo eine erste Tunnelstrecke. Es war die damals weltweit längste. Noch schneller ist man heute durch den **Gotthard-Basistunnel** unterwegs. Sein Nordportal bei Erstfeld liegt auf 460 Meter Höhe, sein Südportal bei Bodio im Tessin auf 312 Meter. Beide Punkte sind durch zwei 57 Kilometer lange Röhren miteinander verbunden, über denen sich eine kilometerdicke Gesteinsschicht türmt. Der Scheitelpunkt des Tunnels liegt auf 549 Meter Höhe, was einer nur leichten Steigung entspricht und den Zügen Höchstgeschwindigkeiten von knapp 250 km/h erlaubt. Wer Zeit hat und ein bisschen noch von alten Zeiten träumen will, nutzt statt der neuen Passstraße über den Gotthard die alte Route, die mit großem Aufwand renoviert wurde und vor allem bei Motorrad- und Radfahrern schnell Anklang gefunden hat. Einen Halt ist immer noch die Passhöhe wert, wo die alte Kapelle längst einem Neubau gewichen ist und das **Museo Nationale del San Gottardo** multimedial über die Geschichte des Passes informiert.

Gotthardpass

Museo Nationale del San Gottardo, Gotthardpass, 6780 Airolo, Tel. 041/918691811; Juni–Sept. tgl. 9–18 Uhr. Multimediale Dauerausstellung zur Geschichte des Passes mit Filmen und einem eigenen Kinderparcours. www.museonazionalesangottardo.ch

Gotthard-Reisen

Die meisten Reisenden über den Gotthard waren anfangs zu Fuß unterwegs – so wie Goethe, der das Gebirgsmassiv gleich dreimal querte. Wer es sich leisten konnte, ließ sich in Sänften über den Pass tragen. Spätestens nach dem Bau der Passstraßen über Brenner und Simplon und den Plänen, auch den Weg über den San Bernhardino breit auszubauen, war auch den letzten Zentralschweizern klar: Die Route über den Gotthard muss einfacher werden.

Im Juni 1820 begann man mit dem Bau einer neuen Straße. Doch weil sie den billigsten Bauunternehmer beauftragt hatten, war die Trasse schon nach kurzer Zeit zu großen Teilen abgerutscht und einige Brücken entlang des Weges eingestürzt. Zahlreiche Abschnitte mussten so komplett erneuert werden. Erst ab 1830 war der Gotthard auf einer bis zu 7,50 Meter breiten Straße zu queren.

Schon im Folgejahr rollten fast 1000 Kutschen über den Pass. Ab 1842 gab es zudem eine fahrplanmäßige Kutschenfahrt mit einem Fünfspänner, der zehn Reisenden Platz bot. Im Winter ersetzten Schlitten die Kutschen, für deren Fahrten auf beiden Seiten des Passes angeblich eine Hundertschaft zur Räumung des Schnees bereitstand. Mit über 70 000 Reisenden in den 1870er Jahren avancierte der Gotthard schließlich zum wichtigsten Schweizer Alpenübergang. Mit dem Bau des Gotthardtunnels aber hatte die Passstraße an Bedeutung verloren. Wer schnell in den Süden oder umgekehrt nach Norden wollte, nutzte von jetzt an die Schiene.

Neubelebung dank des Automobils

Erst die Erfindung des Automobils belebte die Strecke wieder. 1895 registrierten Chronisten die erste Fahrt über den Pass nach Italien mit einem 3,5 PS starken französischen Automobil. Sicherheitshalber hatte sein Fahrer in Göschenen sein Gepäck bis zur italienischen Grenze im Zug verstaut, um auf der Bergstrecke an Gewicht zu sparen. Trotzdem musste das Fahrzeug auf den steilsten Abschnitten noch immer geschoben werden. Auf der anderen Seite verbrannten auf der Abfahrt nach Airolo in kürzester Zeit die ledernen Bremsbeläge, so dass der Fahrer als Bremsklotz einen Baumstamm mit Draht am Hinterteil des Autos festmachte.

Der erste Schweizer Verkehrstunnel war der Urnerlochtunnel

Besser erging es ein knappes Jahrzehnt später auf der umgekehrten Strecke von Bellinzona nach Brunnen dem deutschen Dichter Otto Julius Bierbaum, dessen Verlag ihm zur Querung des Gotthards ein 8 PS starkes Fahrzeug samt Fahrer

Souvenirstand am Gotthardpass

zur Verfügung gestellt hatte. Allerdings wurde er in Göschenen von der Polizei gestoppt, weil damals im Kanton Uri wie auch im Kanton Graubünden das Autofahren verboten war und er in Andermatt einen Ochsen oder ein Pferd vor das Auto hätte spannen müssen. Nach der Zahlung von 20 Franken Bußgeld aber war auch dieses Problem erledigt.

Ein besonderes Erlebnis war der Gotthardpass für viele Bundesbürger, die nach dem Zweiten Weltkrieg über das Gebirgsmassiv in den Urlaub nach Italien fuhren. Je mehr es aber wurden, desto länger wurden die Staus auf der kurvenreichen Passstraße und ihren Zufahrten. Verkehrstechnisch noch gravierender war freilich, dass die Route im Winter oft über Monate nicht zu passieren war. Deshalb war man froh, ab 1980 mit dem Gotthard-Straßentunnel eine winterfeste Verbindung zu haben. An deren zweiter Röhre wird aber noch immer gebaut.

Noch zügiger als mit dem Auto quert man das Gebirgsmassiv inzwischen per Bahn durch den neuen Gotthard-Basistunnel. Er hat die Fahrzeit zwischen Zürich und Lugano auf nicht einmal zwei Stunden verkürzt. Genau betrachtet besteht der Tunnel aus zwei einspurigen Röhren, die rund 40 Meter auseinanderliegen und durch zahllose Querstollen miteinander verbunden sind. Sie dienen im Ernstfall dazu, Menschen in Gefahr möglichst rasch aus einer der beiden Röhren zu bergen.

Heute verkehren auf dem schnellen Weg Richtung Süden fast alle Güter- und ein Teil der Personenzüge durch den Basistunnel – durchschnittlich alle fünf bis zehn Minuten. Aber auch die alte, 1882 in Betrieb genommene Gotthardstrecke wird längst wieder befahren – von Basel oder Zürich bis Locarno gewöhnlich im Zweistunden-Takt unter der Marke Treno Gottardo. Wie sehr die alte Schienenstrecke den Schweizern ans Herz gewachsen ist, zeigen unter anderem die Anstrengungen, aus der Gotthardroute ein neues Stück UNESCO-Welterbe zu machen.

Kanton Schwyz

Gleich drei große Seen – **Zuger-, Vierwaldstätter- und Zürichsee** – rahmen den heutigen Kanton Schwyz im Norden und Westen. Im Osten und Süden schotten ihn gewaltige, weitgehend unbewohnte Bergmassive von den Nachbarkantonen ab. Dort auch findet sich der Gipfel des **Bös Fulen** (2801 Meter), der höchsten Erhebung im Kanton. Seinen Beinamen »bös« verdankt er angeblich seiner Lage im Nirgendwo, einer auch für Bergsteiger unwirtlichen und nur schwer zugänglichen Felsregion. In dieser menschenleeren Gegend ist schnell vergessen, dass sich nur ein paar Kilometer Luftlinie weiter am Urner See die Massen drängen. Es ist diese Vielseitigkeit, die das Schwyzer Land ausmacht, zu der überlaufene Seeufer ebenso gehören wie einsame Saumpfade – und dessen Grenzverlauf aus Zeiten stammt, in der es weder Autonoch Eisenbahnen gab und das Schiff zu den wichtigsten Verkehrsmitteln gehörte. Heute queren Autobahnen das Land, die Fahrten aus dem Kanton Schwyz nach Luzern und Zürich in nicht einmal einer Stunde möglich machen, so dass sich der Kanton auch als eine gute Adresse zur Entdeckung der beiden Städte und der ganzen Zentralschweiz eignet. Einen geruhsamen Urlaub garantieren auch kleine Seen wie **Lauerzer-, Wägitaler- und Sihlsee** (→ S.171, 177, 176), die einen gemütlichen Wanderurlaub bereichern. Wassersportler schätzen **Zürich- und Zugersee** (→ S. 178, 209). Und ihren ganz besonderen Reiz hat eine Stippvisite in **Einsiedeln** (→ S. 171), dem größten Schweizer Wallfahrtsort.

! Nicht verpassen

Schwyz → S. 165
Hölloch → S. 170
Einsiedeln → S. 171
Goldau → S. 171
Pfäffikon/Rapperswil → S. 179

Geschichte

Mächtige Familien freier Bauern gaben einst den Ton in der Talschaft zwischen Schwyz und Arth an, die in Uri und Nidwalden schließlich Menschen mit ähnlichen Interessen fanden. Mit denen schlossen sie im Mittelalter einen jahrhundertewährenden Beistandspakt und agierten gemeinsam unter der, wie man heute sagen würde, Dachmarke Waldstätte. Es war der Grundstein eines Machtgefüges, das auch die Chronisten beeindruckte. Spätestens ab dem 14. Jahrhundert wurden die eidgenössischen Bündnispartner als Schwyzer oder später Schweizer etikettiert.

So politisch geschlossen wie sich der Kanton Schwyz heute zeigt, aber war er lange nicht. So fühlten sich die Außerschwyzer am Zürichsee und Einsiedeln von den Innerschwyzern im übermächtigen »Alten Land« bevormundet, so dass der Kanton für kurze Zeit in zwei Halbkantone zerfiel und die Landsgemeinde (Versammlung der stimmberechtigten Einwohner) schon mal mit einer Massenprügelei enden konnte. Schon Mitte des 19. Jahrhunderts wurden ihre Aufgaben deshalb im Gegensatz zu den meisten anderen Schweizer Kantonen weitgehend auf die Gemeinden übertragen.

War der Kanton jahrhundertelang eher arm, erlebte er in den letzten Jahrzehnten einen wirtschaftlichen Aufschwung. Der ist in Firmenansiedlungen wie dem Logistikunternehmen Kühne & Nagel ebenso begründet wie im Zuzug vieler Pendler, die in Zürich oder Zug arbeiten, aber im Kanton Schwyz wohnen und dort auch Steuern zahlen, vergleichsweise allerdings keine hohen.

▸ Karte S. 166/167

Schwyz

Der Kantonshauptort Schwyz ist ein Marktflecken, das heißt: Er hat kein Stadtrecht, aber Marktrecht. Noch heute wird jeden Samstag aus dem Zentrum ein Markt, auf dem die Bauern Obst und Gemüse, Käse und viele andere Lebensmittel anbieten. Der **Hauptplatz**, nach einem Großbrand Mitte des 17. Jahrhunderts neu angelegt, ist das Herz der Gemeinde und Schauplatz großer Feste und Veranstaltungen wie dem jährlichen Fasnachtsspiel, das längst Tradition mit Moderne vereint.

Schmuckstück am Hauptplatz ist das **Rathaus**, in dessen prunkvollem Saal der Kantonsrat tagt. Fresken mit Bildern vom Rütlischwur oder der Schlacht am Morgarten schmücken seine Westfassade. Schräg gegenüber liegt die spätbarocke Pfarrkirche **St. Martin** mit einem Turm, dessen Unterbau noch aus der Gotik stammt. Hinter der Kirche mit ihrem sehenswerten barocken Inneren steht der mittelalterliche **Kerchel**. So nennen die Einheimischen das Beinhaus, in dem die Verstorbenen gewöhnlich für ein paar Tage aufgebahrt werden.

Dorfplatz mit Martinskirche

Mehr als zwei Dutzend denkmalgeschützte Herrenhäuser sind im Zentrum verteilt. Nur ein paar Schritte von der Kirche findet sich die **Ital-Reding-Hofstatt**, ein repräsentatives Landgut aus dem frühen 17. Jahrhundert.

Auf dem gleichen Gelände steht auch das zweistöckige **Haus Bethlehem**, nach neuesten dendrochronologischen Untersuchungen das älteste Schweizer Holzhaus. Es entstammt dem späten 13. Jahrhundert und wird heute im Sommer als Museum genutzt.

Ebenfalls nicht weit weg vom Hauptplatz ist das **Forum Schweizer Geschichte Schwyz** die erste Adresse für Geschichtsinteressierte. Es dokumentiert die Zeit, in der die Eidgenossenschaft entstand. Die Dauerausstellung im ehemaligen Korn- und Zeughaus ist als Erlebnisparcour für Jung und Alt angelegt, wo man unter anderem einem lebensgroßen Ritter, hoch zu Pferd für den Kampf gerüstet, einem schwer bepackten Säumer in den Alpen oder einem Mönch in einer Schreibstube begegnet. Eine originale Wohnstube aus dem frühen 14. Jahrhundert gibt Einblick in den damaligen Alltag.

Wie die Eidgenossenschaft sich entwickelte, dokumentiert keine fünf Fußminuten weiter das **Bundesbriefmuseum**. Es wartet mit den Originalen der wichtigsten Bündnisse auf, welche die alten Eidgenossen geschlossen hatten. Dazu kommt eine einzigartige Sammlung historischer Fahnen. Beliebtestes Ausstellungsstück ist der berühmte Bundesbrief von 1291, der lange als Gründungsurkunde der Schweiz angesehen wurde. Aber auch über Tell und seine Mythen erfährt man im Museum viel Interessantes.

Der Kanton Schwyz

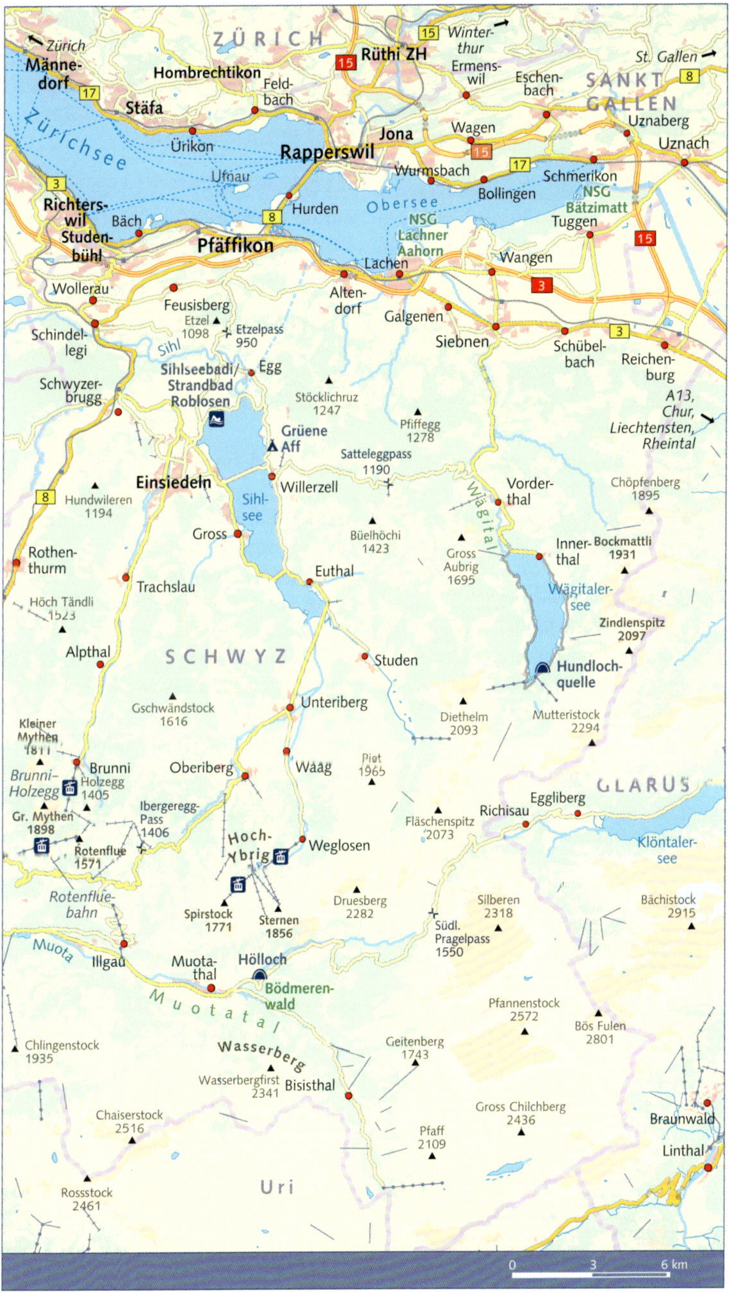

Uri, Schwyz und Unterwalden

Schwyz

S2 und **S3** bringen Reisende nach Zug, Luzern, Baar und Küssnacht, der **IR 26** (Treno Gottardo) nach Zürich, Basel oder Locarno. www.sbb.ch, www.sob.ch

Magdalena, Rickenbachstr. 127, 6432 Rickenbach, Tel. 041/8100606; Sa/So 11.45–14, Do–So 18.30–23 Uhr. Gehobene vegetarische Küche, die in mehrgängigen Menüs serviert wird. Sehr teuer, aber auch gut! www.restaurant-magdalena.ch

Gasthaus Schwyzer-Stubli, Riedstr. 3, 6430 Schwyz, Tel. 041/8111066; Di–Fr 11–14 und 18–24, Sa 18–24 Uhr. Einmaliges Ambiente in einem Gasthaus aus dem 16. Jahrhundert, frisch zubereitete Spezialitäten mit regionalen Zutaten. www.schwyzer-stubli.ch

Forum Schweizer Geschichte Schwyz, Zeughausstr. 5, 6430 Schwyz, Tel. 041/8196011; Di–So 10–17 Uhr. www.forumschwyz.ch

Bundesbriefmuseum Schwyz, Bahnhofstr. 20, 6431 Schwyz, Tel. 041/8192064; Di–So 10–17 Uhr. www.bundesbrief.ch

Großer und Kleiner Mythen

Weithin sichtbar thronen über Schwyz die Mythen. Es sind zwei markante Felsblöcke, die schon Johann Wolfgang Goethe auf einer seiner Schweizreisen skizziert hatte. »An diesen ungeheuren unregelmäßigen Naturpyramiden stiegen Wolken nach Wolken hinauf«, notierte er in seinen Memoiren »Dichtung und Wahrheit«. Heute sind die knapp 2000 Meter hohen Felsen, die auch Schiller in seinem Tell-Drama in der Eingangsszene nutzte, um die Erhabenheit der Urschweiz zu charakterisieren, das Wahrzeichen der Kantonshauptstadt und einer der Besuchermagnete im Schwyzer Land. Es gibt Menschen, die sich die Besteigung des Großen Mythen zur Lebensaufgabe gemacht haben, Rekordhalter ist Armin Schelbert aus Muotathal, der im Sommer 2023 seinen 6000. Aufstieg feierte! Bis zu 30 000 Besucher machen im Sommer Station im Bergrestaurant, das heute mit dem Hubschrauber ver-

Der Große Mythen

▲ Karte S. 166/167

sorgt wird. Von dort hat man einen schönen Blick auf die Alpenkette, den Vierwaldstättersee und den Schwyzer Talkessel. Dabei ist die Tour, die in vielen Dutzend Kehren von der **Berghütte Holzegg** zum Gipfel führt, schweißtreibend und nur für Wanderer gedacht, die Trittsicherheit und passende Kondition mitbringen. Wer den weiten Anmarsch von Schwyz aus scheut, fährt mit der **Rotenfluebahn**, einer Gondel, aus dem Vorort **Rickenbach** zur **Rotenflue**, von wo der Mythenweg zur Holzegg und weiter führt. Noch ein paar Höhenmeter spart, wer über Einsiedeln und das Alpthal nach **Brunni** fährt und dort die Gondel zur Holzegg nutzt.

Die Muota im gleichnamigen Tal

Muotatal

Tradition wird im Jahrhunderte nur über Saumpfade zu erreichenden Muotatal groß geschrieben, im Tal pflegt man Volksmusik und Mundarttheater. Sogar das Wetter wird hier von örtlichen Hobbymeteorologen noch immer über Monate vorausgesagt: Die »Wetterschmöcker« genannten Naturbeobachter haben das Muotatal weltberühmt gemacht. Im 1947 gegründeter »Metereologischer Verein Innerschwyz« entstand, weil seine Gründer fürchteten, dass die Wetterberichte im Radio und später dem Fernsehen alle Naturbeobachtungen verdrängen würden, aus denen die Menschen jahrhundertelang ihre Wetterprognosen ableiteten. Heute sind ihre Prognosen zwar denen professioneller Metereologen unterlegen, trotzdem findet ihre Kunst, aus dem Verhalten von Mäusen, Ameisen, Bienen oder alten Bauernregeln das Wetter vorherzusagen, noch immer Bewunderer. Mit ihren halbjährlich öffentlich vorgetragenen Prognosen füllen sie auch heute noch große Säle mit interessierten Besuchern. Das Tal verdankt seinen Namen der Muota, die aus den Alpen kommend nach rund 30 Kilometern in Brunnen in den Vierwaldstättersee mündet. Es ist ein Wildbach, der nach Regenfällen ganz schnell anschwellen kann, was an den vielen kleinen Bächen liegt, die ihn speisen. Größte Ortschaft an der Muota ist **Muotathal** mit einer schönen barocken Pfarrkirche. Wälder, Wiesen und Berge prägen die Gemeinde, deren Fläche fast so groß wie der ganze Kanton

Aussicht im Muotatal

Zug ist. Davon freilich ist gerade einmal ein Prozent besiedelt. Dass hier so wenig Menschen leben, liegt an der Abgeschiedenheit der Region. So besteht erst seit 1865 ein Fahrweg von Muotathal nach Schwyz.

Diese Weltferne schätzen inzwischen aber immer mehr Besucher, die im Sommer durch die Wälder streifen oder klettern gehen. Im Winter geht es auf Schneeschuhen durch einmalige Szenerien oder mit Huskies durch die Weite. Mit dem knapp 800 Fußballfelder großen **Bödmerenwald** gibt es zudem einen riesigen Urwald am Talende, dessen Bäume die gewöhnlich großen Schneemengen im Winter gezeichnet haben. Im Sommer fällt der Niederschlag als Regen, was satte Wiesen und Moore zur Folge hat.

Hölloch

Größte Attraktion im Muotatal ist das Hölloch, Europas größtes unterirdisches Höhlensystem mit 210 Kilometern wissenschaftlich erschlossener Verbindungen. Forscher gehen davon aus, dass sie noch viele hundert weitere Kilometer entdecken werden. Das Hölloch liegt oberhalb des Weilers **Stalden**, einem Ortsteil Muotathals, und steht auch Besuchern offen. Zwei Stunden währt die ganzjährig geführte Schnuppertour, bis zu drei Tage die winterlichen Höhlenexpeditionen mit Biwak. Sie verlangen eine gute Kondition, geht es doch viele Kilometer unter der Erde mit Stirnlampen bergauf und bergab durch rabenschwarze Gänge, und immer wieder muss man auf allen Vieren durch die Karstlandschaft kriechen. Höhlenbesucher sollten sich warm anziehen, da die Temperatur im Höhlensystem konstant sechs bis sieben Grad Celsius beträgt und die Luftfeuchtigkeit bei 100 Prozent liegt. Im neuen **Besucherzentrum** informiert ein kurzer Film über die Entstehung und Entdeckung der Höhlenlandschaft. Ein interaktives 3D-Modell hilft, virtuell in die Weiten der Höhle vorzudringen.

Stoos

Im äußersten Südosten vom Dorf Schwyz startet die angeblich steilste Standseilbahn der Welt in nur vier Minuten ins knapp 750 Meter höher gelegene Feriendorf Stoos mit seinen über 2000 Gästebetten für Sommerurlauber und Wintersportler. Das autofreie Dörfchen auf einem sonnenreichen Hochplateau ist auch von Morschach am Ufer des Vierwaldstättersees per Luftseilbahn zu erreichen. Am Rand von Stoos führt eine Sesselbahn auf den **Chlingenstock** (1935 Meter), Ausgangspunkt für eine der schönsten Gratwanderungen in der Schweiz (→ S. 135).

Muotatal

Wellness Hotel Stoos, Ringstr. 10, 6433 Stoos, Tel. 041/8174444; DZ ab 234 CHF. 4-Sterne-Wellness-Oase in autofreier Landschaft.
www.wellnesshotel-stoos.ch

Landgasthof Adler, Kapellmatt 1, 6436 Ried (Muotathal), Tel. 041/8301137. Familienbetrieb mit drei gemütlichen Gaststuben und einer Raucherlounge. Serviert wird u. a. heimisches Wild und Forellen aus der Muota.
www.adler-muotathal.ch

Hüttenhotel Husky-Lodge (Erlebniswelt Muotathal), Balm 40, 6436 Muotathal, Tel. 041/8318150; DZ ab 143 CHF. Einsam gelegenes Hüttenhotel mit Zimmern verschiedenster Größe und Ausstattung wie eigener Sauna und Ofen.
www.erlebniswelt.ch

Hölloch

Trekking Team, Tel. 041/3904040. Anbieter von Führungen durch das Hölloch, die größte Schweizer Höhlenanlage.
www.trekking.ch

▸ Karte S. 166/167

Lauerzersee

Zu den flachsten Schweizer Seen gehört der Lauerzersee am Nordosthang der Rigi. Seinen Namen verdankt er dem Dorf **Lauerz** an seinem westlichen Ufer. Im See liegt die unter Naturschutz stehende Insel **Schwanau** mit den Resten einer mittelalterlichen Burg und einem Gasthaus, einem Fischerhäuschen aus dem frühen 18. Jahrhundert. Zahlreiche Sagen ranken sich um die Insel und ihre einstigen Bewohner, vom bösen Landvogt bis zum frommen Einsiedler. Von Mitte März bis Oktober fährt bei ruhiger See ein Boot aus Lauerz zur Insel (mittwochs bis sonntags, den Rest des Jahres gewöhnlich nur freitags und samstags).

Steinen

Zwischen Lauerzersee und dem Rossbergmassiv, deren höchste Erhebung der **Wildspitz** (1580 Meter) ist, liegt Steinen mit vielen alten Kapellen und Holzhäusern – und der Pfarrkirche **St. Jakob**. Sie steht auf den Fundamenten einer romanischen und später gotischen Kirche, die im Barock ihr heutiges Gesicht fand. Aus dem frühen 16. Jahrhundert stammt das eindrucksvolle **Beinhaus** mit seinem kleinen gotischen Flügelaltar und alten Wandmalereien neben hunderten von Schädeln und Gebeinen.

Goldau

Bahnfahrer werden das Dorf zu Füßen der Rigi kennen, schließlich treffen sich hier die Bahnlinien aus Luzern, Zürich und Rapperswil auf dem Weg zum Gotthard. Einzige Sehenswürdigkeit ist der **Natur- und Tierpark**, ein familienfreundliches Revier zur Naherholung inmitten der Zentralschweiz. Rund 100 heimische und europäische Wildtierarten sind hier zuhause: Wölfe, Bären, Luchse, Wildkatzen, Hirsche und Rehe sowie viele Vogelarten. Die Parkanlage liegt auf dem Schuttkegel, der bei einem gewaltigen Bergsturz 1806 entstand, als nach tagelangen Regenfällen 40 Millionen Tonnen Fels und Gestein zu Tal stürzten und den alten Ort Goldau komplett begruben. Mehr als 450 Menschen kamen damals ums Leben. An die Naturkatastrophe erinnert seit kurzem die **Erlebnishalle Bergsturz** am Eingang des Natur- und Tierparks, auf deren Fensterfront die Namen aller Opfer zu lesen sind. Publikumsmagnet ist eine Blackbox, in der Besucher mit Hilfe modernster Technik den Bergsturz hautnah und in Echtzeit nacherleben können, auf einem riesigen Panoramabildschirm und mit rüttelndem Boden.

Lauerzersee

In **Steinen** halten die Züge S2 und S3 (Richtung Zug, Luzern, Baar und Küssnacht).

Der Bahnhof **Arth-Goldau** ist ein Knotenpunkt, außer den Regionalzügen gibt es unter anderem Verbindungen nach Luzern, Zürich, Basel, Locarno, Lugano, Mailand. www.sbb.ch, www.sob.ch

Einsiedeln

Mit über 50 Restaurants und vielen Hotels unterstreicht der wichtigste Schweizer Wallfahrtsort seinen touristischen Rang. Sogar die S-Bahn aus Zürich macht hier im Halbstundentakt Halt. Herz des **Klosterdorfes** ist die mächtige Kirche mit ihrer schwarzen Madonna auf einem riesigen Platz, der alle paar Jahre zur großen Theaterbühne wird. In seiner Mitte steht der Marienbrunnen aus dem 18. Jahrhundert, der Pilgern aus mehr als einem Dutzend Röhren frisches Wasser spendet.

Die **Klosterkirche** ist ein barockes Meisterwerk, geschaffen von einem der Klosterbrüder: Caspar Moosbrugger (1656–1723). Sein Handwerk hatte er in Vorarlberg gelernt, um anschließend einige der schönsten Schweizer Barockkirchen zu schaffen, Klosterbauten von Disentis in Graubünden bis Fischingen im Thurgau. Moosbrugger verlieh Einsiedelns neuem Gotteshaus - mehr als 100 Meter lang und über 40 Meter breit - nicht nur Größe, sondern mit der beeindruckenden Kuppel auch Dynamik. Ein Glücksfall war zudem, dass er die beiden großen Barockkünstler, den Stuckateur und Bildhauer Ägid Quirin und seinen Bruder Cosmas Damian Assam, den Deckenmaler, für die Innengestaltung der Kirche gewinnen konnte.

So ist Einsiedeln heute großes Kino, in dem es an Decken und Wänden immer Neues zu entdecken gilt. Zwar hatten die Assam-Brüder bei der Gestaltung der Kirche freie Hand, das theologische Programm aber hatten ihnen die Benediktiner vorgegeben. Dazu gehörte das vierteilige Fresko über der Gnadenkapelle, das Christus bei der legendären Weihe der Kapelle zeigt oder die Weihnachtsgeschichte im Kuppelraum. Herz der Klosterkirche ist die **Gnadenkapelle**, die nach ihrer Zerstörung durch französische Truppen im Jahr 1798 knapp zwei Jahrzehnte später im klassizistischen Stil aus den alten Steinen neu errichtet wurde. Sie steht gewöhnlich täglich nachmittags zum Gebet offen. Aber auch von den Bänken davor hat man immer einen Blick auf das Gnadenbild. Ein Erlebnis ist der tägliche Gesang *Salve Regina*, zu dem die Mönche gegen 17 Uhr in der Gnadenkapelle zusammenkommen: eine Tradition, die bis ins Jahr 1547 zurückreicht.

Die Schwarze Madonna von Einsiedeln

▲ Karte S. 166/167

Im Hof des Klosters finden sich eine **Gastwirtschaft** und ein großer **Klosterladen** mit Devotionalien, Kerzen, Andachtsbildern, Heiligenfiguren, Ikonen, Rosenkränzen und zahllosen Büchern. Ebenfalls im Angebot sind die Weine und Weinbrände der Klosterkellerei. Die Gärtnerei bietet werktags Blumen und Sträucher zum Verkauf.

Heute leben gut drei Dutzend Mönche im Kloster, die - wie es auf ihrer Website heißt - darauf vertrauen, »dass auch in Zukunft junge Menschen den Weg in unsere Gemeinschaft finden«. Finanziell müssen sich die Klosterbrüder übrigens keine Sorgen machen, zählen sie doch zu den größten Grundbesitzern der Schweiz. Bis zu 800 000 Besucher zählt Einsiedeln Jahr für Jahr noch immer, auch wenn die Zahl der Pilger, die hier ein oder zwei Tage einkehren, in den letzten Jahren weniger geworden ist. Dafür sind die Tagesausflügler mehr geworden, die den Klosterbesuch mit einer Stippvisite in den Restaurants und Cafés abrunden. Von Karfreitag bis Ende Oktober und während des Weihnachtsmarktes lässt sich der Klosterbesuch mit einem Abstecher ins **Panorama** (Benzigerstrasse 36) ergänzen, das knapp zehn Fußminuten von der Klosterkirche entfernt ist. Dort ist die Kreuzigung Jesu auf einem 100 Meter langen und 10 Meter

Die Klosterkirche von Einsiedeln

hohen Rundgemälde zu sehen. Sehenswert ist Einsiedelns närrisches Treiben, das traditionell am Fasnachtsmontag mit Schellenklang seinen Anfang findet, wenn ein Teufel die Kirchgänger an der Treppe zum Kloster abholt, um mit ihnen lärmend durch die Gassen zu ziehen. Tags darauf werden wie seit Jahrhunderten von drei großen Bühnen im Dorf mehrere hundert Kilo Brot unter die Leute geworfen. Volkskundler deuten den Brauch als eine Parodie auf die Ausgabe der heiligen Kommunion in der Klosterkirche, als ein zeitlich begrenztes Stück weltlicher Anarchie, das dem Narrenspiel ja eigentlich innewohnt.

Einsiedeln

Tourist Information Einsiedeln-Ybrig-Zürichsee, Hauptstr. 85, 8840 Einsiedeln, Tel. 055/4184488; Mo–Sa 10–16, So 10–13 Uhr.
www.eyz.swiss

Der Bahnhof Einsiedeln ist Endpunkt der Strecke **S13** von Wädenswil sowie der **S40** von Rapperswil. www.sob.ch

Chez Renate, Ilgenweidstr. 6, 8840 Einsiedeln, Tel. 055/4127070; Mi–So 10–23 Uhr. Gehobene saisonale Küche mit passenden Weinen vor dem Klostereingang, gemütliches Ambiente und kleine Außenterrasse. www.chezrenate.ch

Milchmanufaktur Einsiedeln, Alpstr. 6, 8840 Einsiedeln, Tel. 055/4126883. Von mehr als 50 Bauernfamilien getragener Betrieb, der nicht nur Käse und andere Milchprodukte fertigt, sondern auch eine Gastwirtschaft betreibt.
www.milchmanufaktur.ch

Einsiedler Engelweihe. Einmaliges Lichterfest in der Nacht zum 14. September mit Prozessionen und feierlichen Gottesdiensten.

EXTRA

Einsiedeln: Das Kloster, das Gott selbst weihte

Auf den ersten Blick scheint die mächtige Klosterkirche so gar nicht ins Dorf zu passen. Wie ein Bollwerk thront sie über ihren Häusern, die im Lauf der Jahrhunderte um sie gewachsen sind, um die Behausung eines Eremiten in einem »Finstern Wald«. Dorthin hatte sich ein Mönch namens Meinrad aus dem Benediktinerkloster Reichenau im Bodensee Anfang des 9. Jahrhunderts zurückgezogen. In der Zentralschweiz suchte er eine neue Herausforderung, wo er angeblich an der Stelle der heutigen Gnadenkapelle um das Jahr 835 eine Klause samt Kapelle errichtete. Ein Ort des Gebets, an dem er Gottes Wort verkündete und den Menschen, die ihn besuchten, Trost spendete.

Der Sage nach wurde Meinrad anno 861 von zwei Räubern erschlagen. Zwei Raben, so erzählt man, sollen die Mörder schließlich überführt haben, weshalb die Wappen von Kloster und Dorf Einsiedeln noch heute zwei Vögel zeigen. Nach Meinrads Tod wurde es um die Klause stiller, obwohl dort Einsiedler die Erinnerung an ihn festhielten. Bischof Benno von Metz und der vermutlich mit ihm verwandte Domprobst Eberhard von Straßburg, beides angesehene und wohlhabende Kleriker, sorgten schließlich für die Gründung des Klosters Einsiedeln, als sie aus den dort lebenden Eremiten eine benediktinische Gemeinschaft formten. Die

Der prachtvolle Innenraum der Klosterkirche Einsiedeln

Gründung ihres Stifts bestätigte König Otto I. im Jahr 947, der ihnen die freie Abtwahl nebst Reichsfreiheit garantierte.

Ein Jahr später wurde die erste Klosterkirche geweiht und der Grundstein für eine einmalige Werbeaktion gelegt, mit der die Benediktiner Kloster Einsiedeln als Markenprodukt etablierten. So erzählt die Legende, dass dem Konstanzer Bischof, der in der Nacht vor der Weihe in der Kapelle betete, Christus erschienen sei. Begleitet von Engeln und Heiligen sei er vom Himmel herabgestiegen, um in Anwesenheit der Gottesmutter die Kirche zu Ehren Marias zu weihen. Als der Bischof am nächsten Morgen die Kirche freilich wirklich weihen sollte, sei ihm ein Engel erschienen, der ihm sagte: »Die Kapelle ist bereits von Gott geweiht«.

Einsiedelns Mönche verbreiteten die Geschichte rasch in Wort und Bild. Zudem erwirkten sie beim Papst die Bestätigung des wundersamen Geschehens, das noch heute Mitte September mit der traditionellen Engelweihe gefeiert wird: einem großen Lichterfest und feierlichen Gottesdiensten. Ausgestattet mit zahlreichen Ablässen wurde die Wallfahrt nach Einsiedeln schließlich zum Event. Allein 1466 sollen mehr als 130 000 Pilger gekommen sein. Damals wurde erstmals die heute Schwarze Madonna präsentiert, die damals noch kein rußgeschwärztes Gesicht hatte und das ursprünglich romanische Gnadenbild ersetzte, das ein Feuer zerstört hatte.

Trotzdem geriet das Kloster immer mehr ins Abseits, auch weil es seit dem 13. Jahrhundert nur noch Adlige als Mönche aufnahm. In den Wirren der Reformation hielt ein betagter Abt fast allein in Einsiedeln die Stellung. Frischen Wind brachte letztlich der Dekan des Klosters St. Gallen, der 1526 als neuer Abt eingesetzt wurde und die Klosterpforten wieder für Bürgerliche öffnete. Eine eigene Druckerei, in der mehr als 1000 Titel verlegt wurden, beförderte das Ansehen des Klosters ebenso wie zuvor die Schreibschule, in der hunderte einmaliger Handschriften entstanden. 1602 baute man deshalb eine eigene Bibliothek.

Immer wieder musste das von Bränden oder Plünderungen heimgesuchte Kloster saniert und erweitert werden. Ende des 17. Jahrhunderts reifte deshalb der Plan, die längst zu klein gewordene Anlage komplett zu erneuern. Nach den Klostergebäuden entstand so die bis heute Einsiedelns Bild prägende Wallfahrtskirche, ein barockes Gesamtkunstwerk. Anno 1775 wurde sie feierlich geweiht. Schon ein paar Jahre später aber nahmen sie französische Truppen in Beschlag. In letzter Minute waren die Mönche geflohen und die Schwarze Madonna ins sichere Ausland verbracht worden. Dort wurde sie gründlich restauriert und teilweise neu gefasst. Dabei auch erhielt sie ihren heute so stylisch wirkenden schwarzen Anstrich.

Schon Anfang des 19. Jahrhunderts, die Franzosen waren wieder verschwunden, kehrten die Mönche zurück. Als erstes bauten sie die von den Revolutionstruppen niedergerissene Gnadenkapelle im klassizistischen Stil neu auf, in welche bald darauf die schwarze Marienstatue zurückkehrte. Mit dem Bau einer von ihnen finanzierten Eisenbahn nach Einsiedeln festigten die Mönche zudem ihren Anspruch, religiöses Zentrum der katholischen Schweiz zu sein. In einer Bulle bestätigte der Papst den Benediktinern 1947 erneut ihre Eigenständigkeit als territoriale Abtei, die keiner bischöflichen Gewalt verpflichtet ist. Dies unterstrich zuletzt auch der Besuch von Papst Johannes Paul II., der 1984 gleich zwei Tage im Kloster verbrachte.

Am Sihlsee

Sihlsee

Nicht weit von Einsiedeln entfernt liegt der Sihlsee in einem Hochtal. Es ist der größte Schweizer Stausee. Er staut die Sihl, die östlich der Hoch-Ybrig-Region entspringt, einer beliebten Wander- und Wintersportregion. Mit der Anlage des Stausees wurde 1932 begonnen, als man Straßen und zwei Viadukte quer über den zukünftigen See baute. Fünf Jahre später flutete man das Tal, in dem Wiesen und Wälder und ein halbes Hundert Bauernhöfe samt Kapellen und Torfhütten verschwanden.

Heute ist die Region das Herz großer Moorlandschaften, die vor allem im Herbst wegen ihrer Farbenpracht die Wanderer locken. Von Einsiedeln führt ein Panorama-Rundweg am Gestüt des Klosters entlang zum Sihlseebadi, dem **Strandbad Roblosen**, und wieder zurück in den Wallfahrtsort. Besonders gut am und auf dem See aufgehoben sind Angler und Wassersportler, wegen des guten Windes vor allem Kite- und Windsurfer. In strengen Wintern nutzt man den See zum Schlittschuhfahren oder Eisfischen. Für die Jagd auf Hecht, Zander, Wels und Egli gibt es in **Willerzell** das passende Angelzubehör zu mieten, ebenso wie Kayaks oder SUP-Boards. Zu Fondue-Essen, Touren bei Vollmond und anderen Erlebnisfahrten lädt das Motorschiff *Angelika* der Sihlsee-Schifffahrt.

Vom Nordufer des Sees führt eine Straße über den **Etzelpass** (950 Meter) nach Pfäffikon am Zürichsee. Neben dem Gasthaus auf dem Pass, von dessen Terrasse man einen schönen Blick auf das Einsiedler Hochtal hat, steht die **Etzelkapelle**. Sie wurde Ende des 17. Jahrhunderts nach dem Modell der Gnadenkapelle in Einsiedeln vom Baumeister der Klosterkirche geschaffen und markiert angeblich die Stelle, wo der heilige Meinrad sieben Jahre als Eremit gelebt haben soll. Das Altarbild zeigt den Heiligen in einer Waldlichtung, vor ihm Maria mit dem Jesuskind.

Sihlsee

Campingplatz Grüene Aff, Sulzelstr. 10, 8846 Willerzell, Tel. 055/4124131. Knapp 30 Stellplätze für Zelte und Camper, kleiner Shop und Restaurant. www.grueneaff.ch

Sihlseebadi, Staumauerstr. 16, 8847 Egg, Tel. 055/4122365; gewöhnlich Mai–Sept. Seebad mit schöner Restaurantterrasse. www.sihlseebadi.ch

Hoch-Ybrig

Vom Südufer des Sihlsees führt eine Straße in ein schönes Hochtal namens Ybrig mit den Ferienorten **Unteriberg** und **Oberiberg**. Mit der Luftseilbahn oder der Sesselbahn ab Oberiberg gelangt man ins **Hoch-Ybrig**, ein kleines Skigebiet. In seinem Zentrum liegt der Bergsee **Seebli**, von Hoch-Ybrig Weglosen mit einer Luftseilbahn erreichbar. Es ist der einzige Schweizer Bergsee, in dem Fliegenfischer eine neu gezüchtete Lachssorte erwartet.

▸ Karte S. 166/167

Blick vom Bockmattli auf den Wägitalersee

In der Nähe des Sees führt eine Sesselbahn auf den **Spirstock** (1771 Meter), von dem man bei schönem Wetter bis zum Rigi oder Pilatus blickt. Von dort führt ein alpiner Wanderweg über den Kamm zum **Sternen** (1856 Meter), der ebenfalls über eine Sesselbahn vom Seebli aus zu erreichen ist. **Sternensauser** nennt sich Europas längste Seilrutsche, die von Juli bis Oktober über mehr als zwei Kilometer von der Bergstation Sternen zur Talstation führt. Mit Geschwindigkeiten von bis zu 120 km/h geht es 80 Meter über dem Boden rasant bergab. Biker erwarten interessante Singletrails, Wanderer mehr als 100 Kilometer ausgeschilderter Wege.

Oberiberg ist über den **Ibergeregg-Pass** (1406 Meter) mit Schwyz verbunden. Die ganzjährig geöffnete Passstraße ermöglicht im Sommer viele Wandermöglichkeiten, im Winter auch ein bisschen Wintersport.

Wägital

Von Willerzell am Sihlsee führt eine kleine Straße über den **Satteleggpass** (1190 Meter) ins Wägital, ein landwirtschaftlich geprägter Landstrich von herber Schönheit. Da das Tal nicht einmal eine Autostunde von Zürich entfernt ist, ist es sommers wie winters vor allem am Wochenende ein beliebtes Ausflugsziel. Sein südliches Ende markiert der **Wägitalersee**, wie der Sihlsee ebenfalls ein Stausee, dessen Staumauer einmal die höchste der Welt war. Neben Kirche, Pfarr- und Schulhaus verschwanden bei ihrem Bau 1924 auch zahlreiche Bauernhäuser der Gemeinde Innerthal im aufgestauten Wasser. Ein Großteil der Einwohner wurde in höher gelegene Regionen umgesiedelt, die schönsten Stücke der alten Kirche wie eine Pièta aus dem späten Mittelalter in die neue verfrachtet. Um den See führt eine schmale Straße, auf der man ihn in knapp drei Stunden umwandern kann. Sie ist gut asphaltiert und so auch zum Skaten geeignet. Bergwanderer mit alpiner Erfahrung sind auf der rechten Seeseite gut aufgehoben, wo Richtung Glarus ein paar eindrucksvolle Ziele wie das **Bockmattli** (1931 Meter) winken, dessen steile Kalkwände bei Kletterern beliebt sind. Wer in kurzer Zeit viel Höhenmeter machen will, steigt auf den gut 2000 Meter hohen **Zindlenspitz**, der vom See aus schier unbezwingbar erscheint. Viel Kondition und bestes Schuhwerk ist beim Auf-und Abstieg gefragt, geht es doch manchmal auf allen Vieren über die Felsen, gesichert von Seilen. Gemütlicher geht es am See zu, wo mehrere Strandabschnitte zum Baden einladen. Angelausrüstung und Boot mietet man in **Innerthal**. Und Taucher schätzen am Südende des Sees die **Hundlochquelle**, eine Grotte unter Wasser.

Zürichsee (Obersee)

Im Norden grenzt der Kanton Schwyz an den Zürichsee, dessen südlichster Abschnitt Obersee heißt. Ihn trennt eine Engstelle zwischen Rapperswil und Hurden vom viel größeren Untersee. Zu den Dörfern am See, dem wichtigsten Trinkwasserspeicher für die Stadt Zürich, gehören **Lachen**, **Pfäffikon**, **Feusisberg** und **Wollerau** mit seiner Rokokokirche. In den Gemeinden sind wegen der Steuervorteile eine Reihe milliardenschwerer Consultingfirmen und Dienstleister ansässig. Mit Steuersätzen von maximal 17,4 Prozent wohnen in Feusisberg und Wollerau auch viele Millionäre. Angeblich führen die beiden Ortschaften die Rangliste der Schweizer Gemeinden mit der höchsten Millionärsdichte an. Rund um den Obersee gibt es beste Wandermöglichkeiten. Brücken verbinden Pfäffikon mit Rapperswil-Jona auf der nördlichen Seeseite. Ein Besuch dort lohnt sich fast immer, auch wenn man auf der anderen Seite schon im Kanton St. Gallen ist.

Lachen

Nicht zu übersehen in dem kleinen Dorf im Bezirk March ist die barocke Pfarrkirche **Heiligkreuz** mit ihren Zwiebeltürmen und prachtvoller Innenausstattung. Sie liegt nicht weit vom Seeplatz, an den ein kleiner Hafen grenzt. Schokoladenseite des Ortes ist das Seeufer, das man für seine Sonnenuntergänge rühmt. Schöne Wanderwege führen am Ufer entlang. Besonders interessante Stellen finden sich im Naturschutzgebiet **Lachner Aahorn** und **Bätzimatt** ganz am südöstlichen Ende des Sees. Das frühere Sumpfgebiet ist heute Brutplatz zahlloser Vögel und Laichgebiet vieler Amphibien. Den Kontrast zur eher feuchten Region bilden die benachbarten Wälder am Buechberg.
Reizvoll ist ein Abstecher auf die andere Uferseite zur Zisterzienserinnen-Abtei **Mariazell** in **Wurmsbach**. Wer will, kann

Boote im Obersee

Karte S. 166/167

sich dort für einen Monat einquartieren und in der Klostergärtnerei oder der Backstube den Nonnen bei ihrer Arbeit helfen. Ihr größter Schatz ist eine Muttergottesfigur, die man im späten Mittelalter angeblich aus dem Obersee zog. Seitdem steht sie in der Klosterkirche.

Pfäffikon SZ

Als Zentrum der Region Ausserschwyz gilt Pfäffikon am Fuß des **Etzel**, dem Hausberg des Ortes. Dass hier Finanzvermögen von schätzungsweise 100 Milliarden Franken gemanagt werden, rund das Doppelte des aktuellen Haushalts der Bundesrepublik Deutschland, sieht man der Gemeinde freilich nicht an.

Im **Alpamare,** einem der größten überdachten Wasserparks in Europa, treffen Gäste auf ein Dutzend Rutschbahnen mit einer Gesamtlänge von mehr als zwei Kilometern, vier Bäder, zahlreiche Saunen und Wellness-Räume.

Gleich neben dem Freizeitbad liegt das moderne **Vögele Kulturzentrum**: eine Stiftung, die vor allem jungen Menschen Kultur vermitteln will. Sie ist in einem sehenswerten Bau zuhause, der in den 1970er Jahren vom New Yorker Architekturbüro Copeland, Novak and Israel (CNI) entworfen wurde und mittlerweile zu den modernen Schweizer Architekturdenkmälern zählt.

Vor Pfäffikon liegt im Zürichsee die Insel **Ufnau**. Sie gehört zum Kloster Einsiedeln, das dort einen Weinberg hat. Die Insel, auf der ein Restaurant Gäste willkommen heißt, ist im Sommer mit dem Schiff zu erreichen. Schon zur Römerzeit stand auf der Ufnau ein Tempel. Seine Fundamente sind Teil der Kirche **St. Peter und Paul**, einem romanischen Gotteshaus mit Chorturm, dem man im 17. Jahrhundert ein Satteldach aufsetzte. Zu seinen ältesten Teilen gehört ein Türsturz im Portal aus dem 10. Jahrhundert. Im Inneren der Kirche sind neben Fresken aus verschiedenen Jahrhunderten ein im Chor eingemauertes romanisches Weihwasserbecken und eine gotische Grabplatte mit der Figur des Inselheiligen Adalrich zu sehen. Sein leerer Barocksarkophag steht seit einigen Jahren ein paar Schritte weiter in der dem heiligen Martin geweihten romanischen Kapelle, in der ein Weihwasserbecken und mittelalterliche Wandmalereien ins Auge fallen. Auf der Ufnau starb 1523 der Humanist Ulrich von Hutten, an den ein Grabstein neben der Kirche St. Peter und Paul erinnert.

Lachen und Pfäffikon

Vom Bahnhof **Lachen** gibt es direkte S-Bahn-Verbindungen nach Zürich. Kaum schneller sind die Regionalzüge.
Von **Pfäffikon** fahren Züge nach Luzern, Zürich, Zug, Bern sowie regionale Linien, z.B. nach Rapperswil oder Einsiedeln.
www.sbb.ch, www.sob.ch

Alpamare Pfäffikon, Gwattstr. 12, 8808 Pfäffikon SZ, Tel. 055/4151515; Mo–Do 10–21, Fr/Sa 10–22, So 10–21 Uhr. 25 000 Quadratmeter großes, überdachtes Erlebnisbad mit jährlich fast einer halben Million Besucher. www.alpamare.ch

Rapperswil-Jona

Die engste Stelle im Zürichsee ist zwischen Rapperswil-Jona und Hurden, eine weit in den See ragende Landzunge vor Pfäffikon. Ihren Status als Halbinsel hat sie allerdings Mitte des letzten Jahrhunderts verloren, als man einen Kanal durch die Landzunge baute, der den Booten der Zürichsee Schifffahrtsgesellschaft die Fahrt in den Unteren Zürichsee ermöglichte.

Rapperswil war einst ein wichtiger Halt, setzte man im Mittelalter doch von hier mit dem Boot nach Hurden über. Auch

Das Heilig Hüsli auf der Pilgerbrücke

die Pilger aus Süddeutschland nutzten die kurze Strecke über den See auf dem Weg von Süddeutschland zum Kloster Einsiedeln. Weil Wallfahrer, Händler und Reisende aber immer zahlreicher wurden, schlug man Mitte des 14. Jahrhunderts eine Holzbrücke von Rapperswil nach Hurden, die freilich häufig zerstört war. 1878 war schließlich die Schienen- und Straßenbrücke über die See-Enge fertig geworden, die noch heute viel genutzt wird. Auch die alte **Holzbrücke** von Rapperswil auf die Hurden gibt es seit ein paar Jahren wieder – als Teil eines beliebten Wanderweges vom einen zum anderen Ufer des Zürichsees. Der 841 Meter lange Steg über das Wasser gilt als die längste Schweizer Holzbrücke. An ihrer Seite steht eine **Heilig Hüsli** genannte Kapelle aus dem Jahr 1358, die einst Teil der mittelalterlichen Holzbrücke war. Rapperswil, inzwischen längst mit dem benachbarten Jona zusammengewachsen und deshalb mit einem Doppelnamen ausgestattet, ist eine ehemalige Reichsstadt – geprägt von schönen alten Bauten und einer **Uferpromenade** rund um den Schlosshügel, die zum Bummeln und im Sommer auch zum Baden lädt. Zur Zeit der Reformation galt Rapperswil als katholischer Brückenkopf am Zürichsee. Davon zeugt noch heute das **Kapuzinerkloster**, das Anfang des 17. Jahrhunderts im Rahmen der Gegenreformation und finanziell unterstützt von den Schweizer Urkantonen und Klöstern wie St. Gallen oder Einsiedeln am Seeufer angesiedelt wurde. Heute nennt es sich stolz »Kloster zum Mitleben«. Wer will, kann hier für ein paar Tage, Monate oder sogar Jahre zusammen mit den Klosterbrüdern und zwei Schwestern leben.

Größte Sehenswürdigkeit in Rapperswil ist das hoch über der Altstadt gelegene **Schloss**, das mit seinen Türmen die Stadtsilhouette prägt. Bis zum Jahresanfang 2025 soll es zu einem Hort der Geschichte umgebaut werden. Auf einem Rundgang durch die sanierten Gemäuer erfahren Besucher dann mehr vom einstigen Leben in der mittelalterlichen Burg, die im Lauf der Jahre zum Schloss wurde. Bei guter Sicht immer einen Besuch wert ist der **Schlosshügel** mit seiner Terrasse über dem Seebad, von der man einen einmaligen Blick über den Zürichsee auf die Voralpen hat.

Nicht weit weg liegt die **Stadtpfarrkirche**, deren erster Bau zeitgleich mit der Burg entstand, im Lauf der Jahrhunderte

▶ Karte S. 166/167

aber immer wieder neu gestaltet wurde. Nordwestlich der Kirche findet sich die **Liebfrauenkapelle**, ein mittelalterliches Beinhaus. Keine 100 Meter weiter östlich liegt das sehenswerte **Stadtmuseum**, das Stadt- und Kulturgeschichte in gleich 18 Räumen präsentiert. Dort erfährt man auch einiges darüber, warum Rapperswil als Rosenstadt gilt. So gibt es in der Altstadt neben kleinen privaten Anlagen auch große öffentliche Rosengärten wie an der Endingerstraße unterhalb des Schlosshügels (Lindenhof).

Familien mit Kindern sind im bekannten **Kinderzoo** des Zirkus Knie gut aufgehoben. Der Tierpark ist Teil des Winterquartiers des Zirkus und beherbergt im Sommer auch alle Tiere, die nicht mit auf Tournee gehen können. Programmatisch hat er sich der Aufgabe verschrieben, Kindern spielerisch die Notwendigkeit der Diversität im Tierreich klarzumachen. Noch immer aber ist er auch ein Zoo zum Anfassen. Wer will, kann auf Elefanten, Kamelen oder Ponys reiten oder kleine Tiere streicheln.

Rapperswil-Jona

Visitor Center Zürichsee, Fischmarktplatz 1, 8640 Rapperswil, Tel. 041/552257700; April–Okt. 9.30–17.30, Nov.–März 13–17 Uhr. www.rzst.ch

Regionalzuge z.B. nach Schwanden, Pfäffikon und Einsiedeln. Der **Voralpenexpress** (IR VAE, Luzern–St. Gallen) hält in Rapperswil. www.sbb.ch, www.sob.ch

Kloster Mariazell, Wurmsbach, 8645 Rapperswil-Jona, Tel. 055/2254900; Übernachtung im Gästehaus Lichthof ab 35 CHF. Klosterladen mit Leckerein aus der Klosterküche und Mitbringseln Sa/So 14–17 Uhr. www.klostermariazell.ch

Stadtmuseum Rapperswil-Jona, Herrenberg 30/40, 8640 Rapperswil, Tel. 055/2257916; Mi–Fr 14–17, Sa/So 11–17 Uhr. www.stadtmuseum-rapperswil-jona.ch

Knies Kinderzoo, Oberseestr. 36, 8430 Rapperswil, Tel. 055/2206760; Febr., 10–16, März–Okt. 9–18 Uhr. www.knieskinderzoo.ch

Die längste Holzbrücke der Schweiz führt über den Zürichsee

Uri, Schwyz und Unterwalden

Unterwalden

Unterwalden ist der geografische Mittelpunkt der Schweiz. Auf der **Älggialp**, umrahmt von einer Steinmauer, ist der auch entsprechend markiert. Rein rechnerisch liegt der Mittelpunkt zwar einen halben Kilometer weiter südöstlich, doch weil das felsige Gelände dort kaum zugänglich ist, hat man ihn auf die Almwiese verlegt. Sie ist ab Sachseln über ein schmales Bergsträßchen zu erreichen. Unterwalden besteht aus den beiden selbstständigen Halbkantonen **Nidwalden** mit dem Hauptort **Stans** (→ S. 194) und **Obwalden** mit dem Hauptort **Sarnen** (→ S. 187). Halbkantone heißen sie, weil beide sich bei Volksabstimmungen und der Wahl des Ständerates, der Kleinen Kammer des Schweizer Parlaments, die Stimmen teilen.

Winkelried-Denkmal in Stans

▲ Karte S. 184/185

Nicht verpassen
Stanserhorn → S. 195
Flüeli-Ranft → S. 192
Engelberg → S. 198
Sarnersee → S. 186
Sachseln → S. 188
Stans → S. 194

Viele Menschen in Unterwalden leben noch immer von der Landwirtschaft, die hier meist Milchwirtschaft ist. Groß sind die Almregionen wie auf der schon erwähnten Älggialp. In den flachen und breiten Tälern wie um Stans hat zudem eine hochtechnisierte Industrie Platz gefunden. Einen großen Teil der Arbeitsplätze aber stellt der Tourismus, der etwa **Engelberg** (→ S. 198) zur größten Feriendestination in der Zentralschweiz gemacht hat. Von Frühjahr bis Herbst sind es Wanderer und Biker, die in Unterwalden gern Ferien machen, im Rest des Jahres Wintersportler. Wassersportler kommen an den Seen in Obwalden auf ihre Kosten: vom Alpnacher- über den Sarner- bis zum Lungerersee. Aber auch Angler sind in **Obwalden** gern gesehene Gäste, warten in ihren Seen doch oft reiche Fänge. Vor allem im **Lungerersee** (→ S. 193), wo schweizweit einzigartig auch im Winter das Fischen meist erlaubt ist.

Vorbei an den Seen windet sich die **Brünigstraße**, die Luzern mit dem Berner Oberland verbindet und ganzjährig stark befahren ist. Ihr Scheitel ist der gut 1000 Meter hohe **Brünigpass** (→ S. 193), über den seit über 100 Jahren auch eine Eisenbahn verkehrt: eine Schmalspurbahn, die unter dem Namen **Zentralbahn** Luzern über Alpnachstad und Giswil mit Meiringen und Interlaken verbindet. Naturfreunde sollten sich die Straße zum **Glaubenbergpass** (1543 Meter) merken, die in Sarnen Richtung Westen abzweigt. Sie führt in die größte Moorlandschaft der Schweiz. Es ist ein Reich voller Tümpel, Quellen und kleiner Wasserfälle. Besonders ins Auge fallen die vielen kleinen Bergbäche, die die Landschaft wie ein Gitternetz durchziehen.

Geschichte

Die Region Unterwalden, anfangs von Kelten, Römern und Alemannen besiedelt, tauchte im frühen 14. Jahrhundert als eidgenössischer Ort mit geteilter Standesstimme und den Landesteilen »Unterwalden ob dem Wald« und »Unterwalden nid dem Wald« in Dokumenten und Urkunden auf. Es waren bis Ende des zweiten Jahrtausends die offiziellen Bezeichnungen für die beiden Schweizer Kantone.

Augenscheinlich stärker als Obwalden war Nidwalden schon früh vom Kampf seiner Bürger für mehr Freiheit geprägt, den man aber auch als Eintreten für mehr Solidarität werten kann. Sichtbaren Ausdruck hat diese Einstellung im Winkelried-Denkmal in Stans gefunden. Es verweist auf ein Nidwaldner Rittergeschlecht, als dessen bekanntester Vertreter Arnold Winkelried gilt: der Held der Schlacht bei Sempach (→ S. 103), in der die Eidgenossen 1386 ein zahlenmäßig überlegenes und bestens gerüstetes habsburgisches Heer schlugen. Auch wenn manche Historiker heute Zweifel hegen, ob Winkelried überhaupt an der Schlacht beteiligt war, tragen Hotels, Schiffe, Brunnen und Museumsbauten wie in Stans noch immer seinen Namen. Der Mythos um Winkelried könnte auch Nidwaldens Landesherren ermuntert haben, bis 1848 sämtliche nationale Verfassungen abzulehnen. Sichtbar ist diese Politik im ehemals zu Nidwalden zählenden Engelberg geworden, das seit dem Wiener Kongress als Exklave zum Kanton Obwalden gehört. Engelberg nämlich hatte Nidwaldens restriktive Bundespolitik entschieden abgelehnt und sich deshalb für den Anschluss an das vermeintlich weitsichtigere Obwalden entschlossen. Inzwischen kooperieren die beiden Kantone bestens, die längst auch erkannt haben, dass kleinstaatliches Denken touristisch ein Hemmschuh ist. Auch jahrhundertealte Traditionen wie die Landsgemeinde, die Versammlung aller Stimmbürger unter freiem Himmel, wurden 1996 in Nidwalden und zwei Jahre später in Obwalden abgeschafft.

Blick vom Stanserhorn Richtung Norden

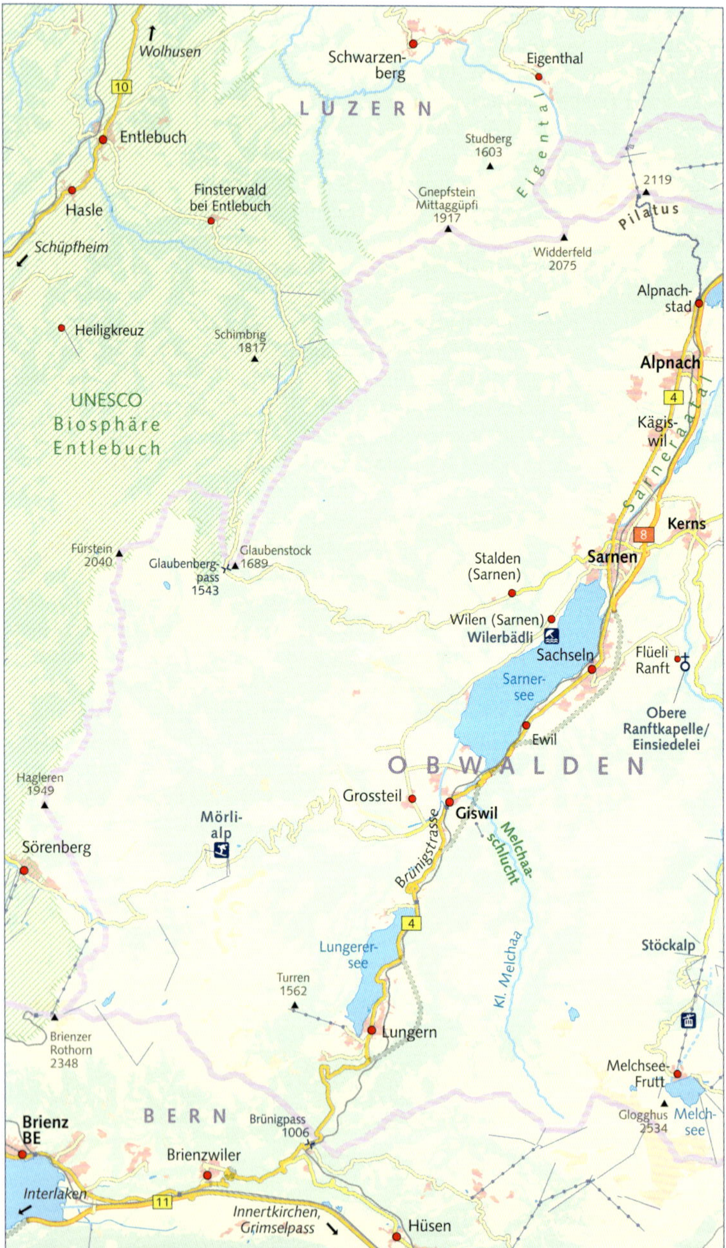

Unterwalden

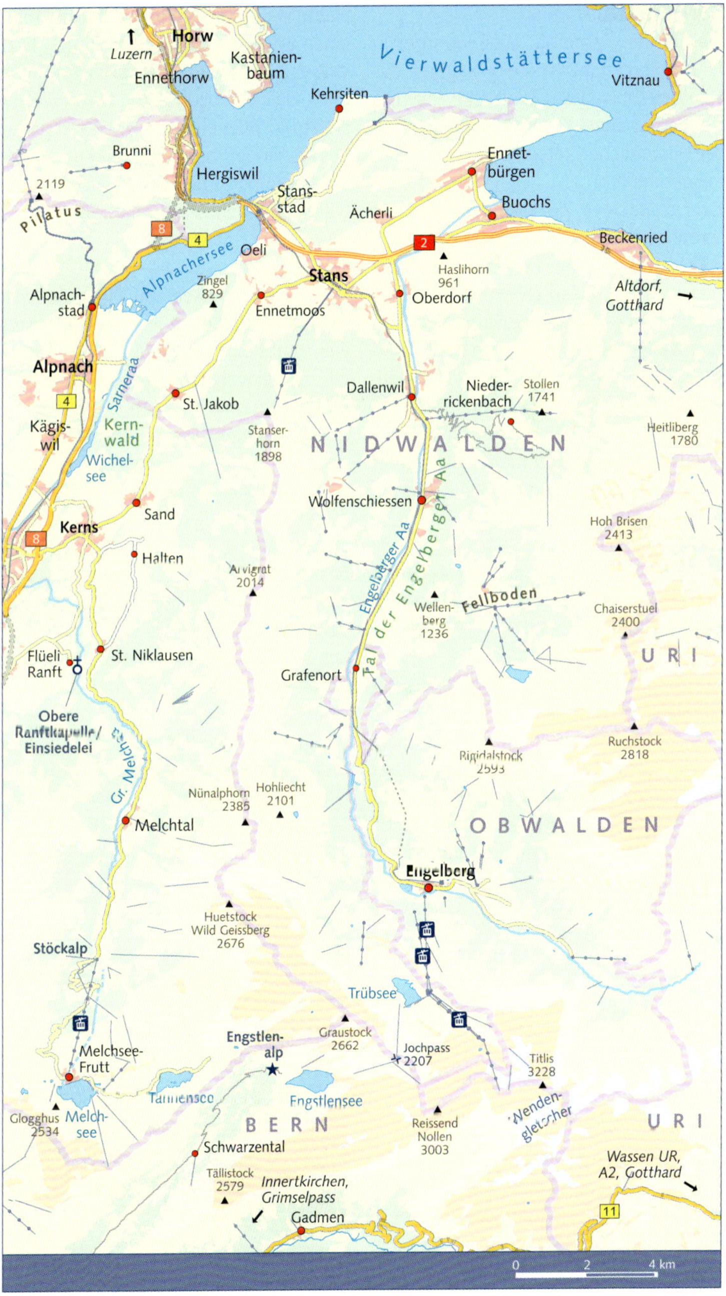
Luzern
Horw
Ennethorw
Kastanienbaum
Vierwaldstättersee
Vitznau
Kehrsiten
Brunni
Hergiswil
Ennetbürgen
Buochs
2119
Pilatus
Stansstad
Ächerli
Beckenried
8
4
2
Oeli
Alpnachersee
Zingel 829
Stans
Haslihorn 961
Oberdorf
Alpnachstad
Ennetmoos
Altdorf, Gotthard
Alpnach
Sarneraa
Dallenwil
Niederrickenbach
Stollen 1741
4
St. Jakob
Kägiswil
Kernwald
Stanserhorn 1898
NIDWALDEN
Heitliberg 1780
Wichelsee
Sand
Wolfenschiessen
Engelberger Aa
Kerns
8
Hoh Brisen 2413
Halten
Arvigrat 2014
Tal der Engelberger Aa
Wellenberg 1236
Fellboden
Chaiserstuel 2400
Flüeli Ranft
St. Niklausen
Grafenort
URI
Obere Ranftkapelle/ Einsiedelei
Rigidalstock 2593
Ruchstock 2818
Gr. Melchaa
Nünalphorn 2385
Hohliecht 2101
Melchtal
OBWALDEN
Engelberg
Huetstock Wild Geissberg 2676
Stöckalp
Trübsee
Engstlenalp
Graustock 2662
Jochpass 2207
Titlis 3228
Melchsee-Frutt
Tannensee
Engstlensee
Wendengletscher
Glogghus 2534
Melchsee
BERN
Reissend Nollen 3003
URI
Schwarzental
Tällistock 2579
Innertkirchen, Grimselpass
Wassen UR, A2, Gotthard
11
Gadmen
0
2
4 km

Sarneraatal

Das Tal der Sarneraa, auch wenn es in Nidwalden endet, ist die Schlagader des Kantons Obwalden. Es streckt sich vom Brünigpass abwärts zum Vierwaldstättersee. Eiszeitliche Gletscher haben es breit ausgeschliffen.

Drei große Seen, der **Alpnachersee**, der **Sarnersee** und der **Lungerersee** (→ S. 193), prägen seine Landschaft, an denen auch die touristisch wichtigsten Orte liegen. Aber auch kleine Seitentäler wie das **Melchtal** (→ S. 193) haben ihren Reiz. **Sachseln** (→ S. 188) und **Flüeli-Ranft** (→ S. 192) punkten als Wallfahrtsorte, schließlich war hier Niklaus von Flüe zuhause, der meist nur »Bruder Klaus« genannte Schweizer Schutzpatron.

Alpnachersee

Ein breiter Kanal verbindet den Vierwaldstättersee mit dem Alpnachersee zu Füßen des **Pilatus**. Hoch im Kurs steht er bei Wassersportlern. Wanderer können ihn auf bequemen Wegen in drei bis vier Stunden umrunden.

Am zum Teil unter Naturschutz stehenden Südufer des Alpnachersees liegt **Alpnachstad**, wo man vom Schiff oder der Regionalbahn aus Luzern in die **Pilatusbahn** (Brünigstrasse 2) umsteigen kann. Sie schafft Besucher in einer knappen halben Stunde hoch in das Bergmassiv. Die Pilatusbahn, seit 2023 mit ganz neuen Wagen ausgestattet, verkehrt seit 1889 und gilt als steilste Zahnradbahn der Welt.

Alpnachstad ist Ortsteil der weiter südlich gelegenen Gemeinde **Alpnach**, deren fast 100 Meter hoher Kirchturm nicht zu übersehen ist.

Etwa eine Stunde Fußmarsch weiter östlich trifft man auf den legendären **Kernwald**, der einst »Unterwalden ob dem Wald« (Oberwalden) von »Unterwalden nid dem Wald« (Nidwalden) trennte. Heute vereint er Wanderer, für die man einen **Erlebnisparcours** geschaffen hat. Westlich ans Waldgebiet grenzt der wie auch das Umland unter Naturschutz stehende **Wichelsee**. Er entstand Mitte des letzten Jahrhunderts beim Bau eines Stausees und ist heute mit seinem Auenwald ein beliebter Brutplatz für Vögel.

Sarnersee

Dass der Sarnersee am Ende der Eiszeit einmal Teil des Vierwaldstättersees war, ahnt heute niemand, der an seinem Ufer unterwegs ist. Im Lauf der Jahrtausende nämlich hatten Gebirgsbäche riesige Mengen Schutt und Geröll ins Tal geschoben, die den Alpnachersee schließlich vom Sarnersee trennten. Auf seiner östlichen Seite führt eine Schnellstraße entlang.

Die landschaftlich reizvollere Strecke ist auf der Westseite, wo das Strandbad **Wilerbädli** von Mai bis September zum Schwimmen lädt. Es gehört zum **Seehotel Wilerbad**, einem über dem See gelegenen Wellness- und Seminarhotel mit großem Spa, das von einer eigenen Quelle profitiert.

Die touristisch wichtigsten Orte am See wie **Sarnen** und **Sachseln** verbindet zwischen April und Oktober ein Linienschiff.

Am Sarnersee

▸ Karte S. 184/185

Am Südende des Sees liegt **Giswil**, eine Streusiedlung am Fuß des Brünigpasses. Zu ihr gehört die **Mörlialp**, ein kleines Familienskigebiet - zu erreichen über eine schmale Panoramastraße, die weiter nach Sörenberg ins Entlebuch (→ S. 112) führt.

Sarnen

Sarnen ist Obwaldens Hauptstadt. Über ihr stand einst die Burg Landenberg. Im Mittelalter war sie eine der größten Innerschweizer Burganlagen, wurde aber schon bald aufgegeben.

Heute stehen auf dem Burggelände ein **Zeughaus** aus dem frühen 18. Jahrhundert, eine bis vor einem halben Jahrhundert noch militärisch genutzte Waffenkammer, und das barocke **Schützenhaus**, das mit seinen roten Türmchen schon von weitem auffällt.

Ein paar Schritte weiter steht der **Hexenturm** (Kirchstrasse 3) aus dem späten 13. Jahrhundert, den der Kanton heute als Staatsarchiv nutzt. Mit dem *Weißen Buch von Sarnen*, das man auch im Internet einsehen kann (www.ow.ch), beherbergt er eine der wertvollsten Schweizer Archivalien: eine handschriftliche Chronik Schweizer Geschichte, die vielen Schweizern als eine Art Stammbuch der Eidgenossen gilt.

Sehenswert ist Sarnens **Dorfplatz** mit dem **Rathaus**, einem repräsentativen Barockgebäude. Als imposante Hallenkirche, die ihr barockes Gesicht Mitte des 18. Jahrhunderts fand, zeigt sich die katholische Pfarrkirche **St. Peter und Paul** (Bergstrasse/Kirchstrasse). Ihre ältesten noch romanischen Teile finden sich im unteren Teil des östlichen Kirchturms. Sehenswert sind auch die Deckengemälde und Stuckarbeiten. Das benachbarte **Beinhaus** aus dem frühen 16. Jahrhundert beeindruckt mit seiner spätgotischen Holzdecke.

Am Dorfplatz von Sarnen

Die ehemalige **Kaserne Sarnen** (Brünigstrasse 127), als Zeughaus Ende des 16. Jahrhunderts errichtet, dient heute als **Museum**. Eine komplette Alphütte und viele hundert weitere Ausstellungsstücke zeugen von der kulturell reichen Vergangenheit des Kantons Obwalden. Über Kunstschätze wie Textilien, liturgisches Gerät, Gemälde, Skulpturen, hunderte von Handschriften, Bücher und Musiknoten verfügt das Frauenkloster **St. Andreas** (Brünigstrasse 157), ein benediktinisches Zentrum. Stolz ist man dort auf das **Sarner Jesuskind** in der Wallfahrtskirche, eine gotische Holzfigur, die sich in immer neuen Gewändern zeigt, manchmal gar in dunkelrotem Samt, der Teil eines prachtvollen Kleides der ungarischen Königin Agnes war und den Klosterfrauen im Jahr 1364 geschenkt wurde.

Sachseln

Zu den populärsten Wallfahrtsorten der Eidgenossenschaft zählt Sachseln mit seiner **Pfarrkirche**. Es ist die Grabstätte des Schweizer Nationalheiligen Niklaus von Flüe, besser bekannt als »Bruder Klaus«. Eingebettet im freistehenden Hauptaltar liegt eine lebensgroße Figur des Heiligen hinter Glas, die in einem Stahlbehälter die Reliquien des auch als Mystiker und Politiker geschätzten Mannes birgt.

Neben dem noch aus romanischer Zeit stammenden Kirchturm erinnert ein Denkmal an seine Frau Dorothee, das sie mit drei Kindern zeigt. Es soll an der Stelle stehen, an der ihr Grab vermutet wird. In einer kleinen Kapelle neben dem Kirchturm, die man in der frühen Neuzeit um das Grab von Bruder Klaus gebaut hatte und die später erweitert wurde, ist noch die aus dem Mittelalter stammende Grabplatte mit seinem Abbild zu sehen. Seine dort lange Zeit im Eichensarg gebetteten Überreste wurden 1679 in die neu gebaute Wallfahrtskirche übertragen. Deren Bau war nach der Seligsprechung von Bruder Klaus Mitte des 17. Jahrhunderts dringend nötig, nachdem der Pilgerstrom nach Sachseln immer mehr zunahm. Als der noch weiter wuchs, baute man die heutige Hallenkirche mit ihren schwarzen Marmorsäulen. Zu ihren Sehenswürdigkeiten gehört auch eine dunkelbraune Kutte, in der Bruder Klaus angeblich 1487 verstarb. Zwischen den linken Seitenaltären hängt zudem die originalgetreue Kopie eines Bildes, vor dem der Eremit gern meditiert haben soll.

Vom Leben und Alltag des Schweizer Nationalheiligen erzählt die Dauerausstellung im **Museum Bruder Klaus Sachseln**. Erinnert wird dort auch an seine Frau, die nicht nur viele Kinder großzog, sondern ihrem Mann letztlich aus Liebe auch das Leben als Einsiedler gönnte. Thematisch schlägt das Museum mit seinen Sonderausstellungen häufig einen interessanten Bogen in die Gegenwart, in dem sie seine Rolle als politischer Vermittler beleuchtet.

Sarnersee

Obwalden Tourismus, Bahnhofplatz 1, 6060 Sarnen, Tel. 041/6665040; Mo–Fr 9–12 und 13.30–17 Uhr. www.obwalden-tourismus.ch

Die **S5** fährt von Luzern nach Sarnen und Sachseln.

Schifffahrt Sarnersee. Auf dem See verkehrt zwischen April und Okt. meist täglich das Motorschiff Seestern. Fahr- und Streckenplan: www.ms-seestern.ch

Seehotel Wilerbad, Wilerbadstr. 6, 6062 Wilen am Sarnersee, Tel. 041/6627070; DZ ab 240 CHF. Über dem See gelegenes, nachhaltig wirtschaftendes Wellnesshotel mit Restaurant, dessen Spa-Bereich auch Nicht-Hotelgästen zur Verfügung steht. www.wilerbad.ch

Historisches Museum Obwalden, Brünigstr. 127, 6061 Sarnen, Tel. 041/6606522; Mitte April–Nov. Mi–So 14–17 Uhr. www.museum-obwalden.ch

Museum Bruder Klaus Sachseln, Dorfstr. 4, 6072 Sachseln, Tel. 041/6605583; Palmsonntag–Allerheiligen Di–Sa 10–12 und 13.30–17, So 11–17 Uhr. Dauerausstellung zum Leben und Wirken des Schweizer Nationalheiligen. www.museumbruderklaus.ch

Weg der Visionen heißt der knapp zweistündige Abschnitt des **Bruderklausenwegs** (→ S. 195) zwischen Sachseln und Flüeli-Ranft, der als Meditationsweg mit modernen Plastiken ausgestattet ist.

▸ Karte S. 184/185

Wallfahrtskirche in Sachseln

Bruder Klaus, der Nationalheilige

Den Großteil seines Lebens war Niklaus von Flüe ein Familienmensch, Landwirt und Vater von fünf Söhnen und fünf Töchtern. Aber auch als Politiker und Friedensstifter war der Mann aus dem Kanton Obwalden hoch angesehen. Als 50-Jähriger freilich spürte er, dass es im Leben mehr geben kann als Beruf und Familie. Deshalb zog er sich als Eremit in eine abseits gelegene Klause zurück, wo er bis zu seinem Tod anno 1487 ein frommes Leben voll christlicher Tugenden führte, für das er 1947 heiliggesprochen wurde.

Heute ruhen seine Reliquien in der Wallfahrtskirche zu Sachseln, eingebettet in eine lebensgroße Figur des Heiligen. Davor liegt gewöhnlich ein herzförmiges Holzbrett mit Steinen, auf denen Kinder Eigenschaften notiert haben, die sie Niklaus von Flüe zuschreiben. Fröhlich, lustig, naturverbunden, liebevoll – und immer wieder: hilfsbereit.

Wer aber war der Mann, dessen Leben Millionen Schweizer, aber auch Menschen anderer Konfessionen im Lauf der Jahrhunderte stets neu beeindruckt hat? Eine gute Stunde Fußmarsch von Sachseln bergauf, in Flüeli, war er 1417 als Sohn eines Bauern zur Welt gekommen. Mit Ende Zwanzig heiratete er die damals 14-jährige Dorothea Wyss, die Biografen als gottesfürchtige und fromme Frau und gute Mutter beschrieben. Zusammen hätten sie eine vorbildliche Ehe geführt, weshalb renommierte Theologen wie der Schweizer Walter Nigg die Frage aufwarfen, ob man sie nicht mit Niklaus zusammen hätte heilig sprechen sollen.

Statue in der Unteren Ranftkapelle in Flüeli-Ranft

Trotz dieser idealen Rahmenbedingungen aber nahm Niklaus von Flüe am 16. Oktober 1467 Abschied von seiner Familie. Vorausgegangen waren harte Jahre, in denen er sich in nächtelangen Meditationen und intensivem Gebet auf einen neuen Lebensabschnitt vorbereitete. Den Entschluss, Frau, Söhne und Töchter zu verlassen, fasste er schließlich erst, als er spürte, die Familie könne es auch ohne ihn schaffen. Schließlich war sein erster Sohn mittlerweile über 20 Jahre alt und mit den ältesten Kindern in der Lage, den Hof weiterzuführen und der Mutter bei der Erziehung ihrer Kinder – das jüngste lag noch in den Windeln – zu helfen. Trotzdem dauerte es, bis ihn Dorothea, die sich zunächst gegen seinen Abschied sperrte, gehen ließ. Erst als ihr klar wurde, dass Gott ihren Mann in die Einsamkeit rufe, willigte sie in seine Pläne ein.

Anfangs pilgerte Niklaus nach Norden, machte aber schon bald kehrt, um sich

Wohnhaus von Klaus und Dorothea in Flüeli-Ranft

nur einen Katzensprung unterhalb seines Wohnhauses in der Ranft niederzulassen. Dort baute er eine erste Hütte aus Holz. Dazu gesellte sich eine erste Kapelle, besuchten doch immer wieder Menschen den Eremiten im Tal. Fasziniert waren sie von einem Wunder, das sich schnell herumgesprochen hatte: dass der fromme Mann nämlich fast ganz ohne Essen und Trinken auskomme. Wochenlang ließen die Behörden deswegen Bruder Klaus heimlich beobachten, konnten aber nichts finden, »was religiöse Heuchelei aus eitler Prahlerei verriet«.

Immer wieder suchten Gläubige das Gespräch mit dem schlanken Eremiten, dessen Haar und Bart lang und wild waren, dessen Ratschläge aber Weitsicht und Mitgefühl niemals vermissen ließen. Sein Meisterstück als Ratgeber lieferte Niklaus von Flüe nach Meinung seiner Biografen im Jahr 1481, als sich die politische Vertretung der Eidgenossen auf einer Tagung in Stans heillos zerstritten hatte und ihr Bündnis vor der Auflösung stand. Grund war die Ablehnung der Aufnahme von Solothurn und Freiburg in ihren Bund, den die Stadtkantone Luzern, Bern und Zürich beantragt hatten. Die von Zug und Glarus unterstützten, stark ländlich geprägten Urkantone aber wollten das auf keinen Fall.

Deshalb machte sich der Pfarrer von Stans auf den Weg zu Bruder Klaus, um den längst landesweit bekannten Eremiten um Rat zu fragen. Der empfahl angeblich, den »Zaun nicht zu weit zu machen« und die neuen Kandidaten ins Bündnis aufzunehmen. Der Vorschlag wurde vom Pfarrer allen in Stans versammelten Eidgenossen überbracht und fand schließlich allgemein Zustimmung. Die Aufnahme von Freiburg und Solothurn in die Eidgenossenschaft war zudem mit einer Friedensgarantie verbunden, die Überfälle auf Mitglieder des Bündnisses und deren Verbündete unter strenge Strafen stellte. Glockengeläut im ganzen Land verkundete die Einigung, an die anfangs keiner hatte glauben wollen. Bruder Klaus wurde so zum Retter des Vaterlandes und Begründer des Mythos, er allein habe die Eidgenossenschaft mit seinen Empfehlungen vor dem Verfall gerettet – ein Mythos, in dem mancher Historiker auch die bis heute praktizierte Schweizer Neutralitätspolitik wurzeln sieht.

Pilger in Flüeli-Ranft

Flüeli-Ranft

Von Sachseln führt die Flüelistrasse in die Heimat des Schweizer Nationalheiligen Niklaus von Flüe. Flüeli-Ranft heißt der weithin bekannte Wallfahrtsort, in dem sich neben seinem Geburts- und Wohnhaus auch die Kapelle findet, in die er sich als Einsiedler zurückgezogen hatte. Für alle, die sich für den großen Schweizer Heiligen näher interessieren, ist der Besuch des Dorfes ein Muss!

Im Zentrum nicht zu übersehen ist die **Flüeli-Kapelle** aus dem frühen 17. Jahrhundert mit prachtvollen Intarsien und sehenswerter Holzdecke. Ihr zu Füßen liegen das **Geburtshaus** (Herrenmattli 5) und das **Wohnhaus** (Flüeliplatz 1) des Heiligen, die Besuchern von April bis Oktober täglich offenstehen. Während sein Geburtshaus als eines der ältesten Häuser der Region gilt und 1925 gründlichst restauriert wurde, ist sein Wohnhaus aus Anlass seiner Heiligsprechung Mitte des letzten Jahrhunderts rekonstruiert worden.

Schräg gegenüber führt ein befestigter Pfad steil abwärts in die **Ranft**. Ranft steht für Rand und bezeichnet den Taleinschnitt zur Melchaaschlucht. Es war eine einst weltabgeschiedene Gegend, in die sich Bruder Klaus als 50-Jähriger zurückgezogen und bis zu seinem Tod als Eremit gelebt hatte. Seine **Einsiedelei**, in die er zwei Jahrzehnte betend, fastend und nachdenkend lebte, lehnt sich an einen **Obere Kapelle** genannten Bau aus dem späten 17. Jahrhundert. In ihr erzählt ein Bilderzyklus von Bruder Klaus. Weiter unten – am Ufer der Melchaa, die in den Sarnersee fließt – liegt die **Untere Kapelle**. Sie wurde nach dem Tod des Heiligen gebaut, um einen Andachtsraum für die vielen Pilger zu schaffen, die seine Einsiedelei sehen wollten. Die spätgotische Kapelle ist reich mit Fresken geschmückt. Sie zeigen an den Seitenwänden Szenen aus dem Leben des Eremiten und die Passion Christi. Das monumentale Gemälde an der Rückwand soll als Votivbild daran erinnern, wie sehr die Fürbitten der Gläubigen in der Ranft halfen, dass die Schweiz vom Ersten Weltkrieg verschont blieb.

Auf der anderen Seite der Melchaa, über einen Treppenweg von der Ranft aus zu erreichen, liegt oben am Berg eine weitere freskengeschmückte spätmittelalterliche **Kapelle**. Sie baute Bruder Ulrich, ein deutscher Priester, der sich dort kurz nach Bruder Klaus ebenfalls als Einsiedler niedergelassen hatte. Seine Gebeine verbrachte man, weil die Kapelle schon auf dem Gebiet der Gemeinde Kerns liegt, nach seinem Tod in die dortige Pfarrkirche, wo übrigens auch Niklaus von Flüe getauft wurde.

Zu Kerns gehört das Dörfchen **St. Niklausen** am Eingang zum Grossen Melchtal. Sein Schmuckstück ist eine aus der Mitte des 14. Jahrhunderts stammende, einsam gelegene Kapelle (Schildstrasse 12) mit freistehendem Glockenturm. Mittelalterliche Fresken zieren ihren Chor,

▸ Karte S. 184/185

die Decken ländliche Barockmalereien. Niklaus von Flüe zog sich angeblich gern in die Kapelle zurück, um dort vor den Bildern, die das Leiden Christi zeigen, zu meditieren.

Melchtal

Das Melchtal ist eine Ski- und Wanderregion, die man von Sarnen oder Stans via Kerns über die Melchtalerstrasse erreicht. Sie endet an der **Stöckalp**, von wo es im Winter mit der Gondel zum **Melchsee** weitergeht. Im Sommer führt ein schmales Sträßchen – befahrbar bergwärts alle geraden Stunden, abwärts alle ungeraden – zum Parkplatz am Melchsee. Die Parkgebühren dort sind allerdings teurer als die Anreise mit der Bergbahn Stöckalp–Melchsee.

Glasklare Bergseen und rund 1000 Kilometer markierter Pfade und Wege erwarten den Wanderer in **Melchsee-Frutt**. Zu den schönsten gehört der **Vier-Seen-Höhenwanderweg** nach Engelberg, knapp 14 Kilometer vorbei an Melchsee, Tannensee, Engstlensee und Trübsee. Die fünf- bis sechsstündige Wanderung gilt als eine der schönsten in der Zentralschweiz.

Melchsee

Tourismusverein Melchsee-Frutt, alte Bergstation, 6068 Melchsee-Frutt, Tel. 041/6697060; Mitte Juni–Mitte Okt. tgl. 9–12 und 13–17 Uhr; Mitte Dez.–Mitte April tgl. 9–17 Uhr. www.melchsee-frutt.ch

Lungerersee

Zu Füßen des Brünigpasses streckt sich der Lungerersee, verkürzt auch Lungernsee geschrieben. Es ist ein natürlicher Stausee, dessen Wasser zur Energiegewinnung genutzt wird und der im Winter deshalb meist deutlich weniger Wasser als im Sommer hat. Populäres Freizeitvergnügen in **Lungern**, dem größten Ort am

Der Ranftweg führt Wanderer ins Melchtal

See, ist das Fischen – vom Ufer oder besser noch von Booten aus, die man mieten kann. Schöne Wandermöglichkeiten bieten sich vom **Turren** (1562 Meter), auf den von Lungern eine Gondel fährt. Von dort lässt sich über satte Almwiesen das **Gasthaus Schönbüel** erreichen. Wer es bequemer mag, umrundet den im Hochsommer deutlich über 20 Grad warmen See zu Fuß oder per Rad. Eine schöne, aber anstrengende Wanderung führt auf einem alten Saumweg in drei Stunden auf den **Brünigpass**: ein Weg, den bis zum Bau der Passstraße alle gehen mussten, die weiter Richtung Süden wollten.

Lungerersee

Der **Luzern-Interlaken-Express** hält in Lungern.

Fischereiparadies Lungern, Bürglenstr. 14, 6078 Bürglen, Tel. 041/6780101; Sommer 7–12 und 13–17.30 Uhr, Winter 8–12 und 13–17 Uhr. Ausgabe von Fischereipatenten, Schulungen zum Sachkundenachweis und Bootsreservierung. www.fischerparadies.ch

Im Tal der Engelberger Aa

Was das Tal der Sarneraa für Obwalden, ist das Tal der Engelberger Aa für Nidwalden. Aawasser nennen die Einheimischen das Flüsschen, das aus dem Kanton Uri kommt und am Golfclub entlang den Talort Engelberg erreicht. An Stans vorbei, dem Hauptort Nidwaldens, mündet die Engelberger Aa in den Vierwaldstättersee.

Stans und **Engelberg** (→ S. 194, 198) sind die touristischen Zentren am Anfang und Ende des Tales. Dazwischen liegen kleine Dörfer wie **Dallenwil** (→ S. 196) oder **Wolfenschiessen** (→ S. 196), die von Luzern auch mit der S-Bahn zu erreichen sind.

Engste Stelle im Tal ist die **Aaschlucht** kurz vor Engelberg, durch die ein Erlebnisweg über mehrere Hängebrücken und Stege führt. Er macht jedem klar, dass die Aa längst nicht so harmlos ist, wie sie sich meist zeigt. 2005 zum Beispiel überschwemmte sie nach tagelangen Regenfällen den ganzen Talboden, riss zahlreiche Brücken um, so dass Engelberg zwei Wochen lang nur auf dem Luftweg zu erreichen war.

Im Zentrum von Stans

▲ Karte S. 184/124

Klosterladen im Culinarium

■ Stans

Eingebettet zwischen Stanserhorn und Bürgenstock liegt Stans. Dass sein Zentrum so harmonisch wirkt, liegt an einem Großfeuer, das Anfang des 18. Jahrhunderts zwei Drittel des Dorfes in Schutt und Asche legte. Anschließend wurde es in barockem Stil neu aufgebaut, was man dem unter nationalem Denkmalschutz stehenden Ortskern ansieht.

Am Dorfplatz fallen nicht nur alte Bürgerhäuser, sondern auch die Pfarrkirche **Peter und Paul** ins Auge. Ihr ältester Teil ist der um das Jahr 1200 errichtete Glockenturm, der als bedeutendstes romanisches Bauwerk der Zentralschweiz gilt. Nachdem man das Gotteshaus Mitte des 17. Jahrhunderts im frühbarocken Stil neu gebaut hatte, setzte man ihm allerdings einen Spitzhelm auf. Beeindruckend ist der Blick ins zweistöckige und mit Fresken verzierte mittelalterliche **Beinhaus** neben der Pfarrkirche. Eine Christusfigur mit geschultertem Kreuz vor aufgetürmten Schädeln kann einem beim Betrachten schnell Schauer einjagen, aber auch Demut vor dem Tod lehren.

Auf dem angrenzenden Rathausplatz steht das 1865 aufgestellte **Winkelried-Denkmal**, das Wahrzeichen des Dorfes. Es zeigt den aus Carrara-Marmor gemeißelten Arnold von Winkelried bei seinem legendären Opfertod auf dem Schlachtfeld in Sempach – über ihm ein junger Eidgenosse, der zum Sieg stürmt. »Das Denkmal«, heißt es in Lehrmaterialien für den Schweizer Schulunterricht, »stellt in seiner senkrechten Achse den Generationsvertrag dar. Was die Eltern (alter Eidgenosse am Boden) begonnen haben, führen die Kinder (Winkelried in der Mitte) weiter und führen die Kindeskinder (junger Eidgenosse oben) zu Ende.« Weitere Sehenswürdigkeiten sind das Frauenkloster **Santa Klara** mit seiner barocken Kirche und das **Nidwaldner Museum** im sogenannten **Winkelried-Haus**. Dass Stans heute zunehmend auch Ziel von Feinschmeckern ist, liegt am **Culinarium Alpinum** im alten **Kapuzinerkloster**, dessen ehemalige barocke Kirche eine kurze Stippvisite wert ist. Die einstigen Mönchszellen des Klosters hat man in einfache Hotelzimmer umgewandelt. Und im Klosterkeller reift in großen Laiben jetzt der Alpsbrinz: ein extraharter Käse, der mit jedem Jahr weiterer Reife besser und teurer wird. Im Klosterladen wird er zusammen mit vielen anderen hausgemachten Erzeugnissen des Culinariums wie Maiskernöl, Alpenkräutertee, Konfitüre und Gelee verkauft. Erklärte Absicht des Culinariums mit seiner offenen Restaurantküche ist es, Besuchern die kulinarischen Spezialitäten des Alpenraums näher zu bringen. Dazu gehören auch Früchte und Beeren aus der öffentlich zugänglichen **Essbaren Landschaft** im Klostergarten.

Stans

Tourismus Stans, Bahnhofplatz 2, 6370 Stans, Tel. 041/586688600; Mo–Fr 7–19, Sa 7.15–17, So 8–12 und 13–16 Uhr. Im Sommer Montagmittag kostenlose Führungen durchs Dorf.
www.tourismusstans.ch

Stans ist von Luzern aus mit der S4 und der **Luzern-Engelberg-Bahn** zu erreichen.
www.sbb.ch, www.zentralbahn.ch

Nidwaldner Museum, Engelbergstr. 54A, 6370 Stans, Tel. 041/6109606; Mi 14–20, Do-Sa 14–17, So 11–17 Uhr. Neben den Dauerausstellungen zur Kunst- und Kulturgeschichte des Kantons gibt es jährlich mehrere Sonderausstellungen.
www.nidwaldner-museum.ch

Culinarium Alpinum, Mürgstr. 18, 6370 Stans, Tel. 041/6191717; DZ ab 190 CHF. Hotel und Restaurant: 7.30–23.30 (So bis 13) Uhr.
www.culinarium-alpinum.ch

Stanser Musiktage, Musikfestival im April.
www.stansermusiktage.ch

Bruderklausenweg. Die 20 Kilometer lange Route (Wanderzeit rund 6 Stunden) führt entlang des Jakobsweges von Stans in die Ranftschlucht.

Stanserhorn

Am Rand des Zentrums von Stans liegt die Talstation der Bergbahn auf das Stanserhorn, schräg gegenüber das ehemalige **Salzmagazin** (Stansstaderstrasse 23), in dem einst das Salz für die Käseherstellung aufbewahrt wurde. Heute dient es als **Museum**, das mit seinen Sonderausstellungen im Sommer auch aktuelle politische Debatten nicht scheut.
Ganz nostalgisch gibt sich die Talstation der Bergbahn, die nicht ahnen lässt, was

auf den Bergfahrer alles zukommt. Denn aufwärts geht es in zwei Etappen: Zuerst ein bisschen rumpelnd in einer offenen Standseilbahn wie vor über 100 Jahren, dann weiter in der weltweit einzigartigen **CabriO-Bahn**. Hinter dem Markenbegriff verbirgt sich eine doppelstöckige Luftseilbahn mit offenem Oberdeck, bei gutem Wetter ideal für Frischluftfanatiker und Fotofreunde. Sie überwindet in kurzer Zeit mehr als 1000 Höhenmeter.

Nicht weit ist es von der Bergstation mit ihrem Drehrestaurant zur **Aussichtsplattform** auf dem Gipfel (1897), wo Besucher eine phantastische Rundsicht über den Vierwaldstättersee bis weit in die Berner und Ostschweizer Alpen erwartet. Besonders beliebt ist das Stanserhorn übrigens bei Bergläufern. Auf sie wartet eine knapp elf Kilometer lange Strecke auf den Gipfel. Die Bestzeit bergauf hält der nur 1,55 Meter große und knapp 50 Kilogramm schwere Läufer Petro Mamu Shaku aus Eritrea, der es in weniger als einer Stunde auf den Gipfel schaffte.

Dallenwil

Dallenwil an den Ostausläufern des Stanserhorns ist von der weithin sichtbaren barocken **St. Laurentiuskirche** geprägt. Sie ist Mittelpunkt eines »Chappellendorfes« genannten Viertels aus Kirche, Totenkapelle, Friedhof, Kirchenplatz und einigen Häusern, wie sie für die Bebauung im ländlichen Unterwalden einst typisch war. Ein Geheimtipp ist das auf einer Sonnenterrasse östlich von Dallenwil gelegene **Maria-Rickenbach**, das nur mit der Seilbahn oder zu Fuß erreichbar ist. In der dortigen Wallfahrtskapelle thront im Herzen eines barocken Altars eine spätgotische Madonna, die ein Hirtenbub während des Bildersturmes zu Zeiten der Reformation aus dem Berner Oberland mitgebracht haben soll. Die Schwestern des Benediktinerklosters Maria Rickenbach verkaufen in ihrem Laden neben Devotionalien auch Selbstgemachtes aus Küche und Klosterapotheke wie Kräutertee und Salben.

▶ Karte S. 184/185

Dallenwil und Maria-Rickenbach

Dallenwil liegt an der Strecke der **S4** und des **Luzern-Engelberg-Express**.
www.sbb.ch, www.zentralbahn.ch

Pilgerhaus Maria-Rickenbach, Klosterweg 8, 6383 Niederrickenbach, Tel. 041/ 6110278; DZ ab 152 CHF. Gasthaus und Hotel.
www.pilgerhaus-maria-rickenbach.ch

Wolfenschiessen

Wolfenschiessen, fünf Autominuten südlich von Dallenwil, punktet mit einer spätbarocken Kirche und alten Bauernhäusern aus Holz. Prunkstück ist das **Hechhuis** oder **Lussyhaus** ganz im Süden des Dorfes, das einsam an der Engelberger Aa steht. Es ist der Idealtyp eines mittelalterlichen Herrensitzes, den ein Ritter Ende des 16. Jahrhunderts baute. Das Haus gilt als bedeutendster Schweizer Holzbau im Stil der Renaissance.

Schöne Aussichten und frische Luft garantiert eine Fahrt mit der CabriO-Bahn

Ein Herrenkäse für den Prediger

Auf dem Dorfplatz wird gejodelt. Männer und Frauen tragen Tracht. Beim Sackhüpfen amüsieren sich die Jüngsten, die Ältesten genießen den jungen Wein, frische Nüsse und Bergkäse. Von Mitte Oktober bis Ende November ist Festzeit in Unterwalden, es wird »Älplerchilbi« gefeiert: eine Mischung aus Kirchweih und Erntedank. Für die Einheimischen ist es der höchste Feiertag im Jahr, der für ein paar gesellige Stunden ganze Dörfer vereint. Längst stehen die Feste auch auf der Liste der besonders geschützten lebendigen Traditionen der Schweiz.

Wenn das Vieh zurück im Tal und die Ernte eingebracht ist, ziehen die Älpler Bilanz, in Sarnen, Sachseln, Hergiswil, Melchtal, Alpnach, Kerns, Lungern und Stans ebenso wie in den kleinsten Weilern der Region. Meist tragen Bruderschaften das Fest, religiös fundierte und militärisch gegliederte Gesellschaften, deren Gründungen oft weit zurückreichen. In Stans verweist die 1778 gegründete »Älperbruderschaft« stolz auf eine päpstliche Urkunde. Noch älter ist die Tradition in Wolfenschiessen, wo 1675 eine Bruderschaft gegründet wurde. Schon morgens ziehen die Bruderschaften durch die Dörfer, vorweg, flankiert von Fahnenwachen, ein Fähnrich mit dem Banner der Gesellschaft. Meist zeigt es den Heiligen Wendelin, den Vieh- und Bauernpatron. Dahinter folgen die Senioren, Bannerherren, Säckelmeister, Weibel, Hauptmänner, Fähnriche, Vorsteller und die sogenannten Beamten, die am Revers einen Rosmarinzweig tragen und einen zweiten in der Hand halten. Früher sollte er die Körpergerüche der Almgesellschaft veredeln. Fanden die Chilbenen oft mitten in der Woche statt, rückten ihre Termine zunehmend aufs Wochenende. Längst nämlich verdienen die wenigsten Bruderschaftsmitglieder ihr Geld in der Landwirtschaft, sind die eigentlichen Älpler, also Bauern und Hirten, in der Minderheit. In Stans wird so zwischen den die Almen bewirtschaftenden »Älplern« und den »Älpern« unterschieden, weshalb das Fest dort »Älperchilbi« heißt. Waren die Kirchweihen früher eine religiös geprägte Erntedankfeier, überwiegen heute die folkloristischen Elemente. Auch haben sie häufig närrische Züge. Dazu tragen vor allem die beiden Wilden bei. »Butzis« oder »Hansili« heißen sie mancherorts, ein maskiertes Duo, vermummt mit Baumbart, Flechten und ausgedienten Klamotten. Wie viele Wilde Männer in alpenländischen Bräuchen schleppen sie meist eine kleine Tanne mit, mit der sie sich neckender Kinder erwehren.

Feierlicher Gottesdienst, gemeinsames Mittagessen – wenn das Wetter es zulässt mitten auf dem Dorfplatz – und Tanz sind die Säulen jeder Älplerchilbi. Die Heilige Messe am Morgen bereichert ein auswärtiger Pfarrer, der seine Predigt wenn möglich in Mundart hält. Schließlich treffen sich alle auf dem Dorfplatz, wo man meist in einem Rund aus Älplern, Ehrengästen und Zuschauer die Schweizer Fahne schwenkt. Dann schlägt die Stunde der Wilden, sie lassen in mehr oder minder pfiffigen Versen das Leben im Dorf Revue passieren. In ihren Sprüchen lebt das Rügerecht, das freie Wort aus Narrenmund. Oft schleppen die Wilden einen riesigen Laib Käse mit sich, den sie zum Schluss dem Ehrenprediger vom Vormittag schenken. In Kerns muss deshalb jeder Alpbauer für den sogenannten »Herrenkäse« anderthalb Liter Milch pro Kuh abliefern, eine Art Naturallohn für den Pfarrer, der im Gegenzug auch im nächsten Jahr wieder Vieh und Alpe segnet und zu mancher Open-Air-Sonntagsmesse in die Berge zieht.

Westseite des Klosters Engelberg

Engelberg

Zu Füßen des majestätischen **Titlis** (3239 Meter) liegt Engelberg. Die Gemeinde gilt vielen als der beliebteste Sommerferien- und Wintersportort in der Zentralschweiz. Das liegt an den zahllosen Urlaubsangeboten, vor allem aber auch an seiner Lage. Schließlich ist Engelberg in einer guten halben Stunde vom Vierwaldstättersee aus bequem mit Auto oder Bahn zu erreichen.

Ihren Namen verdankt die Gemeinde einer Legende. Schenkt man ihr Glauben, haben Engelsstimmen aus den Höhen der Berge, hinter denen man im Volksglauben das Ende der Welt verortete, die Gründung eines Klosters veranlasst. Die im Jahr 1120 gegründete Benediktinerabtei ist noch heute eine der größten Sehenswürdigkeiten im Ort und neben den Bergbahnen der größte Arbeitgeber in Engelberg. So gehören zum Kloster unter anderem eine renommierte Stiftsschule samt Internat, zwei Hotels, eine Tagungsstätte samt Restaurant im Weiler Grafenort, dem einstigen Winterquartier der Äbte, eine Gärtnerei samt Blumenladen und ein kleines Wasserkraftwerk, das den Strom für die Abtei erzeugt.

Blütezeit des Klosters war das Mittelalter, als zeitweise auch eine Frauengemeinschaft zur Abtei zählte. Kostbare Kunst aus der Romanik und die große Bibliothek mit ihren Handschriften gehören zum Kirchenschatz.

Die heutige Klosteranlage entstand nach einem verheerenden Großbrand im ersten Drittel des 18. Jahrhunderts im französisch inspirierten Régence-Stil, einer Übergangsform zum Rokoko. 1877 wurde das Kircheninnere zeitgemäß neu gestaltet und mit einer Orgel ausgestattet, die ein halbes Jahrhundert später nach dem Einbau vieler neuen Pfeifen zur größten Schweizer Orgel wurde. Sehenswert sind neben dem Hochaltar, er zeigt ein Gemälde mit der Himmelfahrt Mariens, die Kanzel aus Stuckmarmor und das mit Schnitzereien verzierte Chorgestühl. Über die Geschichte der Abtei und den früheren Alltag im Dorf informiert das **Talmuseum,** untergebracht in einem Bauernhaus aus dem späten 18. Jahrhundert. Dort erfährt man auch einiges über die

▲ Karte S. 184/185

ins 19. Jahrhundert zurückreichenden touristischen Anfänge in Engelberg. Vom Einfluss des Klosters zeugen im benachbarten **Grafenort** die Heiligkreuz-Kapelle und ein eindrucksvolles Herrenhaus auf der anderen Straßenseite, das dem Abt von Engelberg einst als Winterresidenz diente. Nicht zuletzt gibt es in und um Engelberg noch zahlreiche, meist schön gelegene und teilweise sehr alte kleine Kapellen, die manche Wanderung zum kulturellen Erlebnis machen.

220 Skitage im Jahr

Größtes Kapital des Ferienortes sind seine riesigen Möglichkeiten zur Freizeitgestaltung. Im Sommer ist Wandern und Biken angesagt, vom Herbst bis in den späten Frühling auch Skifahren wie auf dem Gletscher des **Titlis**, dem höchsten mit einer Luftseilbahn erschlossenen Berg in der Zentralschweiz. Durchschnittlich 220 Skitage zählen die Touristiker so jedes Jahr. Abfahrer und Snowboarder kommen in Engelberg ebenso auf ihre Kosten wie Freerider und Langläufer, für die eigens 35 Kilometer Loipen jährlich gespurt werden. Gleich sieben Kilometer sind für Schlittenfahrer vorgesehen, hat sich der Ferienort doch vor allem Familienfreundlichkeit auf seine Fahnen geschrieben.

Nicht minder vielseitig ist das Angebot im Sommer, die vielen Dutzend Gondeln und Seilbahnen in Engelberg und Umgebung stehen meist das ganze Jahr zur Verfügung. Spektakulär ist die Fahrt auf den **Kleinen Titlis** (3028 Meter), bei der man lediglich einmal umsteigen muss. Den letzten Abschnitt legt man in einer sich um die eigene Achse drehenden Luftseilbahn zurück, der **TITLIS Rotair**. Oben angekommen, gelangt man durch eine Gletschergrotte über einen unterirdischen Stollen zu einer Aussichtsplattform mit grandioser Weitsicht. Von ihr spannt sich die **Titlis Cliff Walk**, die höchstgelegene Hängebrücke Europas über einen 500 Meter tiefen Abgrund zur Bergstation des Gletscher-Sessellifts. Alpin sehr erfahrene Bergsteiger können von dort auf einem Grat weiter zum Titlis steigen.

Zu den beliebtesten Wanderungen im Sommer gehört die Umrundung des **Trübsees**, von wo ein anstrengender Weg über den Jochpass und vorbei am Engstlensee zur **Engstlenalp** führt. Wer will, kann von dort mit dem Postbus weiter ins Berner Oberland fahren oder auf der Vier-Seen-Wanderung bis zum Melchsee weitergehen und mit öffentlichen Verkehrsmitteln nach Engelberg zurückkehren.

Engelberg

Engelberg-Titlis Tourismus, Hinterdorfstr. 1, 3609 Engelberg, Tel. 041/6397777; tgl. 8–12 und 13–17 Uhr. www.engelberg.ch

Engelberg ist Endstation des **Luzern-Engelberg-Express**. www.zentralbahn.ch

Camping Eienwäldli, Wasserfallstr. 108, Engelberg, Tel. 041/6371949; ganzjährig geöffnet, Plätze ab 31 CHF. 5-Sterne-Campingplatz mit Hundedusche, Waschmaschinen und Spielwiese. www.eienwaeldli.ch

Kloster Engelberg, Benediktinerkloster 1, 6390 Engelberg, Tel. 041/6396161; Klosterführungen Di, Do und Sa um 16 Uhr. 15 Mönchszellen stehen Gästen zur Übernachtung zur Verfügung. www.kloster-engelberg.ch

Talmuseum Engelberg, Dorfstr. 6, 6390 Engelberg, Tel. 041/6370414; Mitte Juni–Mitte Okt. Mi–So 14–17 Uhr. Heimatmuseum. www.talmuseum.ch

Immer einen Abstecher wert sind der zur Zentralschweiz gehörende Kanton Zug und das nur rund eine Autostunde von Luzern entfernte Berner Oberland. In einer guten Dreiviertelstunde ist man auf Schiene oder Straße auch in Zürich, der größten Schweizer Stadt. Mächtige Gotteshäuser zeugen dort von der Reformation, die im Zürcher Großmünster ihren Anfang nahm und die Eidgenossenschaft konfessionell spaltete. Heute spürt man davon kaum noch etwas, zeigt sich Zürich als Stadt der Lebensfreude, die mit ihren vielen tausend Studenten längst auch ein junges Gesicht hat.

KANTON ZUG, ABSTECHER IN DAS BERNER OBERLAND UND NACH ZÜRICH

Blick auf die Altstadt von Thun

Kanton Zug

Am Übergang vom hügeligen Mittelland zur voralpinen Zone liegt das Zugerland. Es ist der kleinste Kanton der Zentralschweiz, andererseits aber überdurchschnittlich dicht besiedelt, was an seiner Lage zwischen den Metropolen Zürich und Luzern liegt. Kantonshauptort ist Zug, das längst mit dem benachbarten Baar zusammengewachsen ist.

Lange vorbei sind die Zeiten, als Zug der Schweizer Kanton mit der höchsten Pro-Kopf-Verschuldung war. Dank einer rigorosen Steuerpolitik ist der Kanton mit seinen vielen tausend Aktiengesellschaften und anderen Unternehmen heute neben Basel einer der größte Einzahler in den interkantonalen Finanzausgleich. Aber nicht nur für Firmen, auch für Einzelpersonen ist das Zugerland ein Steuerparadies. Das hat in den letzten Jahren zu einem starken Anwachsen der Bevölkerung geführt, die in Zug wohnt, aber in Luzern oder Zürich arbeitet. Mit rund 30 Prozent ist zudem der Ausländeranteil in Zug höher als in den meisten anderen Kantonen.

Fast 14 Prozent der Fläche des Kantons besteht aus Wasser. Die größte ist der **Zugersee** (→ S. 209), etwas kleiner der **Ägerisee** (→ S. 208). Auf ihnen verkehren im Sommer Linienschiffe, die zusammen mit den am Ufer verkehrenden Postautos Wanderern bei der Umrundung des Sees entgegenkommen. Kleine Wanderparadiese sind auch die Wiesen und Wälder zwischen den Seen, die im Herbst und Frühjahr wie zur Baumblüte ihren besonderen Reiz haben.

In der Altstadt von Zug

▸ Karte S. 203, 204/205

Stolz ist man im Zugerland auf die vielen **Kirschbäume**. Rund drei Viertel aller Landwirte leben mit von ihren Erträgen, die zu großen Teilen zu Kirschwasser verarbeitet werden. Das wird jährlich auch zur Herstellung von 250 000 Kirschtorten im Kanton gebraucht. Inzwischen gehört der Kirschanbau im Kanton zu den lebendigen Traditionen der Schweiz, was für die Kirschbauer von heute einem Ritterschlag gleichkommt.

Geschichte

Mehr als 50 Pfahlbauten rund um den Zugersee, deren wichtigste zum Weltkulturerbe zählen, zeugen von der frühen Besiedlung der Region. In den ersten Jahrhunderten wechselten die Herrschaften häufig, erst im Mittelalter fand das Land im Rahmen der Eidgenossenschaft zu mehr Eigenständigkeit. In eine schwierige Lage brachte Zug die Reformation. Zwischen dem katholischen Luzern und dem reformierten Zürich wurde Zug zu einer anfangs katholisch geprägten konfessionellen Pufferzone.

Im Lauf der Industrialisierung im 19. Jahrhundert und dem raschen Ausbau von Schiene, Straße und Seewegen – 1852 fuhr das erste Dampfschiff auf dem Zugersee – konzentrierte sich die Bevölkerung mehr und mehr am Nordufer des Zugersees. Auch heute noch lebt dort mehr als die Hälfte der Bevölkerung.

Zug

Zug ist eine Kleinstadt, die sich gern als Weltstadt zeigt. Die schöne Altstadt lässt einen die Geschichten um dubiose Briefkastenfirmen und windige Steuerspargesellschaften, mit denen Zug manchmal Schlagzeilen macht, schnell vergessen. In Zug lebt die Moderne in nostalgischer Kulisse, die sich beim Bummeln am Seeufer bewundern und beim Gang durch **Ober** und **Unter Altstadt** erleben lässt. Den Rahmen der alten Stadt bilden der **Landsgemeindeplatz** im Norden, wo immer samstags der Wochenmarkt stattfin-

Der Kanton Zug

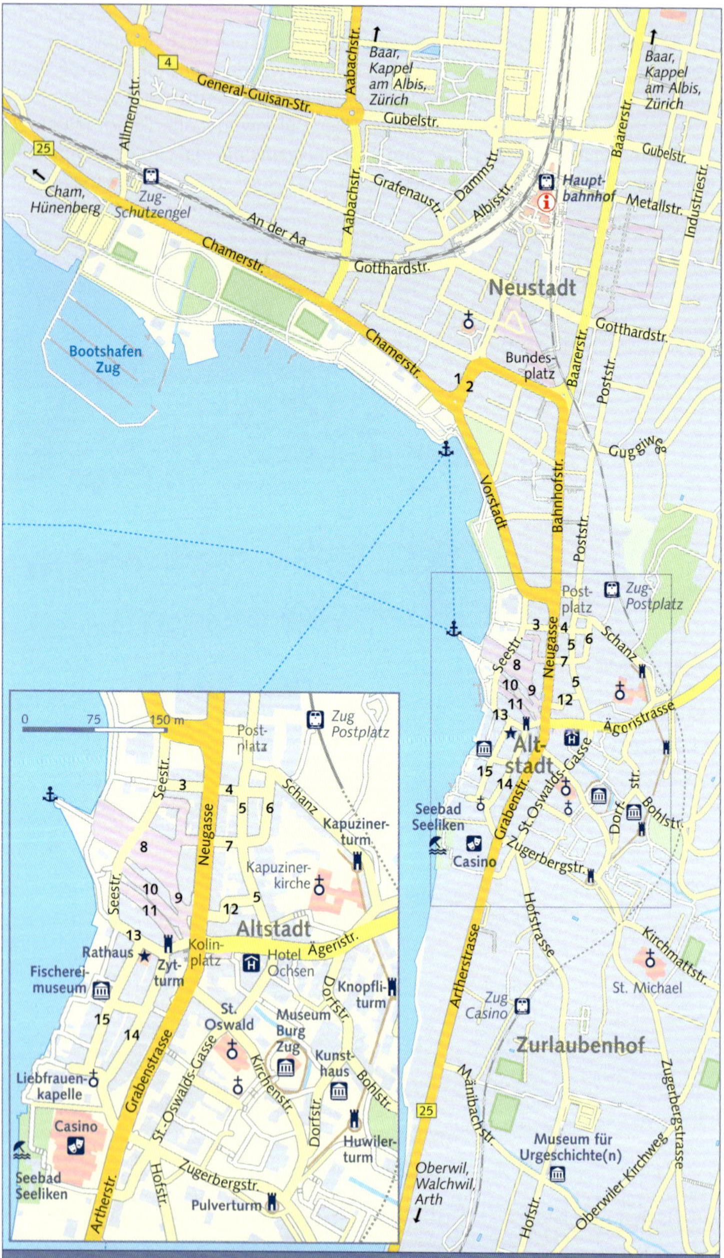

Zug, Innenstadt

det, und das **Theater Casino** im Süden. Dazwischen liegen idyllische Gassen und Plätze – und prächtige Bürgerhäuser, in denen Boutiquen und Galerien ebenso Platz gefunden haben wie Cafés und Restaurants. Rigi und Berner Alpen sind bei gutem Wetter vom See aus zu sehen, der für seine spektakulären Sonnenuntergänge bekannt ist.
Wer ein typisches Souvenir sucht: Die Zuger Kirschtorte ist weltberühmt. Im Rahmen von Führungen kann man ihren Schöpfern sogar bei ihrer Arbeit über die Schultern schauen (www.zuger-kirschtorten-gesellschaft.ch).

Zytturm

Zugs Altstadt umschließt ein Befestigungsring, von dem noch einige Türme wie der Kapuzinerturm aus dem 16. Jahrhundert oder der Pulverturm, in dem einst das Schießpulver aufbewahrt wurde, stehen. Prunkstück des Mauerrings ist der Zytturm, das Wahrzeichen Zugs. Der Turm war früher der Eingang zur Altstadt und Teil der Stadtmauer. Lange Zeit diente der über 50 Meter hohe Turm zugleich der Stadtwache, die von oben aus nicht nur nach Bränden Ausschau hielt, sondern auch auf heranziehende Stürme achtete. Vor gefährlichen Winden wurden die Fischer auf dem See mit Fahnen gewarnt.
Der aus dem 13. Jahrhundert stammende und später erhöhe Turm fand nach der Reformation zu seinem heutigen Aussehen. Beachtenswert ist seine **astronomische Uhr** mit ihren vier Zeigern unterhalb der Hauptuhr. Sie zeigen Wochentag und Monat, Mondstand und Schaltjahr an. Unterhalb der Uhr prangen die Wappen der Orte, die einst die Alte Eidgenossenschaft bildeten.
Zu Füßen des Zytturms am Fischmarkt liegt das **Rathaus** aus dem frühen 16. Jahrhundert. Der gotische Ratssaal

Der Zytturm

beeindruckt noch heute mit schönsten Schnitzarbeiten und ist gewöhnlich während der Öffnungszeiten der Bürgerkanzlei auch zu besichtigen.

Der schöne alte **Brunnen** am Kolinplatz zeigt einen Fähnrich mit der Zuger Standarte.

Liebfrauenkapelle

Ebenfalls Teil der alten Stadtmauer war die im 13. Jahrhundert erstmals erwähnte Kapelle, die heute ein beliebter Ort zum Heiraten ist. Es ist das älteste noch ursprünglich erhaltene Gotteshaus in der Stadt und diente einst der Marienverehrung. Daran erinnern an der Brüstung der Orgelempore 24 barocke Bilder mit Szenen aus dem Leben der Gottesmutter. Das Hauptbild an der Decke zeigt die Aufnahme Mariens in den Himmel. Am **Brunnen** vor der Liebfrauenkapelle ist die Greth Schell, Zugs närrische Heldin, zu sehen, wie sie ihren betrunkenen Gatten nach Hause schleppt. Die sagenhafte Figur lebt Jahr für Jahr am Fasnachtsmontag im Brauch auf, wenn sie mit ihren sieben Kindern durch die Altstadt zieht.

▸ Karte S. 204/205

Kirche St. Oswald

Der größte Sakralbau in der Altstadt ist eine der schönsten Schweizer Stadtkirchen. Ihre spätgotische Westfassade prägt ein Doppelportal, über dem die Heiligen Michael und Georg, beide als Drachentöter, wachen. Zwischen ihnen steht Maria mit dem Gottessohn, darüber ihre Mutter, die Ehrenpatronin der Kirche. Prunkstück im Inneren ist neben dem reich verzierten Chorgestühl aus dem 15. Jahrhundert ein gotischer Kreuzaltar. Ein Gemälde des Jüngsten Gerichts prägt den Chorbogen.

Museen

Das **Kunsthaus** lädt zu thematischen Wechselausstellungen seiner Schätze, zu denen neben Gegenwartskunst die Wiener Moderne (unter anderem Klimt, Schiele, Kokoschka) und der Schweizer Surrealismus zählen.

Die Geschichte der Region gewinnt im **Museum Burg Zug**, einem mittelalter-

Der Kolinbrunnen aus dem Jahr 1541

lichen Prachtbau, neue Konturen. Die Jüngsten führt eine Comicfigur altersgerecht durch die Sammlungen.
Und dass die Stadt früher vom Fischfang lebte, beweist das **Fischereimuseum** mit seiner Schaubrutanlage.

Bahnhof

Bei Dunkelheit ist der mehrstöckige Bahnhof einen Abstecher wert, dessen südliche Glasfront sich dann als bunte Lichtinstallation des amerikanischen Land-Art-Künstlers James Turell präsentiert.

Zug

Zug Tourismus, Bahnhofplatz, 6300 Zug, Tel. 041/5117500; Mo–Fr 9–12.30 und 13.30 bis 17, Sa (April–Sept.) 9–12 und 12.30–16 Uhr. www.zug-tourismus.ch

Bahnhof Zug, Bahnhofplatz. Zahlreiche regionale und überregionale Verbindungen in alle Richtungen, so nach Zürich, Luzern, Mailand und Lugano (Treno Gottardo) sowie ins nahegelegene Baar.

Zugersee Schifffahrt, An der Aa 6, 6300 Zug, Tel. 041/5155858; April–Okt. Acht Stationen am Seeufer bedient die Schifffahrtsgesellschaft (Zug, Oberwil, Walchwil, Arth am See, Immensee, Risch, Buonas, Cham).
www.zugersee-schifffahrt.ch

Hotel Ochsen, Kolinplatz 11, 6300 Zug, Tel. 041/7293232; DZ ab 267 CHF. Hotel in der Stadtmitte mit Bar und guter Regionalküche (Restaurant au Premier, Mo–Sa 11.30–15 und 18–24 Uhr).
www.ochsen-zug.ch

Kloster Kappel, Kappelerhof 5, 8926 Kappel am Albis, Tel. 044/7648810; DZ ab 200 CHF. Bildungszentrum der evangelisch-reformierten Landeskirche Zürich mit 76 Zimmern in ruhiger Umgebung samt Restaurant und Klostercafé (tgl. 8–21 Uhr). www.klosterkappel.ch

Museum Burg Zug, Kirchenstr. 11, 6300 Zug, Tel. 041/7282970; Di–Fr 10–18.30, Sa–So 10–17 Uhr.
www.burgzug.ch

Zytturm, Kolinplatz, 6301 Zug; Mo–Fr 7.30–18.30, Sa 10–16 Uhr. Den Schlüssel zu Besichtigung erhält man gegen Hinterlegung seines Ausweises in der Wunderbox (Fischmarkt 10). Montags ist er in der Bibliothek Zug (Sankt-Oswalds-Gasse 21), samstags im Restaurant Intermezzo (Grabenstr. 6) erhältlich

Fischereimuseum Zug, Unter Altstadt 14a, 6301 Zug, Führung ganzjährig nach Voranmeldung unter Tel. 079/1925261.
www.fischereimuseumzug.ch

Museum für Urgeschichte(n) Zug, Hofstr. 15, 6301 Zug, Tel. 041/7282880; Di–So 14–17 Uhr. Interessantes Museum zur Schweizer Urgeschichte.
www.urgeschichte-zug.ch

Kunsthaus Zug, Dorfstr. 27, 6301 Zug, Tel. 041/7253344; Di–Fr 12–18, Sa/So 10–17 Uhr. www.kunsthauszug.ch

Seebad Seeliken, Artherstr. 2, 6300 Zug, Tel. 079/5255970; Mitte Mai–Mitte Sept. Kostenlos zugängliche historische Badeanstalt am See. www.seeliken.ch

Baar

Längst mit Zug zusammengewachsen ist das nördlich gelegene Baar: eine Streusiedlung, in der zahlreiche Konzerne wegen der Steuervorteile ihren Hauptsitz oder eine Vertretung aufgeschlagen haben oder hatten. In Baar stand mehr als ein Jahrhundert auch die größte und modernste Spinnerei der Schweiz, mit deren Inbetriebnahme sich das Dorf total veränderte. Denn viele hundert Arbeitskräfte, vor allem Frauen, wanderten aus dem protestantischen Kanton Zürich zu und gründeten im katholischen Baar die erste reformierte Kirchengemeinde im Kanton. Das Gotteshaus von damals, die erste protestantische Kirche der Zentralschweiz, steht noch immer.

Von alten Zeiten zeugen auch einige **Bürgerhäuser**, das **Rathaus** mit schönem Ratssaal, vor allem aber die mittelalterliche Pfarrkirche **St. Martin**, die im Barock neu gestaltet wurde. Sehenswert ist auf dem Friedhof zudem ein **Beinhaus** mit gotischen Preziosen wie einer schönen Holzdecke und einem Flügelaltar mit den 14 Nothelfern. An der Außenwand mahnen mittelalterliche Bilder an die Vergänglichkeit des Lebens.

Höllgrotten

Auf dem Weg zwischen Baar und Neuägeri liegt das **Lorzentobel**, eine tief eingeschnittene Schlucht. Gleich drei nebeneinanderstehende Brücken queren sie, die älteste aus Holz stammt noch aus dem Mittelalter. Nur wenig weiter liegen die Höllgrotten, ein Verbund von Tropfsteinhöhlen, in denen Stalagmiten in Form mächtiger Säulen von der Decke hängen und spitze Stalagmiten aufragen. Es ist ein unterirdisches Naturparadies, geschaffen vor rund 6000 Jahren durch Kalkablagerungen. Zu den schönsten Gebilden zählen versteinerte Baumwurzeln wie im oberen Teil der Höhlenanlage, der sich stolz »Dom« nennt.

Die Einmaligkeit der Höllgrotten begründet ihre Entstehung. Denn während sich andere Tropfsteinhöhlen gewöhnlich durch unterirdisch abfließendes Wasser in Millionen von Jahren bildeten, wurzeln die Höllgrotten in oberirdisch abfließendem, stark kalkhaltigem Quellwasser, das im Lauf nur weniger tausend Jahre einen Berg aus Tuff schuf. Als man den schließlich als Baumaterial nutzen wollte, entdeckte man 1863 eine erste Grotte. Mit der Trockenlegung des Tuffsteinbergs und dem Bau von Stollen hat man die Grotten inzwischen touristisch gut erschlossen. Seit einigen Jahren wird das Gestein für die Besucher zudem passend illuminiert, um seinen Farben und Formen mehr Geltung zu verschaffen.

▸ Karte S. 203

i Höllgrotten

Höllgrotten, Kinderstr. 5, 6340 Baar, Tel. 041/7618370; April–Okt. tgl. 9–17 Uhr. www.hoellgrotten.ch

Ägerisee

Der Ägerisee, entstanden aus einem Gletschersee und heute in eine hügelige Umgebung eingebettet, ist ein beliebtes Naherholungsgebiet. Dort sind Biker und Wanderer ebenso gut aufgehoben wie Wassersportler oder Angler. In den beiden größten Orten Ober- und Unterägeri gibt es zudem Strandbäder. Und wer will, kann den See von Mai bis Mitte Oktober auch per Schiff erobern. Über die Uferhöhen führt ein **Panoramaweg** mit schönen Weitsichten, der sich in zwei bis drei Tagen gemütlich laufen lässt.

Am Südostufer des Sees steht auf einem kleinen Hugel und nicht zu übersehen ein historisch bedeutsames **Denkmal**. Es erinnert an die **Schlacht am Morgarten**, in der eidgenössische Truppen Anfang des 14. Jahrhunderts die militärisch überlegenen Habsburger besiegten. Im **Informationszentrum Morgarten** im Weiler **Schornen** bei Sattel erfährt man im interaktiven Austausch mehr über die geschichtlich umstrittene Schlacht und ihre Folgen.

Unter- und **Oberägeri**, die beiden größten Orte im Norden des Sees, sind inzwischen so gut wie zusammengewachsen. Es sind beliebte Wohndörfer, deren Bewohner meist zur Arbeit pendeln. Oberägeri mit seiner neugotischen Pfarrkirche lockt mit einem mittelalterlichen Beinhaus (Alosenstrasse 2). Es beherbergt den größten im Kanton Zug noch vorhandenen Freskenzyklus, der den Erzengel Michael beim Wiegen der Seelen am Tag des Jüngsten Gerichts ebenso zeigt wie zahllose Heilige. Auf dem höchsten Punkt des Pilgerwegs von Zug nach Einsiedeln steht mitten auf einer Wiese die Mitte des 17. Jahrhunderts geweihte Kapelle St. Jost mit einer Kopie des Gnadenbildes aus Einsiedeln.

Ägerisee

Informationszentrum Morgarten, Ägeristr. 88, 6417 Sattel, Tel. 041/7547524; April–Mitte Nov. tgl. 9–19 Uhr. Der Zutritt erfolgt per SMS-Code.
www.aegerital-sattel.ch

Ägeribad, Strandweg 1, 6315 Oberägeri, Tel. 041/7547500. Strand- und Hallenbad mit vielen Bahnen und einer Wellnessabteilung. Im Bad gibt es zudem ein Tourismusbüro für die Region Ägerisee.
www.aegeribad.ch

Zugersee

Der zehntgrößte Schweizer See grenzt gleich an drei Kantone. Seine Wasserqualität leidet allerdings unter hoher Phosphorbelastung, welche die Algenbildung fördert. Als gemeinsame Aufgabe haben sich die Seeanrainer deshalb vorgenommen, die Nährstoffbelastung des Zugersees weiter drastisch zu reduzieren und viele Uferabschnitte in den kommenden Jahren zu renaturieren. Außerdem soll das Seewasser im Winter mit Druckluft umgewälzt werden. Wassersportlern und Schwimmern, für die es eine Reihe von Strandbädern rund um den See gibt, soll das zugutekommen. Und auch die Angler wird dies freuen, sind im See doch über 30 Fischarten zuhause. Zuger Spezialität und in einigen Restaurants am Ufer auch als Delikatesse serviert ist der Rötel, eine lokale Variante des Seesaiblings.

Am Ägerisee

Ohne nennenswerte Steigungen führt ein **Radweg** um den See, dessen Ufer freilich meist dicht bebaut ist. Dort gibt es viel zu entdecken: Kirchen, Klöster, Schlösser, Burgen und alte Wohnbauten.

Cham

Cham, in dessen Zentrum am Nordufer die Kirche **St. Jakob** aus dem späten 18. Jahrhundert steht, wartet mit dem ältesten noch heute existierenden **Zisterzienserkloster** auf. Es liegt auf einer Insel und ist Hort einer Handvoll Schwestern, die im nachmittags geöffneten Klosterladen neben der Kirche im Rokokostil ihr eigenes Gebäck anbieten. Ganz im Privatbesitz sind das **Schloss** und die Kapelle **St. Andreas** mit ihren mittelalterlichen Fresken.

Hünenberg

Zu den Sehenswürdigkeiten im benachbarten Hünenberg zählt die spätgotische Wallfahrtskirche **St. Wolfgang**, deren Freskenzyklus aus dem Leben des heiligen Wolfgang erzählt. Das Chorgestühl ist leider nur eine Kopie des Originals von 1486, das heute im Landesmuseum Zürich steht.

Risch

In Risch, einer der am stärksten wachsenden Schweizer Gemeinden und Sitz weltbekannter Pharmafirmen, liegt die Pfarrkirche **St. Verena** über dem Anleger der Seeschiffe. Die in karolingischen Zeiten wurzelnde Kirche fand ihr heutiges Aussehen erst im Barock. Ein Schmuckstück ist **Schloss Buonas**, das in einem großen Park auf einer Halbinsel liegt und heute vom Pharmakonzern Roche zur Ausbildung seiner Mitarbeiter genutzt wird.

Arth

Am Südende des Zugersees liegt Arth (Kanton Schwyz) mit dem ehemaligen Kapuzinerkloster **St. Zeno**, das heute Bischofssitz der syrisch-orthodoxen Kirche von Antiochien in der Schweiz und Österreich ist.

Walchwil

Walchwil auf der Ostseite des Sees liegt von kalten Winden geschützt am Hang, weshalb hier Edelkastanien ebenso reifen wie Trauben, Kiwis und Feigen.

Mit der **reformierten Kirche** über dem Seeufer verfügt Walchwil über eine architektonisch gelungene moderne Kirche aus Sichtbeton, die, obwohl erst 1964 gebaut, schon unter Denkmalschutz steht.

Zugersee

Per Zug (S1/S2) sind am Zugersee unter anderem Cham, Hünenberg und Walchwil erreichbar.

Zugersee Schifffahrt, An der Aa 6, 6300 Zug, Tel. 041/5155858; April–Okt. Acht Stationen am Seeufer bedient die Schifffahrtsgesellschaft: Zug, Oberwil, Walchwil, Arth am See, Immensee, Risch, Buonas und Cham. Außerdem sind verschiedene »Erlebnisfahren im Angebot. www.zugersee-schifffahrt.ch

Rössli Hünenberg, St. Wolfgang 7, 6331 Hünenberg, Tel. 041/7802233; Sa–Di 9.30–22, Fr 17–24 Uhr. Denkmalgeschütztes Haus mit regional und saisonal geprägter Schweizer Küche. Preiswerte Mittagsmenüs. www.roessli-huenenberg.ch

Blick auf den Zugersee von der Rigi

▲ Karte S. 203, 216/217

Zürich

Zürich: Das sind Hügel und Berge, die die Stadt einrahmen, ein Fluss namens Limmat, der sie teilt und ein See, der ihr zu Füßen liegt. Eine Kulisse wie aus dem Bilderbuch! Eine Stadt fast ohne Hochhäuser, dafür mit Parks, Wäldern und Wiesen, die fast ein Viertel ihrer Fläche ausmachen. Eine Stadt voller Eleganz auch, die ihre Reize gern in Fernsehkrimis und Romanen ausspielt. Gefühlt ist Zürich inzwischen die Hauptstadt der Schweiz, auch wenn die Regierung ihren Sitz in Bern hat. Die Weichen für die Zukunft des Landes freilich werden längst im Schatten der Zürcher Großbanken gestellt, die einen großen Teil des Schweizer Volkseinkommens erwirtschaften. Zürich ist regelmäßig in den Top 10 der teuersten Städte der Welt zu finden. Diesen Rang spiegeln vor allem die Immobilien- und Mietpreise, die oft deutschen Monatslöhnen entsprechen, wegen der deutlich höheren Einkommen in der Schweiz aber weniger ins Gewicht fallen.

Zürich ist die größte unter den Schweizer Großstädten. Doch auch wenn die Zahl ihrer Einwohner mit knapp 450 000 noch nie so groß war wie zuletzt, ist Zürich verglichen mit den Metropolen Europas eine kleine Stadt – ausgestattet mit dem zentralen Flughafen des Landes in Kloten und mit Schienen und Autobahnen bestens angebunden.

Zwei der größten Schweizer Hochschulen mit vielen zehntausend Studierenden geben der Stadt einen jungen Anstrich. Sie haben das früher als streng verschriebene Zürich mit neuer Lebensfreude angereichert. Bei der Street Parade Mitte August, der weltgrößten Techno-Party, kommt die am besten zum Ausdruck, wenn viele hunderttausend Feierbiester die für den Verkehr gesperrte Innenstadt in eine riesige Freiluftdisko verwandeln. Der Jugend auch ist es zu verdanken, dass die sogenannten **Badi-Bars**, die vielen städtischen **Badeanlagen** am See und entlang der Limmat, im Sommer noch immer gut besucht sind. Es sind nostalgische Freizeitoasen, von denen die eine oder andere Denkmalschutz genießt. Sogar eigene Bäder nur für Männer oder Frauen gibt es noch, was in Zürich als Zeichen der Vielfalt gilt.

»Zürcher« nennen sich die Burger der Stadt, »Züridütsch« heißen sie ihren Dialekt, die meistgesprochene Form des Schweizerdeutschs.

! Nicht verpassen

Grossmünster → S. 219
Kunsthaus → S. 221
Limmatquai→ S. 220
Fraumünster → S. 218
Zoo Zürich → S. 221
Landesmuseum → S. 215

Geschichte

Schon zur Bronzezeit siedelten erste Menschen am Zürichsee. Fassbarer aber wird die Stadtgeschichte erst mit den Römern, die hier im 1. Jahrhundert vor Christus eine Zollstation und später auch ein Kastell errichteten. »Turicum« nannten sie die Gegend um den heutigen Lindenhof, den ältesten Teil der Stadt. Karl dem Großen wird die Gründung einer Probstei Grossmünster nachgesagt, wofür es jedoch historisch keine eindeutigen Beweise gibt. Der karolingische Herrscher, so heißt es, wollte mit dem Bau einer großen Kirche einen würdigen Rahmen für die beiden Stadtheiligen Felix und Regula schaffen, deren Reliquien heute die Gemeinde Andermatt und das Kloster Einsiedeln für sich reklamieren. Inzwischen finden sich aber in Zürich auch wieder

Teile des Schädels des heiligen Felix: in der den Stadtheiligen geweihten neuen Kirche im Zürcher Stadtteil Aussersihl. Die Reliquien der beiden Heiligen jedenfalls trugen wesentlich zur Christianisierung des Schweizer Mittellandes bei. Die Legende zählt Felix und Regula zu Angehörigen der sogenannten Thebäischen Legion um den in der Schweiz hochverehrten heiligen Mauritius. Schon früh im Mittelalter jedenfalls wurde das Grossmünster so zum Pilgerort, von wo jährlich am 11. September eine große Prozession zu Ehren der Stadtheiligen durch die Gassen zog. Zudem feierte man ihr Gedenken mit einem Züri Chilbi genannten Volksfest.

Von Legenden umwoben ist auch die Gründung des Fraumünsters, das auf den Enkel Karl des Großen, Ludwig den Deutschen, zurückgeht. Nahe seiner königlichen Residenz ließ er die geistliche Stätte errichten, die mit Beginn des 2. Jahrtausends zum Treffpunkt der eleganten und einflussreichen Damenwelt Europas wurde. Kein Wunder war es deshalb, dass Zürich nach dem Aussterben der Zähringer, den ersten großen Regenten in der Stadt, im Jahr 1218 direkt dem Kaiser unterstellt und die Äbtissin des Fraumünsters erste weibliche Stadtherrin wurde.

Im Lauf der Zeit freilich musste sie ihre Macht immer mehr an den Adel abgeben. 1336 aber war auch dessen Alleinherrschaft gezählt, als in Zünften organisierte Handwerker das Rathaus stürmten und ihren Anspruch auf mehr Macht anmeldeten. Es war der Beginn einer neuen Zeit, die sich bis heute in den alten Zunfthäusern der Stadt zeigt – und im Sechseläuten, Zürichs traditionsreichstem Fest.

Mitte des 14. Jahrhunderts war Zürich als sechster Kanton dem Staatenbund der Eidgenossen beigetreten, was der

Der Grimmenturm, ein Wohnturm aus dem Mittelalter

Handelsstadt neuen wirtschaftlichen Schwung bescherte. Mit Ulrich Zwingli schließlich erreichte die Reformation die Stadt. Er war Prediger am Grossmünster und propagierte statt des katholischen ein neues Modell christlichen Glaubens. In den Folgejahren spülte die neue, vom Rat der Stadt unterstützte Glaubensbewegung viele Flüchtlinge in die Stadt, die wegen ihrer Religion anderswo verfolgt wurden. Deren Nachfahren waren es letztlich, die ab dem späten 18. Jahrhundert den industriellen Aufschwung der Stadt mit initiierten. Nur kurz konnte Napoleon diesen Prozess bremsen, er hielt Zürich ab 1798 ein paar Jahre lang besetzt.

Dank der Willenskraft seiner Einwohner und der Weitsicht der wirtschaftlichen Elite stellte Zürich, das von beiden Weltkriegen weitgehend verschont blieb, gleich nach Ende des Zweiten Weltkriegs

▲ Karte S. 216/217

die Weichen in Richtung einer Dienstleistungsgesellschaft, die heute neun von zehn Arbeitsplätzen ausmacht. Der Umbruch freilich war nicht einfach, weil die passenden Büroräume fehlten und immer mehr Autos die Altstadt verstopften, die mit Drogenproblemen und Prostitution zu kämpfen hatte.

Erst mit neuen Gesetzen, entsprungen dem liberaleren Geist des zu Ende gehenden Jahrtausends, Fahrverboten und anderen Maßnahmen wurde die Stadt neu belebt. In die alten Fabrikhallen zogen Restaurants, Start Ups und Galerien. Bars und Diskotheken fanden in der Altstadt neuen Platz. Schließlich kamen mit dem Umbau zur Dienstleistungsmetropole und dem Ausbau der Universitäten und Hochschulen auch Zehntausende neuer, oft hoch gebildeter und technisch versierter Menschen nach Zürich, die ihre Freizeit anders gestalteten als die Industriearbeiter des 19. und frühen 20. Jahrhunderts. Noch ist dieser Umbau nicht abgeschlossen, muss die noch immer stark wachsende Stadt neuen Wohnraum schaffen und den Neubürgern Mobilität garantieren, ohne die Umwelt zu sehr zu belasten.

Wirtschaft

Nach der staatlich verordneten Zusammenschließung der beiden Großbanken Credit Suisse und UBS hat Zürich jetzt eine »Mega-Bank« statt zweier Großbanken; ein rund fünf Billionen Dollar schweres finanzielles Pulverfass aber auch, wie viele Schweizer fürchten, denen das Tempo, mit dem sich Zürich entwickelt hat, manchmal Sorgen bereitet.

Zürichs Großbanken beschäftigen zusammen mit rund 100 kleineren Auslandsbanken knapp die Hälfte aller Schweizer Bankangestellten. Schwerpunkt ihrer Arbeit ist das Privatkundengeschäft, schließlich werden große Teile aller weltweit angelegten Vermögen in Zürich verwaltet. Dazu kommt eine große Börse, die SIX Swiss Exchange, die 1995 durch den Zusammenschluss der Börsen in Basel, Genf und Zürich entstand. Und nicht vergessen darf man bei der Betrachtung des Finanzplatzes Zürich auch die großen Versicherungskonzerne wie die Swiss Life, die größte Schweizer Lebensversicherung, oder die Swiss Re, eine der weltweit größten Rückversicherungen. Aber auch Forschungslabore und Unternehmen wie Google, Siemens, der Elek-

Bankgebäude am Paradeplatz

trokonzern ABA, der Reiseveranstalter Kuoni oder einer der größten Schokoladenproduzenten der Welt, Barry Callebaut, mit über acht Milliarden Jahresumsatz, bringen mit ihren Steuern viel Geld in die Stadtkasse. Nicht zuletzt hat sich Zürich als Medienmetropole einen Namen gemacht, als Hort der größten Schweizer Medienhäuser, privaten Fernsehanstalten, Filmproduktionen und dem Schweizer Radio und Fernsehen (SRF). Schätzungsweise mehr als ein Fünftel des Schweizer Volkseinkommens wird in Zürich erwirtschaftet.

Kultur

Auslandstouristen spüren das hohe Preisniveau beim Begleichen der Hotelrechnung, beim Restaurantbesuch oder der Stippvisite in einer der rund 500 Bars, Nachtclubs und Diskotheken der Stadt. Die stehen für ein vielfältiges Nachtleben, wie man es in dieser Dichte sonst nirgends mehr in einer Schweizer Großstadt findet – allen voran in den Ausgehquartieren **Langstrasse**, **Niederdorf** und **Zürich-West**, das sich von einem schmutzigen Industrieareal voller Fabrikhallen zum Trendviertel gemausert hat. Aber auch Kunst und Kultur werden in Zürich großgeschrieben – etwa im **Opernhaus** mit seinen über 1000 Sitzplätzen, das mit mehr als einem Dutzend Premieren jährlich das Kulturleben der Stadt bereichert. Klassische Musik ist in der **Tonhalle** zuhause, Zürichs erste Adresse für höchsten Konzertgenuss. Hinter den Mauern der außen schmucklosen Halle finden sich gleich zwei Konzertsäle. Sogar ein eigenes Orchester gehört zur Halle, dem Dirigenten wie Wilhelm Furtwängler, Otto Klemperer oder Karl Böhm weltweit Gehör verschafften.
Nicht minder attraktiv sind neben zahllosen Kunstgalerien die Museen, vom **Kunsthaus** (→ S. 221) bis zum **Schweizer Landesmuseum** (→ S. 215). Hinzu kommen angeblich über 1000 öffentlich und kostenlos zugängliche Kunstwerke auf Straßen, Plätzen, in Gebäuden und Parkanlagen. Dazu zählen Installationen von Jean Tinguely am Zürichsee oder von Niki de Saint Phalle an der Decke des Zürcher Hauptbahnhofs.

Orientierung

Die Stadt ist offiziell in zwölf »Kreise« eingeteilt, die aus insgesamt 22 Stadtquartieren bestehen. Zentraler Kreis ist die Altstadt zu beiden Seiten der Limmat, über die man vom **Karlsturm**, einem der Türme des **Grossmünsters**, den besten Blick hat. Schöne Aussichten garantiert auch der **Uetliberg**, Zürichs Hausberg, von dessen Gipfel man bei gutem Wetter über Stadt und See bis zu den Alpen blickt. Vom Hauptbahnhof verkehrt gewöhnlich alle halbe Stunde die Uetlibergbahn S10 (www.szu.ch) in die beliebte Freizeitregion.
Zürichs wichtigste Sehenswürdigkeiten liegen fast alle in der **Altstadt**, eine meist autofreie Zone, die zum Entdecken, Genießen und Shoppen lädt, liegen doch viele kleine Restaurants, Bars, Bistros und Boutiquen versteckt in den alten Gassen. Vom **Hauptbahnhof** aus, selbst eine Sehenswürdigkeit, ist Zürichs historischer Kern am besten zu erobern. Gleich vor seinem Ausgang liegt die weltbekannte Nobelmeile **Bahnhofstrasse** (→ S. 218), an der sich auch der Paradeplatz mit seinen Bankenpalästen findet.
Eine Brücke führt den Besucher auf die andere Seite des Flusses, wo der **Limmatquai** (→ S. 220) lockt. Ein Muss für alle Stadtbummler – nicht nur weil ihn mit **Rathaus** (→ S. 221) und **Grossmünster** (→ S. 219) wichtige Sehenswürdigkeiten säumen. Hier ist Zürichs Noblesse in alten Zunfthäusern versteckt, finden sich kleine Brunnen und mittelalterliche Bauten.

▲ Karte S. 216/217

Saal im Landesmuseum

Sehenswürdigkeiten

Hauptbahnhof

Eine der größten Sehenswürdigkeiten lernen die meisten Besucher der Stadt schon bei der Anreise kennen: den Hauptbahnhof, der jeden Werktag Ziel- oder Umstiegsort für über 350 000 Reisende ist. Mehr als zwei Dutzend Gleise zählt der denkmalgeschützte Schienenhalt, verteilt auf gleich vier Bahnhöfe, von denen drei unter der Erde liegen. Was den Bahnhof besonders anziehend macht, sind die jeden Tag des Jahres auch spät abends noch geöffneten unterirdischen Ladenstraßen, bekannt als **ShopVille Zürich**. Der Hauptbahnhof ist nicht nur der größte der Schweiz, sondern auch einer der ältesten. Er wurde 1847 in Dienst gestellt und erhielt 1871 sein heutiges Gesicht im Stil der Neorenaissance. Inzwischen ist die Bahnhofshalle der größte überdachte öffentliche Platz der Schweiz, in der jeden Mittwoch Gemüsemarkt ist. Auch ein Weihnachtsmarkt ist ganz wetterfest seit Jahrzehnten dort zuhause – ebenso eine Art Oktoberfest, Kultur- und Sportveranstaltungen wie Opernaufführungen oder Leichtathletikmeetings von Weltrang. Blickfang in der Halle ist die an Stahlseilen hängende 11 Meter hohe und 1,2 Tonnen schwere Figur **L'ange protecteur** der Künstlerin Niki de Saint Phalle. Vom italienischen Künstler Mario Merz, der sich auf Rauminstallationen spezialisiert hatte, stammt **Das philosophische Ei** – eine Skulptur aus roten Neonröhren, frei hängenden Tierfiguren und blau leuchtenden Ziffern.

Landesmuseum

Gleich neben dem Hauptbahnhof liegt eines der wichtigsten Schweizer Museen. Mit knapp 900 000 Sammelobjekten ist das Landesmuseum die größte kulturgeschichtliche Sammlung des Landes, das seine Geschichte von der Urzeit bis in die Gegenwart beleuchtet. Zu den wertvollsten Ausstellungsstücken zählen archäologische Funde aus vorchristlichen Zeiten wie Schmuckstücke oder Grabbeigaben, mittelalterliche Kirchenschätze, karolingische und romanische Fresken, hochwertige Keramiken, Porzellan, zahllose Möbel und andere Einrichtungsge-

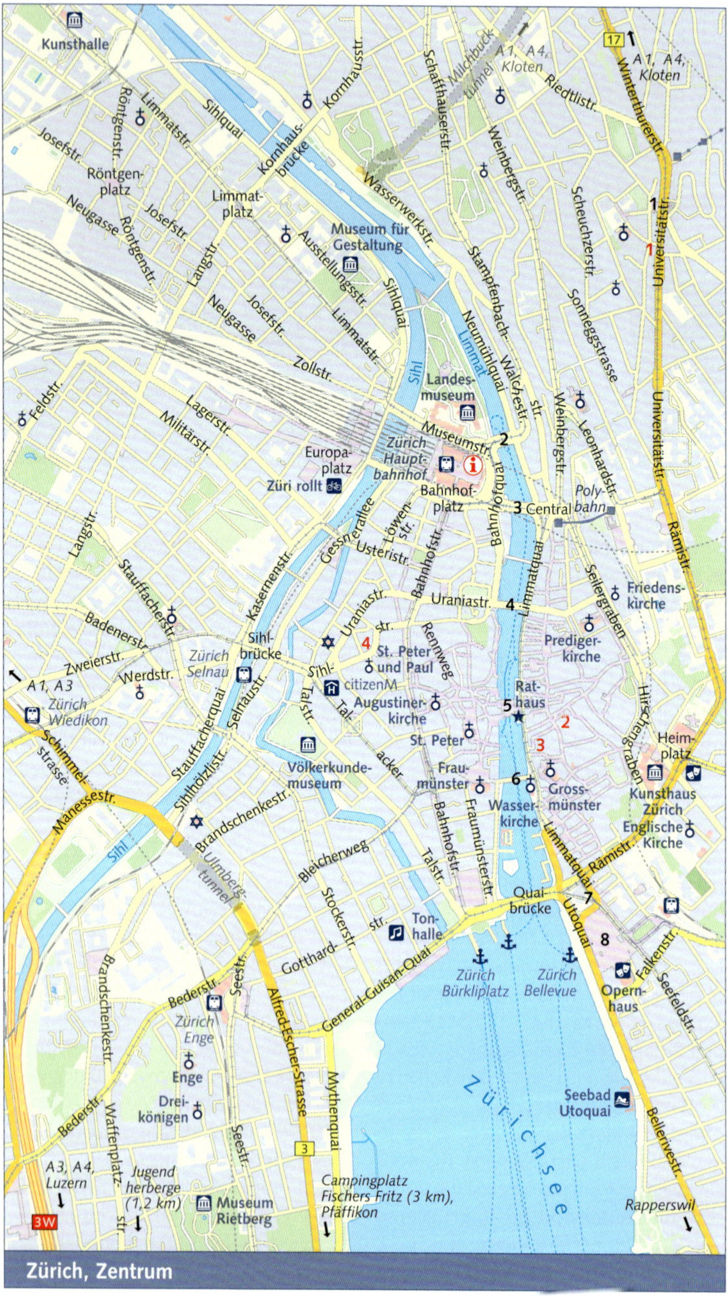

Zürich, Zentrum

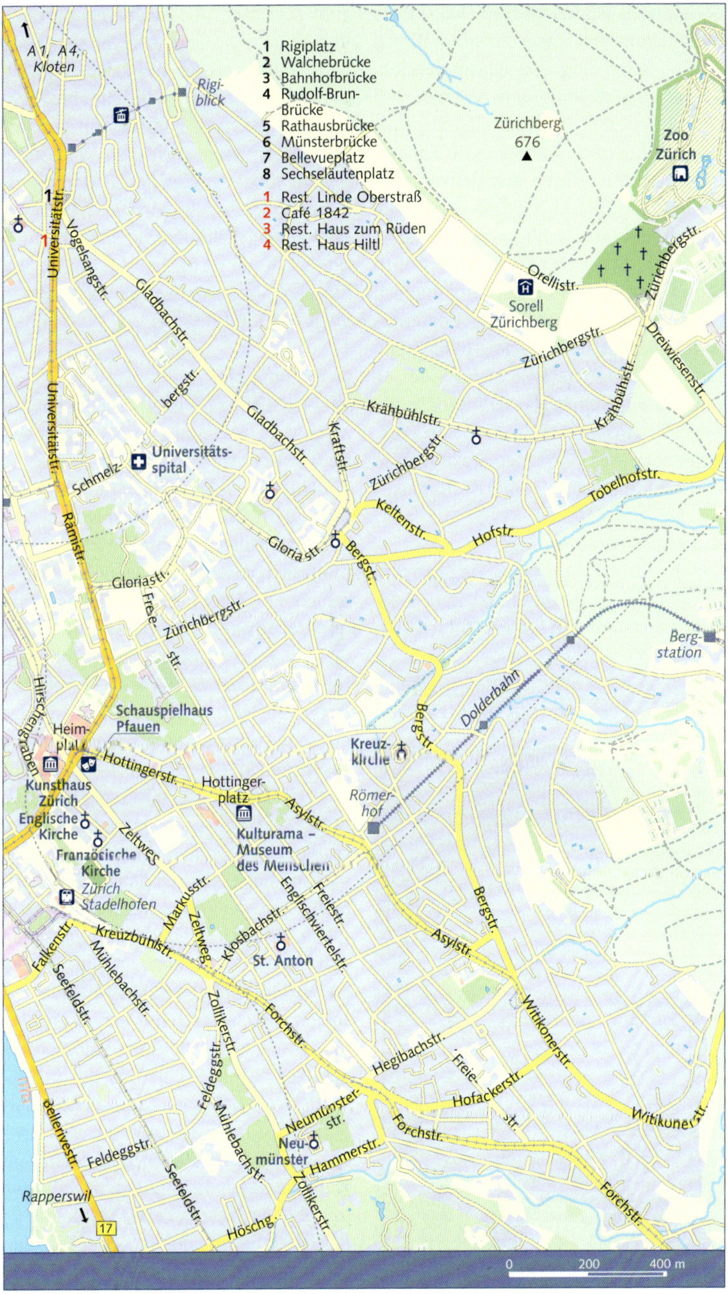
1 Rigiplatz
2 Walchebrücke
3 Bahnhofbrücke
4 Rudolf-Brun-Brücke
5 Rathausbrücke
6 Münsterbrücke
7 Bellevueplatz
8 Sechseläutenplatz
1 Rest. Linde Oberstraß
2 Café 1842
3 Rest. Haus zum Rüden
4 Rest. Haus Hiltl
A 1, A 4, Kloten
Rigiblick
Zürichberg 676
Zoo Zürich
Orellistr.
Sorell Zürichberg
Zürichbergstr.
Dreiwiesenstr.
Krähbühlstr.
Universitätstr.
Vogelsangstr.
Gladbachstr.
bergstr.
Universitätsspital
Schmelzbergstr.
Kraftstr.
Keltenstr.
Hofstr.
Tobelhofstr.
Gloriastr.
Bergstr.
Rämistr.
Gloriastr.
Freiestr.
Berg-station
Dolderbahn
Hirschengraben
Heimplatz
Schauspielhaus Pfauen
Hottingerstr.
Hottingerplatz
Kreuzkirche
Römerhof
Kunsthaus Zürich
Englische Kirche
Französische Kirche
Zeltweg
Asylstr.
Kulturama – Museum des Menschen
Englischviertelstr.
Freiestr.
Zürich Stadelhofen
Kreuzbühlstr.
Markusstr.
Klosbachstr.
St. Anton
Falkenstr.
Seefeldstr.
Mühlebachstr.
Zollikerstr.
Forchstr.
Witikonerstr.
Hegibachstr.
Hofackerstr.
Feldeggstr.
Neumünsterstr.
Neumünster
Hammerstr.
Bellerivestr.
Rapperswil
17
Höschg.
0 200 400 m

genstände, Handschriften, Faksimiles und Buchmalerei sowie die international größte Sammlung von **Glasmalereien**. Zu sehen sind außerdem Waffen und Uniformen vom Hochmittelalter bis ins 20. Jahrhundert, Textilien wie Fahnen und Trachten, Uhren aus dem letzten halben Jahrtausend, Münzen und Siegel, Backmodel und Zinnfiguren, aber auch Kutschen, Schlitten und landwirtschaftliche Fahrzeuge. Besonders umfangreich ist die **Gemäldesammlung**. Kostenlos zugänglich ist die Dauerausstellung **Einfach Zürich** im ersten Geschoss des alten Museumsbaus, die von Zürichs abwechslungsreicher Vergangenheit erzählt, aufgepeppt mit filmischen Dokumenten und multimedialen Erlebnisstationen.

■ Bahnhofstrasse

Seinen Ruf als Stadt der Eleganz und des großen Geldes verdankt Zürich der Bahnhofstrasse. Sie hat wesentlich zum Image Zürichs als Einkaufsparadies beigetragen. Die 1,4 Kilometer lange Flaniermeile erstreckt sich vom Hauptbahnhof zum Zürichsee. Als Faustregel gilt noch immer, dass die Geschäfte auf dem Weg zum Seeufer teurer und exklusiver werden – und damit auch die Ladenmieten. Die Bahnhofstrasse, im 19. Jahrhundert über einem zugeschütteten Wassergraben im Stil der großen Pariser Boulevards angelegt, wandelte sich erst kurz vor dem Ersten Weltkrieg zur Einkaufsstraße und ist heute weitgehend autofrei. Nur Straßenbahnen kreuzen gewöhnlich den Weg der Citybummler.

Im Fraumünster

▸ Karte S. 216/217

■ Fraumünster

Die dreischiffige Pfeilerbasilika geht auf insgesamt fünf Bauetappen zwischen dem 9. und 13. Jahrhundert zurück. Zu den ältesten Teilen zählen die Reste der unter dem Chor gelegenen Krypta, die heute als **Museum** genutzt wird und eine multimediale Ausstellung zur Kirchengeschichte und der Rolle Zürichs während der Reformation zeigt. Sein heutiges Gesicht fand das Gotteshaus mit dem Neubau ab der Mitte des 13. Jahrhunderts, als der romanische Chor und das gotische Langhaus entstanden. Von den ursprünglich zwei Kirchtürmen ist nur noch der Nordturm vollständig erhalten. Fresken in der Kirche erinnern an die Gründungslegende des Klosters. Glaubt man ihr, hat ein Hirsch den Töchtern des ostfränkischen Königs Ludwig des Deutschen, Hildegard und Bertha, einst einen Platz nahe der Limmat gezeigt, wo sie im Auftrag Gottes ein Kloster errichten sollten. Geschichtlich bewiesen ist freilich nur, dass Ludwig die Abtei Fraumünster gestiftet hat, die einmal zu den bedeutendsten Klöstern Europas zählte. Als Fürstäbtissinnen bestimmten die ranghöchsten Klosterfrauen, die einen aufwendigen Lebensstil pflegten, zeitweise mit über die Geschicke der Stadt. Im Zug der Reformation, die für solche Formen religiösen Lebens wenig übrighatte, wurde die Frauengemeinschaft schließlich aufgelöst, ihre Rechte und meist durch Schenkungen erworbenen Ländereien der Stadt übergeben.

Dass die Kirche heute viele Touristen anzieht, liegt vor allem an ihren modernen **Fenstern**. Für das nördliche Querhaus schuf der Schweizer Maler Augusto Giacometti (1877–1947), Angehöriger einer berühmten Künstlerdynastie, sein letztes Bild mit dem Namen *Das himmlische Paradies*. Die beiden mittleren Fenster zeigen zuoberst Gottvater als Träger der Weltkugel, darunter alle acht Propheten des Alten Testaments. In der untersten Reihe sind die vier Evangelisten zu sehen. Noch bekannter sind die **Fenster im Chorraum**, die Marc Chagall (1887–1985) im Jahr 1970 schuf und mit Szenen aus dem Alten und neuen Testament schmückte. Es ist ein Bilderbogen voller Farben, zu dessen näherer Betrachtung man ein Fernglas gut gebrauchen kann. 1978 kam ein weiteres Chagall-Werk hinzu, eine Fensterrosette als Sinnbild des ewigen Werdens und Vergehens, die im Uhrzeigersinn Stationen der Genesis zeigt.

Grossmünster

Gegenüber dem Fraumünster, auf der anderen Seite der Limmat, steht das bekannteste Wahrzeichen der Stadt: das Grossmünster, dessen Türme das Stadtbild prägen. Es ist eine der bedeutendsten Schweizer Kirchen, deren Ursprung ebenfalls Legenden verklären. Manche schreiben ihr Dasein Karl dem Großen zu, den eine Figur am Südturm zeigt. Ihr Original aus der Mitte des 15. Jahrhunderts steht heute in der Krypta. Der karolingische Herrscher, so heißt es, wollte mit dem Bau des Grossmünsters einen würdigen Rahmen zur Verehrung der beiden Stadtheiligen Felix und Regula schaffen. Einer alten Handschrift zufolge sollen die beiden im Rahmen der römischen Christenverfolgung am Ufer der Limmat erschlagen worden sein. In der Krypta erzählen mittelalterliche Fresken von ihrem Martyrium. Auf dem sogenannten **Kaiserrelief**, einem Pfeilerkapitell im Grossmünster, ist die legendäre Gründung des Münsters eindrucksvoll in Stein gehauen. Es zeigt Karl den Großen mit seinem Pferd, das wie in der Legende beschrieben an der Stelle des vermeintlichen Grabes von Felix und Regula auf die Knie sinkt.

Im Lauf der Geschichte erfuhr das Grossmünster mehrmals eine Neugestaltung, die sich bis heute an den Außenmauern bestens ablesen lässt. So sind die drei unteren Turmgeschosse romanisch, das vierte spätgotisch, der Rest neugotisch. Ältester Teil des Grossmünsters ist die aus dem frühen 12. Jahrhundert stammende **Krypta**, über der eine romanische Hallenkirche entstand. Besonders eindrucksvoll geriet ihre Nordseite mit sehenswerten Kapitellen und einer Reiterfigur aus dem Jahr 1180, die als älteste Reiterstatue der Schweiz gilt.

Das Zürcher Grossmünster

Von der ursprünglichen Ausstattung ist kaum noch etwas erhalten, ließ der ehemalige Münsterprediger und Schweizer Reformator Ulrich Zwingli doch die katholische Kirche Anfang des 16. Jahrhunderts gründlich ausräumen und alle Heiligenbilder und Altäre entfernen. Besorgte Katholiken sollen die anfangs noch im Münster versteckten Reliquien der beiden Stadtheiligen Felix und Regula heimlich aus der Stadt geschafft haben. Sehenswert ist neben der Krypta vor allem der Blick vom sogenannten **Karlsturm**, den man über 187 Stufen in engem Treppenhaus ersteigen kann. Gemächlicher ist der Weg durch den **Kreuzgang** mit seinen mittelalterlichen Säulen und Bögen, die Tiere, Figuren und Fratzen zeigen. Mittelalterlich mutet auch der **Garten** mit alten Zierpflanzen an.

Doch auch die Zeugen der Moderne werden im Grossmünster, das inzwischen auch im Rahmen einer Modenschau genutzt wurde, mehr und mehr. Dazu zählen neben den **Chorfenstern** von Augusto Giacometti aus den 1930er Jahren zwölf neue bunte **Fenster im Langhaus**, die der deutsche Künstler Sigmar Polke (1941–2010) kurz vor seinem Tod schuf. Seine letzte große Arbeit hat auch der Street-Art-Pionier Harald Naegeli im Grossmünster hinterlassen, wo der gebürtige Zürcher Sprayer an den Wänden der Chortürme einen **Totentanzzyklus** sprühte, für den die Stadt den über 80-jährigen Künstler mit dem Zürcher Kunstpreis würdigte.

Kirchenschiff des Grossmünsters

Limmatquai

Karte S. 216/217

Der Limmatquai verdankt seinen Namen dem Fluss, an dessen östlichem Ufer er entlangführt. Er führt vom **Bellevueplatz**, Zürichs wichtigstem Straßenbahnknoten, bis zur Talstation der **Polybahn**, die Studierende der ETH und der Universität gut 40 Meter höher zu ihrem Studienplatz schafft. Vielen gilt der Limmatquai als schönste Flaniermeile der Stadt, weil er ständig neue Blicke auf die andere Seite der Altstadt eröffnet. Der im 19. Jahrhundert gebaute Quai, einst die verkehrsreichste Straße der Stadt, ist heute Fußgängerzone. Nur Straßenbahnen fahren noch direkt am Fluss entlang.

Die meisten Bauten am Limmatquai stehen unter Denkmalschutz. So wie die

Blick vom Limmatquai auf die Altstadt mit der Kirche St. Peter

mittelalterliche **Wasserkirche**, die anfangs auf einer Insel im Wasser stand. Sie markiert angeblich die Stelle, an der Felix und Regula enthauptet wurden. Hinter der Wasserkirche steht ein großes **Denkmal**. Es zeigt den Zürcher Reformator Ulrich Zwingli, der in seinen Händen neben der Bibel auch ein Schwert hält, was auf seinen Tod im Glaubenskrieg mit den Katholiken verweisen soll.

Nicht zu übersehen ist das **Rathaus** aus dem späten 17. Jahrhundert, ein barocker Prachtbau mit schönem Portal und noch der Spätrenaissance verpflichteten Fassaden. Hier tagt nicht nur der Kantonsrat, sondern auch Zürichs Stadtparlament. Ins Auge fallen auch die vielen **Zunfthäuser**. In manchen haben trendige Restaurants Eingang gefunden, die den Bummel über den Limmatquai auch zum kulinarischen Erlebnis machen können.

Kunsthaus Zürich

Zu den ersten Kunstadressen der Schweiz zählt das Kunsthaus, das jährlich knapp 400 000 Besucher zählt. Sein Kern ist ein schöner Jugendstilbau mit Wandgemälden des Schweizer Malers Ferdinand Hodler (1853–1918). Seit 2021 ist das alte Museum durch einen unterirdischen Gang mit einem architektonisch spektakulären Neubau des britischen Architekten David Chipperfield verbunden. Mehr als zwei Drittel seiner Bestände, die ältesten entstammen dem Mittelalter, die jüngsten der Gegenwart, verdankt das Museum privaten Sammlern und Stiftungen. Allerdings sind aus dem Gesamtbestand von gut 3500 Objekten fast aller Kunstgattungen meist nur knapp 20 Prozent zu sehen.

Mit den größten Raum nehmen Bilder des Malers Edvard Munch (1863–1944) ein. Und viel Platz haben auch die Arbeiten des Schweizer Bildhauers, Malers und Grafikers Alberto Giacometti (1901–1966) gefunden. Dazu kommen Meisterwerke von Pablo Picasso, Claude Monet, Vincent van Gogh, Marc Chagall, Oskar Kokoschka, Max Beckmann oder Lovis Corinth. Zu den noch jüngeren Arbeiten zählen die von Pop-Artisten wie Andy Warhol und Richard Hamilton oder Werke von Joseph Beuys oder Georg Baselitz, daneben Installationen von Pipilotti Rist, Fotokunst und anspruchsvolle Videoarbeiten.

Museum Rietberg

Einzigartige Kunstwerke aus Asien, Südamerika und Ozeanien vereinen zwei Villen und ein unterirdischer Erweiterungsbau im **Rieterpark**, einer der Perlen Zürcher Gartenbaukunst. Zu den Prachtstücken der Dauerausstellung zählen buddhistische Plastiken aus dem 6. und 7. Jahrhundert, einzigartige Holzskulpturen aus dem Westen Afrikas, indische Malerei und alte Kunst aus dem Orient.

Zoo

Östlich des Stadtzentrums – hoch oben auf dem **Zürichberg**, von dem man bei schönem Wetter weit über Stadt und See blickt – liegt der Zoologische Garten. Mit weit über einer Million Besuchern jährlich zählt er zu den renommiertesten Zoologischen Gärten Europas – auch weil er weitgehend auf Gitter und Zäune verzichtet. Stattdessen hat man die rund 4000 Tiere in Landschaften gesetzt, die ihrer Natur entgegenkommen. Zu den Publikumsattraktionen gehört ein **Regenwald**, den Besucher auf angelegten Pfaden queren und so Flughunden, Chamäleons oder Lemuren hautnah begegnen können. Noch größere Tiere wie Giraffen, Nashörner, Zebras oder Strauße trifft man in der neuen **Savannenlandschaft**. Zurzeit entsteht eine weitere Naturlandschaft für Großkatzen wie Tiger, Leoparden und Löwen.

Zürich

Vorwahlen: +41/(043), +41/(044)
Postleitzahlen: 8001–8064
Zürich Tourismus im Hauptbahnhof, Tel. 044/2154000; Mo–Sa 8.30–19, So 9–18 Uhr. www.zuerich.com

Hauptbahnhof Zürich, Museumstr. 1, in der Stadtmitte. Schnelle Züge verbinden Zürich mit dem Ausland. S-Bahnen bedienen mehr als 170 Bahnstationen bis weit in die Nachbarkantone.

Den Nahverkehr organisiert der **Zürcher Verkehrsverbund** (ZVV). Tram, Bus, S-Bahn und Schiffe sind sein Rückgrat. Sie verkehren zwischen 5.30 und 24 Uhr, am Wochenende und vor Feiertagen verkehren Nachtbusse (Routenpläne: www.zvv.ch). Am besten nutzt man die **Zürich Card**, eine Rabattkarte für einen oder drei Tage (29/56 CHF). Sie erlaubt die kostenlose Nutzung aller öffentlichen Verkehrsmittel sowie Besuche vieler Museen. Die Karte kann auch in die **Zürich City Guide App** hochgeladen werden und ist dann stets als Fahr- und Eintrittskarte auf dem Handy verfügbar.

Taxistände finden sich am Hauptbahnhof, dem Bellevueplatz, dem Platz Central und der Rathausbrücke. Telefonisch bestellt man unter **Taxi 7x7** (044/7777777) oder **Züritaxi** (044/2222222).

Sorell Hotel Zürichberg, Orellistr. 21, Tel. 044/2683535; DZ ab 242 CHF. Design-Hotel hoch über dem Zürichsee mit individuell möblierten Zimmern, Frühstück und kostenlosen Leihrädern.
www.sorellhotels.com

citizenM, Talacker 42, Tel. 044/5087145; DZ ab 215 CHF. 160 einfache Zimmer in der Altstadt. Mit Restaurant und Kinderspielplatz. www.citizenm.com

Jugendherberge Zürich, Mutschellenstr. 114, Tel. 044/3997800; ab 49 CHF/Pers. Großes Angebot an Einzel- und Mehrbettzimmern am Rand des Zentrums.
www.youthhostel.ch/zuerich

Fischers Fritz, Seestr. 559, Tel. 044/4801340. Moderner Campingplatz an der Stadtgrenze, der auch Safarizelte und komfortable Wohnwagen zur Miete anbietet.
www.fischersfritz.ch

Haus zum Rüden, Limmatquai 42, Tel. 044/2619566. Traditionsgasthaus mit gehobener Schweizer Küche in historischem Ambiente. Zu den Bestsellern gehört das Zürigschnätzlets, hierzulande bekannt als Zürcher Geschnetzeltes.
www.haus-zum-rueden.ch

Haus Hiltl, Sihlstr. 21, Tel. 044/2277000. Das täglich geöffnete Haus ist Zürichs Institution in Sachen vegetarischer und veganer Küche und verfügt über zahlreiche Ableger in der Stadt und der Umgebung.
www.hiltl.ch

Linde Oberstraß, Universitätsstr. 91, Tel. 044/3622109. Täglich geöffnete Gaststätte mit rustikaler Schweizer Küche in historischem Ambiente und mit wöchentlich wechselnder Mittagskarte. Spezialität ist das gern im Zwei-Liter-Krug ausgeschenkte Hausbier.
www.linde-oberstrass.ch

Café und Conditorei 1842, Napfgasse 4, Tel. 044/2515150. Populärer Frühstücksplatz in nostalgischer Kulisse. Tee und Kaffee in allen Varianten, dazu Süßes, Snacks, Salate, Eierspeisen und mehr.
www.cafe1842.ch

Fraumünster, Am Münsterhofplatz, Tel. 044/2506644; März-Okt. Mo–Sa 10–18 (im Winter bis 17), So ab 12 Uhr.
www.fraumuenster.ch

▸Karte S. 216/217

Grossmünster, Grossmünsterplatz, Tel. 044/2506651; März-Okt. Mo-Sa 10-18, So 12.30-18 (im Winter Mo-So bis 17) Uhr. www.grossmuenster.ch

Kulturama - Museum des Menschen, Englischviertelstr. 9, Tel. 044/2606044; Di-Fr 13-17 (Mi bis 20), Sa/So 13-18 Uhr. Dauerausstellungen zeigen »Woher wir kommen« und »Wer wir sind«. Die erste dokumentiert unsere Evolution, die zweite, wie unser Körper funktioniert. www.kulturama.ch

Kunsthalle, Limmatstr. 270, Tel. 044/2721515; Di-So 11-18 (Do bis 20) Uhr. Ausstellungshalle für moderne Schweizer Kunst. www.kunsthallezurich.ch

Kunsthaus, Heimplatz 1, Tel. 044/2538484; Di-So 10-18 (Do bis 20) Uhr. www.kunsthaus.ch

Landesmuseum Zürich, Museumstr. 2, Tel. 044/2186511; Di-So 10-17 (Do bis 19) Uhr. www.landesmuseum.ch

Museum für Gestaltung, Ausstellungsstr. 60, Tel. 043/4466767; Di-So 10-17 (Do bis 20) Uhr. Zeichnungen, Graphiken, Plakate und Design-Stücke. Mit dem neuen Schaudepot (Pfingstweidstr. 96) hat das Museum mit seinen mehr als einer halben Million Objekte zur Werbung und Mediengestaltung einen zweiten Standort neben der Zürcher Hochschule der Künste. www.museum-gestaltung.ch

Museum Rietberg, Gablerstr. 15, Tel. 044/4153131; Di-So 10-17 (Mi bis 20) Uhr. Kunst aus Asien, Südamerika und Ozeanien. www.rietberg.ch

Völkerkundemuseum, Pelikanstr. 40, Tel. 044/6349011; Di-Fr 10-17 (Do bis 19), Sa 14-17, So 11-17 Uhr. Die Sammlung umfasst mehr als 30 000 Exponate. www.musethno.uzh.ch

Opernhaus, Sechseläutenplatz 1, Tel. 044/2686666. Weltbekanntes Opernhaus, das 1891 mit einer Wagner-Oper eröffnet wurde. www.opernhaus.ch

Schauspielhaus Pfauen, Rämistr. 34, Tel. 044/2587777. Renommiertes Theater mit vier Bühnen. www.schauspielhaus.ch

Streetparade. Technoklänge begleiten die riesige Parade durch die Innenstadt. www.streetparade.com

Züri Fäscht. Volksfest alle drei Jahre am ersten Juli-Wochenende mit rund zwei Millionen Besuchern, das nächste Fäscht findet 2026 statt. www.zuerifaescht.ch

Velostation Züri rollt, Europaplatz am Hauptbahnhof,Tel. 041/442919433; Mo-Fr 7-22, Sa/So 8-22 Uhr. Fahrradparkplatz mit 1600 sicheren Stellplätzen, Werkstatt und Verleih, E-Bikes 30 Euro pro Tag, andere Räder gibt es kostenlos. Der Betrieb ist ein Integrationsprojekt der Stadt. www.zuerirollt.ch

Seebad Utoquai, Utoquai 50, Tel. 044/2516151; Mitte April Ende Okt. tgl. meist 7-19, im Winter Sa/So 11-14 Uhr. Seebad mit getrennten Bereichen für Männer und Frauen. Zur Anlage gehören auch eine Sauna, Massagezonen und ein Restaurant. www.stadt-zuerich.ch

Zoo, Zürichbergstr. 221, Tel. 044/2542513; März-Okt. tgl. 9-18 Uhr, Nov.-Febr. 9-17 Uhr, Mo und in der Nebensaison verbilligter Eintritt. www.zoo.ch

Rundfahrten auf dem Zürichsee offeriert die Zürichsee Schifffahrtsgesellschaft, Tel. 044/4871333. Im Angebot sind neben den Linienverbindungen zu 31 Stationen auch kleine und große Seerundfahrten bis Pfäffikon. www.zsg.ch

Universitätsspital, Rämistr. 100, Tel. 044/2551111. Rund um die Uhr geöffnete Klinik. www.usz.ch

Berner Oberland

Zu den populärsten Schweizer Ferienregionen zählt das Berner Oberland. Hier liegt eine Naturlandschaft wie aus dem Bilderbuch, die sich durch Bergbahnen, Gondeln, Seeschiffe sowie ein dichtes Netz öffentlicher Verkehrsmittel leicht erkunden lässt.

Nicht verpassen

Eiger, Mönch und Jungfrau → S. 236
Interlaken → S. 234
Thun → S. 226
Freilichtmuseum Ballenberg → S. 236
Aareschlucht → S. 240

Thun (→ S. 226) ist im Westen der Eingang zum Berner Oberland. Am anderen Ende liegt **Meiringen** (→ S. 239), das über den ganzjährig geöffneten Brünigpass mit Luzern verbunden ist. Wintersperren dagegen kennen **Grimsel-** und **Sustenpass** (→ S. 155), die Übergänge Richtung Osten und Süden. Das Berner Oberland prägt die Aare, die unweit des Grimselsees entspringt. Auf ihrem Weg zum Rhein drängt sie sich immer wieder durch größere Gewässer wie den **Thu-**

Das Berner Oberland

ner- und **Brienzersee** (→ S. 228, 235). Der Fluss ist die Schlagader der Region, an dem mit Meiringen, Interlaken, Spiez und Thun auch die überregional bekannten großen Gemeinden des Berner Oberlandes liegen.

Reichhaltig und vielseitig sind die Möglichkeiten, Urlaub und Freizeit immer wieder neu zu gestalten, im Winter vor allem auf Skiern oder anderen Schneebrettern, im Sommer zu Fuß oder dem Fahrrad. Wer es gemütlicher mag, nimmt eines der vielen Ausflugsschiffe auf den großen Seen, deren Kulisse imposante Berglandschaften bilden.

Geschichte

Genau betrachtet ist das Berner Oberland eine ehemalige Gletscherlandschaft, die in der Eiszeit von Meiringen bis Bern reichte. Schon in der Jungsteinzeit aber siedelten erste Menschen in Nähe der großen Seen, noch mehr in der Römerzeit. Schon im frühen Mittelalter war die Region christianisiert. Zunächst war sie Teil des hochburgundischen Königreichs, später zählte sie zum Heiligen Römischen Reich. Im 14. Jahrhundert erlangte Bern die Herrschaft über den Großteil des Oberlandes, zum Unmut der Landbevölkerung, die sich immer wieder der Berner

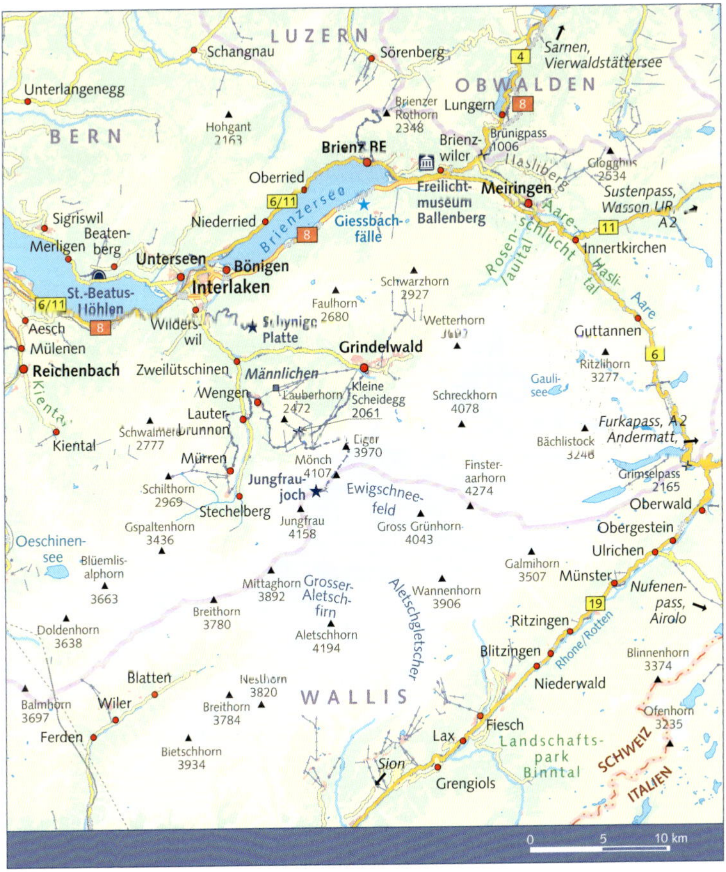

Rathausplatz und Schloss in Thun

Obrigkeit widersetzte, vor allem, als der bernische Staat die Reformation in der bis dahin katholischen Region einführen wollte. Für bescheidenen Wohlstand wie etwa im Simmental sorgte schließlich die Milch- und Viehwirtschaft. Die freilich war nur möglich, weil Kornmärkte wie in Thun die Versorgung mit Getreide übernahmen und die Bauern in den höher gelegenen Regionen im Spätmittelalter auf den Anbau von Körnerfrüchten verzichten konnten.

Die Bezeichnung Berner Oberland geht auf die Schaffung des Kantons Oberland durch Napoleon zurück, dessen Truppen die Schweiz Ende des 18. Jahrhunderts besetzt hatten. 1798 wurde Thun so für ein paar kurze Jahre Hauptstadt des Oberlandes, ehe 1803 der Kanton Bern als Rechtsnachfolger der Stadt und Republik Bern entstand. Heute ist der Tourismus das wirtschaftliche Rückgrat der Region.

Thun

Thuns historischer Kern liegt zu Füßen des weithin sichtbaren **Thuner Schlosses**. Der riesige Wohn- und Wehrturm entstammt dem späten 12. Jahrhundert und gilt als Wahrzeichen der Stadt. Jahrhundertelang war das Schloss bernischer Amtssitz. Heute beherbergt es ein Museum, das die viele tausend Jahre Geschichte der Region spiegelt. Zu sehen sind unter anderem archäologische Zeugnisse, Ritterrüstungen, Möbel, Spielzeug, Keramik, Wappen und Reliquien.

Thuns Altstadt lädt zum Bummeln, die vielen Cafés, Bars und Restaurants zum gemütlichen Zwischenstopp. Das **Einkaufszentrum** der Stadt liegt auf einer Bälitz genannten Insel zwischen zwei Armen der Aare, über die zahlreiche Brücken führen.

Während der Bahnhof, von dem auch die Schiffe zu ihren Touren auf dem Thu-

▶ Karte S. 224/225

nersee starten, auf der linken Seite der Aare liegt, findet sich die Altstadt auf der rechten. **Obere** und **Untere Hauptgasse** ziehen sich wie ein Faden entlang meist alter Häuser mit schönen Laubengängen, in denen kleine Geschäfte ebenso wie gastronomische Betriebe zuhause sind. Dazwischen liegt der Rathausplatz mit dem fast 450 Jahre alten **Rathaus** und sehenswerten **Zunfthäusern**.

Wo die Aare den Thuner See verlässt, liegt der **Schadaupark**. Es ist ein beliebter Picknickort mit schönen Blicken auf See und bei gutem Wetter auch auf das weltbekannte Alpentrio Eiger, Mönch und Jungfrau. Ebenfalls im Parkgelände findet sich das **Thun-Panorama**. Das 300 Quadratmeter große Rundbild gilt als das älteste Panoramagemälde der Welt. Geschaffen hatte es Anfang des 19. Jahrhunderts der Basler Kunstmaler Marquard Wocher. Aber erst in den 1950er Jahren wurde es wiederentdeckt und sorgsam restauriert. Das in fünfjähriger Arbeit entstandene Bild zeigt Thun um das Jahr 1809. Unweit des Thun-Panoramas steht die Kirche **Scherzligen**, ein einst bedeutender Marienwallfahrtsort. Ihr karolingischer Turm ist der älteste Kirchturm im Kanton Bern. Das Kirchenschiff entstand in der Romanik und wurde Ende des 14. Jahrhunderts um einen gotischen Hochchor und eine neue Holzdecke ergänzt. Im 15. Jahrhundert wurde die Süd-Ost-Wand der Kirche mit einem eindrucksvollen Panorama der Passion geschmückt, das die bernischen Kirchenreformer unter einer Putzschicht versteckt hatten und das erst 1922 wieder zum Vorschein kam. Auffallend sind seine manchmal detailgetreuen Darstellungen der heiligen Stätten in Jerusalem. Wer der Seestraße weiter folgt, kommt am **Hafen Lachen** vorbei zum **Strandbad**. In seiner Nähe steht die Bühne für die im Sommer stattfindenden Thunerseespiele, die jedes Jahr rund 75 000 Zuschauer locken.

i Thun

Thun-Thunersee Tourismus, Seestr. 2, 3600 Thun, Tel. 033/2259000; Mo–Fr 9–12.30 und 13.30–18, Sa 10–15 Uhr. www.thunersee.ch

Regionalverkehr sowie schnelle Verbindungen unter anderem nach Bern und Basel.

Boutique Hotel Schlossberg, Schlossberg 2, 3600 Thun, Tel. 033/2277500; DZ ab 220 CHF. Zentral gelegenes Hotel mit 14 stilvoll eingerichteten Doppelzimmern samt kleinem Spa-Bereich und Restaurant. www.schlosshotelthun.ch

Kunstmuseum Thun, Hofstettenstr. 14, 3602 Thun, Tel. 033/2258420; Di–So 10–17 (Mi bis 19) Uhr. Museum für zeitgenössische Schweizer Kunst, das seine Sammlung in Wechselausstellungen zeigt. www.kunstmuseumthun.ch

Schloss Thun, Schlossberg 1, 3600 Thun, Tel. 033/2232001; April–Okt. tgl. 10–17, Nov.–Jan. So 13–16, Febr./März tgl. 13–16 Uhr. Reich bestückte Sammlung zur Regionalgeschichte. www.schlossthun.ch

Thun-Panorama, Schadaupark, 3602 Thun, Tel. 033/2232462; März–Nov. Di–So 11–17 Uhr. Riesiges Panoramabild, das Thun am Anfang des 19. Jahrhunderts zeigt. https://thun-panorama.ch

Thunersee-Schifffahrt, Lachenweg 19, 3604 Thun, Tel. 058/3274811. Ganzjährig verkehrende Linienschiffe von Thun nach Interlaken, außerdem gibt es Ausflugsfahrten mit Tanz und Musik. www.bls-schiff.ch

Rund um den Thunersee

Mit fast 50 Quadratkilometern ist der Thunersee der größte im Kanton Bern. Thun und Interlaken-West sind seine Pole, zwischen denen sich der meist tiefblau erscheinende See streckt. Sein Nordufer nennt man wegen des milden Klimas gern auch »Oberländer Riviera«. Prachtbauten am Seeufer wie **Schloss Hünegg** oder **Schloss Oberhofen** zeugen von der Attraktivität der Landschaft, die Feriengäste noch heute nach **Oberhofen**, **Sigriswil**, **Merligen** oder **Beatenberg** lockt. Dichter ist die Südseite des Sees bevölkert, an der seit 1994 auch die Autobahn entlangführt, die sich freilich meist in Tunnels am Hang versteckt. Die Menschen am Seeufer lebten über Jahrhunderte vom Fischfang, dem Schiffbau und ein bisschen von der Landwirtschaft oder dem Weinbau, der mit der Wende ins 20. Jahrhundert aber weitgehend aufgegeben wurde. Inzwischen freilich hat er vor allem am Nordufer wieder viele neue Freunde gefunden.

St.-Beatus-Höhlen

Zu den meistbesuchten Sehenswürdigkeiten am Ufer gehören die St.-Beatus-Höhlen. Von der Höhlenlandschaft unter

Schloss und Schlosskirche von Spiez

▲ Karte S. 224/225

Dramatisch gelegen: die Beatushöhle

dem Berg sind inzwischen rund 14 Kilometer erforscht. Gut ein Kilometer der Tropfsteinhöhlen und Grotten steht auf mit Stegen ausgebauten und beleuchteten Wegen zur Besichtigung offen. Ein **Höhlenmuseum** informiert über die Entstehung der steinernen und immer feuchten unterirdischen Landschaften. Der Name der Höhle verweist auf den heiligen Beatus, der als Beat auch vielen Schweizer Männern als Vornamen dient. Beatus war ein legendärer Glaubensbote, der angeblich vom Apostel Petrus den Auftrag erhalten hatte, das Alpenvolk zu missionieren. Zeitweise soll er in der Höhle über dem See gelebt haben, aus der er einen feuerspeienden Drachen vertrieb und als Hundertjähriger dort auch verstarb. Es ist eine rührende Geschichte, weshalb man am Höhleneingang noch heute seine sagenhafte Grabstätte zeigt.

Spiez

Mit der »schönsten Bucht Europas« wirbt Spiez um Gäste. Natürlich ist das überschwänglichem Lokalpatriotismus geschuldet, aber Eindruck macht die kleine Bucht zu Füßen des mächtigen Schlosses mit seiner mittelalterlichen Kirche aus fast allen Perspektiven. Für die deutsche Nationalmannschaft, die 1954 in der Schweiz erstmals Fußballweltmeister wurde, war sie ein Kraftort, der den »Geist von Spiez« beseelte. Er war die Basis für das berühmte »Wunder von Bern«, den Sieg im Endspiel der Fußballweltmeisterschaft über die favorisierte ungarische Nationalelf. An diese Tage erinnert heute ein sogenannter **SmarTrail**: ein virtueller Erlebnispfad am Seeufer, auf dem sich das Fußballwunder akustisch und bildlich an elf Stationen nachverfolgen lässt. Es ist der vielleicht schönste Spazierweg am Thunersee, auch weil er für Radler gesperrt ist. Wahrzeichen von Spiez ist das über der Bucht in einen kleinen Park eingebettete **Schloss**, in dem Romanik, Gotik, Renaissance und Barock ihre Spuren hinterlassen haben. Ältester Teil ist der um 1245 entstandene Turm, die historische Villenanlage entstammt dem frühen 19. Jahrhundert. Das Schlossmuseum dokumentiert das Leben der einstigen Burgherren, die Minnesang und Ritterturniere pflegten. Außerdem erlaubt es Einblick in die alte Schlossküche und den Barocksaal, in dem zu Lautenklängen getanzt wurde. Die **Schlosskirche**, wie auch das Schloss heute im Besitz einer Stiftung, zeigt sich als frühromanische Pfeilerbasilika mit um das Jahr 1200 entstandenen romanischen Wandmalereien.

Thunersee

Ab Bahnhof Spiez Regionalverkehr, Züge nach Bern und Interlaken. Auch der Panoramazug **GoldenPass Express** zwischen Montreux und Interlaken hält in Spiez. www.bls.ch, www.gpx.swiss

Dorint Hotel Blüemlisalp, Schmockenstr. 163, 3803 Beatenberg, Tel. 033/8414111; DZ ab 238 CHF. Hoch über dem See gelegenes Hotel mit Restaurant, Schwimmbad, Sauna und Alpenblick.

Belvédère Strandhotel, Schachenstr. 39, 3700 Spiez, Tel. 033/6556666; DZ ab 150 CHF. Legendäres Seehotel mit großem Well- und Fitness-Angebot, in dem die deutsche Fußballmannschaft während der Fußballweltmeisterschaft 1954 wohnte. www.belvedere-spiez.ch

Jugendherberge Leissigen, Oberfeldweg 9, 3706 Leissigen, Tel. 033/84712144; Ende April–Okt., Übernachtung ab 62 CHF. 44 Schlafplätze in Zwei- bis Sechs-Bett-Zimmern am Thunersee. www.gruppenhaus.ch

Seerestaurant Hecht, Interlakenstr. 85, 3705 Faulensee, Tel. 033/6546378; tgl. ab 9 Uhr. Restaurant mit Fischspezialitäten und Meeresfrüchten. Schöne Aussichten bieten der Wintergarten und die große Terrasse direkt am See. www.hecht-faulensee.ch

Schloss Spiez, Schlossstr. 16, 3700 Spiez, Tel. 033/6541506; Mai–Okt. Mo 14–17, Di–So 10–17 (Juli und Aug. bis 18) Uhr. Das Schlossmuseum spiegelt die Geschichte der Schlossherren. www.schloss-spiez.ch

St.-Beatus-Höhlen, 3800 Sundlauenen, Tel. 033/8411643; Ende März–Mitte Nov. tgl. 9–17.15 (Fr und Sa bis 20.15) Uhr sonst nur Sa/So. Zum Eingang führt vom Parkplatz am Seeufer ein steiler Fußweg. Bei Höhlentemperaturen von maximal 10 Grad Celsius ist passende Kleidung angeraten. www.beatushoehlen.swiss

Ferienregion Adelboden-Lenk-Kandersteg

Südwestlich des Thunersees liegt die ans Wallis grenzende Ferienregion. Es ist eine schöne Alpenidylle, die ihr Gesicht den Jahreszeiten anpasst. So warten zahllose Skilifte und viele hundert Kilometer gut präparierter Pisten im Winter auf Besucher. Im Sommer laden saftige Wiesen, Wälder, Seen, Bäche und Wasserfälle, die auf gut ausgeschilderten Wanderwegen zu erreichen sind. Mit dem Diemtigtal gibt es nur eine Viertel Autostunde von Spiez entfernt sogar einen Naturpark. Simmental und Kandertal heißen die Hauptachsen Richtung Süden, die auch mit der Eisenbahn gut erschlossen sind.

Simmental

Das Simmental durchfließt die Simme, die ihm seinen Namen gab. Der mehr als 50 Kilometer lange Fluss steht bei Wildwasserfahrern hoch im Kurs. Größtes Seitental ist das **Diemtigtal**, in dem die traditionelle Alpwirtschaft mit ihrer naturnahen Bewirtschaftung noch besonders gepflegt wird. Auf der anderen Seite der Simme liegt das **Stockhorn**: ein beliebter Ausflugsberg, der bei gutem Wetter grandiose Aussichten garantiert. Er fällt schon von weitem ins Auge, da er aus einer fast senkrecht aufgestellten Gesteinsplatte besteht, die je nach Blickwinkel mal breit, mal spitz erscheint.

Eine Besonderheit des Simmentales sind seine alten **Bauernhäuser**, deren schönste einem die Simmentaler Hauswege näher bringen. Sie führen meist auf Naturpfaden und wenig befahrenen Sträßchen an über 100 Bauten vorbei, von denen viele unter Denkmalschutz stehen. Die Häuser mit ihren eindrucksvollen Schnitzereien und Malereien zeugen von einer Zeit, als die Talbewohner mit der Zucht von Kühen viel Geld verdienten. Ihre robusten Rinder mit weiß geflecktem Fell, das Simmentaler Fleckvieh, waren für ihre Milch und Fleisch in ganz Europa geschätzt. Bis weit nach dem Ersten Weltkrieg waren die Simmentaler Rinder jedenfalls ein Schweizer Exportschlager, der heute auf allen Kontinenten zuhause ist. Das Geld, das die Bauern mit der Zucht verdienten, steckten sie gewöhnlich in die Gestaltung ihrer Holzhäuser, die Handwerker wie Zimmerer und Schreiner, aber auch Fassadenmaler verschönerten. Die vielleicht schönsten finden sich auf dem gut ausgeschilderten Häuserweg zwischen Erlenbach und Oberwil wie in **Därstetten** – so wie das sogenannte **Knuttihaus** (Moos 47) aus der Mitte des 18. Jahrhunderts.

▸ Karte S. 224/225

■ Erlenbach

Erlenbach im Simmental punktet mit einigen schönen alten Häusern und einer fast vollständig ausgemalten mittelalterlichen **Kirche**, zu der vom Dorfplatz eine überdachte Treppe führt. Ihr Juwel sind die Wandmalereien im Inneren, die einem unbekannten Meister zugeschrieben werden. Auf den Wänden zwischen den romanischen Fenstern hat er die Bibel illustriert, von der Schöpfungsgeschichte über das Leben Jesu bis zum Jüngsten Gericht. Eine Besonderheit ist die Krönung Mariens durch die Dreifaltigkeit. Am eindrucksvollsten zeigen sich die vier Evangelisten im von Sternen übersäten Chorgewölbe. Die in der Kirche heute sichtbaren Wandbilder aus dem 15. Jahrhundert wurden nach der Reformation übertüncht und erst Anfang des letzten Jahrhunderts wieder entdeckt. Nur ein paar Schritte weiter steht auch das Mitte des 18. Jahrhunderts geschaffene **Agensteinhaus** (Augasse 321), eines der schönsten Bauernhäuser im Simmental. Es ist ein Meisterstück der Zimmermannskunst und heute ein Museum zur Geschichte und Leben in der Talregion.

Landschaft im Simmental

Zweisimmen und Lenk

In Zweisimmen vereinen sich Große und Kleine Simme, daher der Name. Außerdem verzweigt sich hier die Straße aus Spiez. Eine führt weiter ins Saanenland, die andere in die Wintersportarena Lenk, die mit der von Adelboden verbunden ist. Es ist eine gewaltige Ski-Schaukel mit vielen hundert Pistenkilometern, Bergbahnen und Liften. Im Sommer bietet die Region vor allem Bikern ideale Bedingungen, für die mehr als 300 Kilometer eigene Strecken ausgewiesen sind.

Simmental

Naturpark Diemtigtal, Bahnhof Oey-Diemtigen,Tel. 033/6812606; Mo–Fr 8.30–12 und 13.30–16.30, Sa 8.30–12 Uhr. www.diemtigtal.ch

Züge verkehren zwischen Spiez und Zweisimmen und halten unter anderem in Erlenbach und Oey-Diemtigen. www.bls.ch

Erlebnisbad Wallbach, Wallbachstr. 43, 3775 Lenk, Tel. 033/7331901; Mo–Fr (Di erst ab 13.30) 10–20, Sa/So 10–19 Uhr. Frei- und Hallenbad mit 34 Grad warmem Außenbecken, Saunapark und Restaurant. www.erlebnisbadlenk.ch

Saanenland

Über die **Saanenmöser-Passhöhe** erreicht man aus Zweisimmen kommend das Saanenland, ein Hochtal mit satten Wiesen, ein Großteil des Jahres von schneebedeckten Bergen gerahmt. Das Bild der Region bestimmen die vielen Chalets und die Alpen, die Milch für feinsten Käse liefern. Fast alle Hotels und mehr noch die Molkereien in Gstaad, Zweisimmen und Schönried bieten Urlaubern auf Vorbestellung einen **Fondue-Rucksack**, den man mit auf die Berge nehmen kann: gefüllt mit der kompletten Fondue-Ausrüstung samt aller Zutaten.

▲ Karte S. 224/225

Fast nahtlos verbunden ist Saanen mit **Gstaad**. Schon früh entdeckten Prominente den Reiz des Ortes, so wie der Geiger und Dirigent Jehudi Menuhin, Initiator und Motor des nach ihm benannten Festivals, das jährlich mehr als 25 000 Konzertbesucher in die Alpen lockt.

In hochalpine Regionen führt ein Ausflug über das Dorf Gsteig zum benachbarten **Col de Pillon**, von wo aus Luftseilbahnen zur Bergstation **Glacier 3000** führen. Dort erwartet Besucher ein vom Stararchitekten Mario Botta geschaffenes Restaurant – und eine spektakuläre, über 100 Meter lange Hängebrücke, die zwei Berggipfel miteinander verbindet.

Saanenland

Gstaad Saanenland Tourismus, Promenade 41 (Haus des Gastes), 3780 Gstaad, Tel. 033/788181; Mo–Fr 8.30–18, Sa 8.30–17 Uhr, So nur zur Hochsaison im Winter und Sommer 8.30–17 Uhr. www.gstaad.ch

In Gstaad hält unter anderem der **GoldenPass Express**. Ab Gstaad und Saanen viele Verbindungen innerhalb der Schweiz und nach Italien. www.gpx.swiss

Frutigland

Von Spiez führt eine weitere Straße Richtung Süden ins Frutigland, eine von Streusiedlungen gezeichnete, landwirtschaftlich geprägte Region. Seinen Namen verdankt es dem Dorf **Frutigen**, von wo es in zwei Richtungen weitergeht. Eine Route führt durch das **Engstligental** nach Adelboden, die andere durch das **Kandertal** nach Kandersteg. Zwei Flüsse, nämlich Kander und Engstlige, die nach ihrer Vereinigung unterhalb von Frutigen zum Thunersee streben, haben den Tälern ihre Namen gegeben. Wintersportler bestimmen im Winter das Bild der Region, den Rest des Jahres Wanderer und Biker.

Auf der Engstligenalp

Reichenbach im Kandertal und Kiental

Reichenbach, der Eingang zum Kiental, ist ein typisches Straßendorf mit einigen sehr alten Häusern. Es liegt unweit des **Niesen** (2362 Meter), der gern als »Spiezer Hausberg« apostrophiert wird und wegen seiner an eine Pyramide erinnernden Form besonders beliebt ist. Vom benachbarten Dorf **Mülenen** verkehrt seit über 100 Jahren eine Standseilbahn auf den Berg. Neben ihrer Strecke führt die **Niesentreppe** auf den Berg – die längste Treppe der Welt. Sie wird allerdings nur einmal jährlich zum traditionellen Treppenlauf geöffnet. Seine Sieger brauchen für die knapp 12 000 Stufen, verteilt auf über 1600 Höhenmeter, nicht einmal eine Stunde!

Frutigen

Kurz hinter Frutigen mit seiner sehenswerten Kirche verschwinden die Züge im Lötschberg-Basistunnel, der dem Dorf die größte touristische Attraktion beschert hat: das **Tropenhaus**. Es entstand aus dem Gedanken, Wärme und Wasser aus dem Tunnel nutzbar zu machen, treten doch am Nordende des Tunnels pro Sekunde rund 100 Liter warmes Wasser aus. Sie speisen heute große Fischbecken, in denen jährlich zwei bis drei Tonnen Kaviar produziert werden, außerdem das Tropenhaus, in dem Bananen, Mangos, Pampelmusen, Avocados, Ananas und viele andere exotische Früchte reifen, die wie der Kaviar in Schweizer Supermärkten verkauft werden.

Adelboden

Adelboden ist ein Paradies für Wintersportler. Schließlich bietet es erstklassige Pisten, die Jahr für Jahr auch Austragungsort internationaler Skirennen im Rahmen des Weltcups sind. Die Strecke am **Chuenisbärgli** gilt als die schwierigste Riesenslalom-Piste des gesamten Skiweltcups. Sehenswert sind die **Engstligen-Wasserfälle**, die sich über zwei Kaskaden 600 Meter in die Tiefe stürzen. Sie gelten als die zweithöchsten Wasserfälle der Schweiz. Ein weitgehend ebener, gut einstündiger Rundwanderweg erschließt die Schönheit der **Engstligenalp**. Es ist die größte Hochebene in den westlichen Schweizer Alpen und ein besonders kinderfreundliches Wander- und Wintersportgebiet.

Adelboden

Tourist Center & Mountain Lab Adelboden, Dorfstr. 23, 3715 Adelboden, Tel. 033/6738080; Mo–Fr 8–12 und 13.30–17, Sa/So 8–17 Uhr. www.adelboden.ch

Adler Adelboden, Dorfstr. 19, Tel. 033/6734141; DZ ab 225 CHF. Familiengeführtes Hotel und Restaurant, dessen Spezialität Fleischfondue ist. www.adleradelboden.ch

Camping Bergblick Adelboden, Landstr. 94A, Tel. 033/67314; Stellplätze ab 30 CHF. Kleiner Campingplatz mit Zelt- und Stellplätzen, idyllisch an einem Bach gelegen. www.camping-bergblick.ch

Kandersteg

Auf dem Weg von Frutigen nach Kandersteg quert man als erstes **Kandergrund**, dessen Wahrzeichen der **Blausee** ist. Mitten im See erinnert eine Steinskulptur unter Wasser an eine Sage, nach der die blaue Farbe des Wassers an die blauen Augen eines Mädchens mahne, das aus Trauer über den Tod ihres Geliebten hier den Freitod suchte.

Meist touristisch überlaufen ist der **Oeschinensee**. Etwas mehr Ruhe finden Wanderer bei einem Ausflug zu den

Alter Hotelpalast in Interlaken

Arvenseelis: drei tiefblauen, von Schmelzwasser gespeisten Mini-Seen inmitten saftiger Alpweiden und Arven, die ihnen den Namen gegeben haben. Am besten erreicht man sie mit der Luftseilbahn von Kandersteg zum **Sunnbüel**, einem Hochplateau, von wo ein Wanderweg in einer halben Stunde zu den Seen führt. Von dort geht es in gut zwei Stunden auf alten Säumerpfaden zum **Gemmipass** (2314 Meter), dem Übergang ins Wallis.

Kandersteg

Tourist Center Kandersteg, Äußere Dorfstr. 26, 3718 Kandersteg, Tel. 033/6758080; Mo–Fr 8–12 und 14–17 Uhr. Verkauf von Fischerpatenten. www.kandersteg.ch

Regionalzüge nach Spiez. www.bls.ch

Hotel und Restaurant Ermitage Kandersteg, Oeschinenstr. 49, 3718 Kandersteg, Tel. 033/6758020 ; DZ ab 187 CHF. Chalet-Hotel mit gemütlichen kleinen Zimmern. Das täglich geöffnete Restaurant (11.30–21 Uhr) serviert mittags ein preiswertes Menü. www.ermitage-kandersteg.ch

Interlaken

Wie der Name schon andeutet, verdankt die Gemeinde ihre Bedeutung der Lage zwischen zwei Seen, die heute als **Brienzer-** und **Thunersee** bekannt sind. Als Reiseziel punktet Interlaken mit alten Hotelpalästen, wie man sie in dieser Dichte sonst kaum noch findet. Sie sind Zeugen von Interlakens Aufstieg zur Fremdenverkehrsmetropole im 19. und frühen 20. Jahrhundert, über den man im **Tourismuseum** mehr erfährt. Fast alle alten Hotels wie das Beau Rivage im französisch geprägten Stil der Neorenaissance reihen sich wie Perlen entlang des Höhewegs, der sich vom

▲ Karte S. 224/225

Bahnhof Ost zum Bahnhof West zieht. Natürliche Perle am Höheweg ist die **Höhematte**, eine riesige Wiesenfläche vor der Hotelfront, die für immer einen unverbauten Blick auf die Berge garantieren soll. Schon 1864 nämlich hatten sich die Hoteliers weitsichtig dazu entschlossen, dem Kanton Bern das teure Wiesenstück abzukaufen und mit einem Bebauungsverbot zu belegen.

Östlich der Höhematte schließt der **Klosterbezirk** an, einer der ältesten Teile Interlakens, der mit Schloss und Klosterkirche aufwartet. Ein paar Fußminuten weiter nördlich, auf der anderen Seite der Aare, startet eine Bergbahn zur **Harder Kulm**. Von dort hat man bei gutem Wetter einen Traumblick über Interlaken und auf das Jungfrau-Panorama. Für alle, denen es an Zeit fehlt, Grindelwald oder Lauterbrunnen mit ihren noch eindrucksvolleren Aussichten auf das weltbekannte Bergmassiv zu besuchen, ist das die beste Art, aufs ewige Eis zu blicken.

Schynige Platte

Ein noch schöneres Alpenpanorama bietet die Fahrt zur Schynige Platte, auf die jeden Sommer eine Zahnradbahn von **Wilderswil** unterwegs ist. Die über 100 Jahre alten Elektrolokomotiven sind noch heute in Betrieb und schieben wegen der starken Steigung die Wagen nach oben anstatt sie wie gewöhnlich zu ziehen. Für Bahnfans ist die Schienentour pure Nostalgie, vor allem im Sommer, wenn die alten Dampfloks aus dem Lokschuppen geholt werden. Wer sich nicht scheut, mit schwarzem Gesicht oben anzukommen, absolviert die Tour als Heizer oder Lokführer. Zu den Sehenswürdigkeiten auf dem Bergrücken gehört ein botanischer **Alpengarten** mit über 750 verschiedenen Pflanzenarten. Es ist ein Hort der Ruhe und Wissenschaft, der Besuchern von Juli bis Oktober Schönheit und Reichtum der Alpenflora näherbringt – jeden Sonntag auch auf geführten Rundgängen.

Interlaken

Interlaken Tourismus, Marktgasse 1, 3800 Interlaken, Tel. 033/8265300; Mo–Fr 8–18, Sa 10–14, So (nur an Feiertagen, Juli und Aug.) 10–16 Uhr. ww.interlaken.ch

Interlaken hat zwei Bahnhöfe: Ost und West, von beiden fahren Regionalzüge und auch IC. Außerdem fahren hier der **Luzern-Interlaken-Express** und die Schmalspurbahn **Berner-Oberland-Bahn** (ab Bahnhof Ost), die in Grindelwald endet. www.bls.ch, www.zentralbahn.ch

Lindner Hotel Beau Rivage, Höheweg 211, 3800 Interlaken, Tel. 033/8267008; DZ ab 300 CHF. 5-Sterne Haus aus der Belle Epoque, das noch immer alten Glanz verströmt – vom Service über die Küche bis zum Schwimmbad. Hunde sind willkommen. www.lindnerhotels.com

Brienzersee

Das Pendant zum Thunersee ist der Brienzer See. Wie sein Nachbar wird auch er von der Aare durchflossen. Allerdings ist sein Wasser statt blau mehr grün und deutlich kühler als das im Thunersee, was an den zahlreichen Gletscherzuflüssen liegt. Sie stürzen sich wie die **Giessbachfälle** über mehr als ein Dutzend Stufen rund 400 Meter tief in den See. Namensgeber des Sees ist **Brienz** am Nordostufer, ein Dorf mit vielen Chalets und langem Quai, an dem die Linienschiffe aus Interlaken Halt machen. Ihr Prunkstück ist der nostalgische Raddampfer *Lötschberg*, der im Sommer zweimal täglich und samstagabends über den See dampft. Es ist ein Juwel aus der

Wohnhaus aus dem 14. Jahrhundert im Freilichtmuseum Ballenberg

Zeit der Belle Epoque, das mit seinen Salons originalgetreu restauriert worden ist. Wie auf dem Thunersee verbanden auch am Brienzersee Schiffe lange Zeit die Ortschaften am Ufer wie **Iseltwald**, zu denen keine Straßen führten. Heute ist das zwar anders, hat Iseltwald sogar eine Autobahnabfahrt, noch immer aber wirkt manches Seedorf mit seinen alten Holzhäusern ein bisschen aus der Zeit gefallen.

Nicht weit vom Seeufer in Brienz liegt die Talstation der Bahn auf das **Brienzer Rothorn** (2350 Meter), von wo man viele hundert Berge sehen kann. Elf Dampfloks, darunter zwei aus der Gründerzeit der Bahn im späten 19. Jahrhundert, sind heute neben drei Dieselloks im Einsatz. Eine Stunde dauert die Fahrt auf den Berg, wo viele Wanderwege warten.

▶ Karte S. 224/225

■ Freilichtmuseum Ballenberg

Das Freilichtmuseum ist heute Heimat von mehr als 100 architektonisch interessanten Schweizer Bauten. Dazu gehören Wohnhäuser aus allen Regionen, Ställe, Scheunen, Restaurants, Werkstätten und eine Kapelle. Sogar alte Karussells drehen sich zur Freude der Kinder, die in den Freigehegen auch Ziegen und Schafe streicheln dürfen. Das älteste Gebäude, ein Wohnhaus aus dem Kanton Schwyz, stammt aus dem frühen 14. Jahrhundert. Zu den Attraktionen gehören bewirtschaftete Gasthäuser. In einer Sennhütte aus dem 18. Jahrhundert können Besucher beim Käsen zusehen. Außerdem gibt es kleine Lädchen, in denen Selbstgemachtes wie Marmelade oder Kräutermischungen verkauft werden. In manchen Häusern kann man auch Handwerkern wie einem Töpfer oder Schmied bei ihrer Arbeit über die Schulter schauen.

Brienzersee

Freilichtmuseum Ballenberg, Museumsstr. 100, 3858 Hofstetten bei Brienz, Tel. 033/9521030; Mitte April–Okt. tgl. 10–17 Uhr. Vom Bahnhof Brienz verkehrt ein Postbus zum Museum. www.ballenberg.ch

Jungfrau-Region

Grindelwald und **Lauterbrunnen** sind zusammen mit den weitgehend autofreien Dörfern **Wengen** und **Mürren** die Zentren der Jungfrau-Region. Sie sind von Interlaken aus in einer guten halben Stunde zu erreichen, am schnellsten und besten mit dem Zug. Im Winter sind sie Ziel vieler zehntausend Wintersportler, die legendäre Abfahrten wie vom **Lauberhorn** oder dem **Schilthorn** genießen. Im Sommer bestimmen Wanderer, Kletterer, Biker und Gleitschirmflieger das Landschaftsbild. Dutzende von Bahnen und Gondeln erlauben größtmögliche Mobilität in einer Region, die steile Felswände ebenso kennt wie weite Wiesen und Wälder. Die Jungfrau-Region bilden die nur von Interlaken aus erreichbaren Talschaften der Schwarzen und Weißen

Ewiges Eis am Großen Aletsch-Gletscher

Lütschine, die sich bei **Zweilütschinen** miteinander vereinen. Dort auch trennen sich die Züge der Berner Oberland-Bahn (BOB), die alle halbe Stunde in Interlaken starten. Von Zweilütschinen aus verkehrt der eine Zugteil dann weiter nach Grindelwald, der andere Richtung Lauterbrunnen.

Jungfraujoch

Größter Besuchermagnet im Berner Oberland ist das Jungfraujoch: ein Sattel auf knapp 3500 Meter Höhe zwischen den gewaltigen Viertausendern **Jungfrau** und **Mönch**. Seine Popularität verdankt das Ausflugsziel im ewigen Eis der **Jungfraubahn**, die seit über 100 Jahren Besucher von der **Kleinen Scheidegg** nach oben schafft – großteils durch eine Tunnelstrecke zu Füßen von **Eiger** und Mönch. Auf dem Weg zum Gipfel legt die Jungfraubahn einen fünfminütigen Zwischenstopp an der Station **Eismeer** ein, von wo man durch Panoramafenster einen Blick auf eine Landschaft aus ewigem Eis und Schnee werfen kann. Es ist eine Szenerie, die daran erinnert, wie es in großen Teilen Europas während der letzten Eiszeit einmal ausgesehen hat. Ähnlich faszinierend ist der Gang durch den **Eispalast** auf dem Jungfraujoch, der in den 1930er Jahren von Bergführern angelegt wurde und heute mit Eisskulpturen künstlerisch gestaltet ist. Nur im Sommer geöffnet ist der **Snow Fun Park** auf dem Jungfraujoch. Dort ist Skifahren, Snowboarden, Schlittenfahren und Snowtubing angesagt – bei Temperaturen, die im Juli oder August auch schon mal in den Plusbereich klettern können.

Grindelwald

Am Hang über dem Tal der Schwarzen Lütschine liegt Grindelwald. 300 Kilometer markierte Wanderwege und 160 Kilometer Mountainbike-Trails warten im Sommer auf die Gäste, im Winter mehr als 200 Kilometer Skipisten, dazu rund 50 Kilometer eigens ausgewiesener Schlittenwege. Grindelwald lebt fast ausschließlich vom Tourismus, der den Betreibern von Aufstiegshilfen wie Gondeln oder Bergbahnen jährlich Millionengewinne beschert.

Gewaltige Bergstöcke schließen Grindelwald nach Süden ab. Allen voran der **Eiger**, aber auch **Schreckhorn** und **Wetterhorn**, karge Fels- und Eiswüsten, die im Kontrast zum grünen Talboden stehen und den Reiz Grindelwalds ausmachen. Das Dorf selbst lernt man am besten auf dem sechs Kilometer langen **Terrassenrundweg** kennen. Noch Mitte des 19. Jahrhunderts reichte der Untere **Grindelwaldgletscher**, einst einer der größten der Schweiz, mit seinen spektakulären Eistürmen fast direkt ans Dorf, war die heutige Gletscherschlucht eine Zone ewigen Eises. Heute ist sie mit ihren 300 Meter hohen Felswänden und einem über die Schlucht gespannten begehbaren Netz eine der Publikumsattraktionen.

Die meisten Besucher zieht es aber vor allem zur **Eigernordwand**, der man am besten über den rund sechs Kilometer langen **Eiger-Trail** nahekommt. Wer Glück hat und mit einem Fernglas unterwegs ist, kann gelegentlich sogar eine Seilschaft in der Steilwand erspähen. Allerdings ist der Eiger-Trail nur geübten Wanderern zu empfehlen. Eine leichte Wanderung mit einmaliger Sicht auf das Dreigestirn Eiger-Mönch-Jungfrau erlaubt der **Panoramaweg** von der Bergstation **Männlichen** zur Kleinen Scheidegg, der über fast fünf Kilometer meist leicht bergab führt.

Häuser in Grindelwald vor dem Wetterhorn

In der Aareschlucht

Lauterbrunnen

Über 70 Wasserfälle prägen das Lauterbrunnental. Die bekanntesten sind der knapp 300 Meter hohe **Staubachfall** und die **Trümmelbachfälle** nur wenige hundert Meter weiter taleinwärts. Sie gelten als die größten unterirdischen Wasserfälle Europas und werden vom Schmelzwasser von Eiger, Mönch und Jungfrau gespeist. Bis zu 20 000 Liter pro Sekunde donnern zeitweise durch die Trümmelbachschlucht, in die man mit einem Lift einfährt.

Noch weiter hinten im Tal liegt die erste Station der Gondeln zum knapp 3000 Meter hohen **Schilthorn**. Kenner sagen ihm eine noch bessere Aussicht als vom Jungfraujoch nach, ist doch der Fernblick hier weniger von anderen Ber-

▲ Karte S. 224/225

gen verstellt. An guten Tagen soll man vom Schilthorn rund 200 Berggipfel vom Montblanc-Massiv bis in den Schwarzwald und die Vogesen sehen. Zur Zeit ist eine rund 100 Millionen Franken teure neue Gondelbahn von **Stechelberg** im Bau, die die Fahrzeit auf den ganzjährig zugänglichen Gipfel deutlich verkürzen wird.

Auf der Spitze des Schilthorns dreht sich das von Sonnenenergie angetriebene Restaurant **Piz Gloria** in einer guten Dreiviertelstunde um die eigene Achse. Es war einst die Basis der Bösewichte im James-Bond-Film *Im Geheimdienst Ihrer Majestät* (1969). Was im Film als Hubschrauberlandeplatz diente, ist heute eine Aussichtsterrasse.

Jungfrau-Region

Grindelwald Tourismus, Dorfstr. 110, 3818 Grindelwald, Tel. 033/8541212; Mo–Fr 8.30–18, Sa/So 9–18 Uhr. www.grindelwald.swiss

Lauterbrunnen Tourismus, Stutzli 460, 3822 Lauterbrunnen, Tel. 033/8568568; Mi–So 8.30–12 und 13.15–17 Uhr. www.lauterbrunnen.swiss

In Grindelwald endet die **Berner-Oberland-Bahn** vom Bahnhof Interlaken Ost. www.jungfrau.ch

Jugendherberge Grindelwald, Geissstutzstr. 12, 3818 Grindelwald, Tel. 033/8531009; Plätze ab 48 CHF. Drei Häuser, davon eines im Chalet-Stil, bieten 133 Betten in Zimmern mit einem bis sieben Betten. www.youthhostels.ch

Haslital

Das Haslital ist der obere Teil des Aaretales zwischen dem Grimselpass und Meiringen. Es ist Teil des Welterbe-Gebietes im Berner Oberland und profitiert von seiner Lage am Fuß gleich dreier Pässe. So führt der **Brünigpass** nach Norden in den Kanton Obwalden, der **Sustenpass** nach Osten in den Kanton Uri, der **Grimselpass** nach Südosten ins Wallis. Durch das Reichenbachtal führt zudem ein Sträßchen über den Pass **Grosse Scheidegg** nach Grindelwald, das allerdings für den Autoverkehr gesperrt ist. Gletscherregionen wie am Grimsel mischen sich in der Ferienregion Haslital mit lieblichen Wiesen, Schluchten und Wasserfällen. Bergbahnen erschließen seine abgelegensten Regionen, in denen spektakuläre Hängebrücken ebenso zu finden sind wie kleine Seen.

Meiringen

Als Zentrum des Haslitals gilt das am Oberlauf der Aare gelegene Meiringen. Fans des britischen Meisterdetektivs Sherlock Holmes kennen es sicher. Schließlich starb die berühmte Romanfigur, ersonnen von Sir Arthur Conan Doyle, nahe dem Reichenbachfall, zu dem von Mai bis Anfang Oktober eine **Standseilbahn** führt. Von deren Bergstation führt ein Weg zu der Stelle, an der Holmes-Widersacher Professor Moriarty den Detektiv in den – vorläufigen – Tod stürzte. Diese Szene zeigt auch eine Statue vor dem **Sherlock-Holmes-Museum** in Meiringens Dorfmitte. Es ist in der ehemaligen englischen Kirche zuhause und zeigt unter anderem das authentisch rekonstruierte Wohnzimmer des Meisterdetektivs in der Londoner Baker Street.

Nicht weit ist es von Meiringen ins **Rosenlauital** auf der linken Seite der Aare: einer beliebten Wandergegend, in der sich schon Johann Wolfgang Goethe und Friedrich Nietzsche wohlfühlten. Ihr Herz ist die **Rosenlaui-Schlucht**, die ein mehr als ein Kilometer langer Rundweg erschließt. Wahre Kunstwerke hat das Gletscherwasser hier aus den Felsen geformt.

Aareschlucht

Publikumsmagnet im Haslital ist die Aareschlucht zwischen Meiringen und Innertkirchen, ein gewaltiger Riegel aus Kalkfelsen, durch den Tunnel und Stege führen. Die Aareschlucht ist mit Bahn und Auto bequem zu erreichen und hat zwei Eingänge: je einen im Westen und Osten. Wer die Schlucht nicht zweimal queren will, steigt am besten vom Eingang West ein, wo die schönsten Stellen unweit des Eingangs liegen.

Haslital

Haslital Tourismus, Bahnhofplatz 12, 3860 Meiringen, Tel. 033/9725050; Mo-Fr 8–12 und 13.30–18 Uhr.
www.haslital.swiss

In Meiringen hält der **Luzern-Interlaken-Express**. Die **Meiringen-InnertkirchenBahn** (MIB) hält am Bahnhof Aareschlucht-West. www.zentralbahn.ch

Camping Aareschlucht, Hauptstr. 34, 3862 Innertkirchen, Tel. 033/9712714; Mai–Mitte Okt. Schön gelegener Platz mit 45 Stand- und vielen Zeltplätzen unweit der Aareschlucht.
www.camping-aareschlucht.ch

Sherlock-Holmes-Museum, Bahnhofstr. 26, 3860 Meiringen, Tel. 033/9725000; Mai–Okt. tgl. 13.30–18 Uhr, im Winter meist nur Sa/So 13.30–17 Uhr.
www.sherlockholmes.ch

Aareschlucht, 3860 Meiringen, Tel. 033/9714048; April–Okt. tgl. 8.30–17.30 (Mitte Juni–Mitte Sept. bis 18.30) Uhr, im Juli und August ist die Schlucht Fr und Sa zwischen 18.30 und 22 Uhr illuminiert. Am Westeingang finden sich Restaurant und Shop.
www.aareschlucht.ch

Bärentrek: Weitwanderung mit Gepäcktransport durch das Berner Oberland. Sieben Tage dauert die Tour (ca. 140 km), begehbar ist sie von Juli bis September. Es geht über Pässe, Gipfel, Alpen, Wiesen, Weiden und Dörfer wie Grindelwald, Kandersteg, Lauterbrunnen und Adelboden; Start ist häufig in Meiringen/Rosenlaui, das Ziel ist Lenk. Eine eher schwere Wanderung, sehr gute Kondition und Trittsicherheit sind unabdingbar; buchbar bei verschiedenen Anbietern.

Innertkirchen

In Innertkirchen trennen sich die Straßen Richtung Susten- und Grimselpass. Die Passhöhen markieren die Übergänge in die Nachbarkantone des Berner Oberlandes, nach Wassen in Uri und Gletsch im Wallis. Von dort geht es über den Furkapass am Rhonegletscher vorbei nach Andermatt – eine bei gutem Wetter beeindruckende Tour durch eine großteils baumlose Bergwelt.

Die Straße zum Sustenpass ist auch Ausgangspunkt für einen Ausflug ins Reich des ewigen Eises, genauer zum **Triftgletscher**, der mit dem Rhonegletscher verbunden ist. In den letzten Jahren ist er allerdings um teilweise mehr als 100 Meter jährlich geschmolzen. Die Wanderung zum Gletscher erleichtert eine im Sommer von **Gadmen** aus verkehrende Gondel, die **Triftbahn**. Von ihrer Bergstation führt ein Weg in gut anderthalb Stunden steil bergauf zur spektakulärsten **Hängebrücke** im Berner Oberland. Sie spannt sich 170 Meter über die Triftschlucht, die man vor Jahrzehnten noch auf Gletschereis queren konnte.

▸ Karte S. 224/225

Grimselpass

Der Grimselpass markiert die Wasserscheide zwischen Nordsee und Mittelmeer. Ganz oben liegt der **Totesee**, der den etwas tiefer gelegenen Grimselsee mit speist. Es ist eine von Fels und Stein geprägte Landschaft. Bei gutem Wetter lohnt der Abstecher auf der sechs Kilometer langen Panoramastraße zum **Oberaarsee**. Sie ist zwar gut asphaltiert, aber immer nur in einer Richtung befahrbar - bergwärts jeweils zur vollen Stunde, talwärts jeweils zur halben Stunde. Eine Alternative ist die Anreise mit der **Oberaarbahn** vom Grimsel Hospiz über den Grimselsee, die allerdings nur von Mitte Juni bis Anfang Oktober in Betrieb ist. Vom Berghaus Oberaar führt eine gut einstündige Wanderung am See entlang zum Fuß des Oberaargletschers, wo einer der Quellflüsse der Aare entspringt.

Innertkirchen

Tourist Center Grimseltor, Grimselstr. 2, 3862 Innertkirchen, Tel. 033/9822660; Mo–Mi, Fr 8–12 und 13.30–16 Uhr. Informationszentrum, das Führungen zu den Kraftwerken am Grimselsee organisiert. Ein Geschäft mit regionalen Produkten befindet sich nebenan. www.grimselwelt.ch

Innertkirchen ist Endstation der **Meiringen-InnertkirchenBahn** (MIB). www.zentralbahn.ch

Der Totesee am Grimselpass

Brugg AG/ Baden
Wildegg
S29
Lenzburg
Brugg AG
Rupperswil
S26
Othmarsingen
Hendschiken
Aarau
RE6
S 28
Seon Nord
Seon
Hallwil
Boniswil
Birrwil
Beinwil am See
Dottikon-Dintikon
S 17
S 42
S 25
Wohlen AG
Boswil-Bünzen
Muri AG
Benzen-schwil
Mühlau
Sins
Basel
Schönen-werd
Däniken
Dulliken
Suhr
S 14
Teufenthal
Oberkulm
Hirschthal
Gontenschwil
Zetzwil
Leimbach
Reinach
Menziken
Schöftland
Olten
Aarburg-Oftringen
Zofingen
Brittnau-Wikon
Reiden
Dagmersellen
Nebikon
Wauwil
St.Erhard-Knutwil
RE24
Sursee
Oberkirch
Nottwil
Sempach-Neuenkirch
Rothenburg Station
Emmenbrücke Kapf
Emmen-brücke
Bern
Langenthal
St. Urban
Langenthal Süd
Lotzwil
Gutenburg
Solo-thurn
Madiswil
S6
S7
Lindenholz
Kleindietwil
Rohrbach
Huttwil
Hüswil
Zell LU
Willisau
Gettnau
Menznau
Wolhusen Weid
Wolhusen
Werthen-stein
Malters
Entlebuch
Hasle LU
Schachen LU
RE7
Schüpfheim
Escholzmatt
Langnau i. E.
Trubschachen
Mosen
Ermensee
Hitzkirch
Gelfingen
Baldegg
Baldegg Kloster
Hochdorf
Hochdorf Schönau
S9
S99
Ballwil
Eschen-bach
Waldi-brücke
S1
Emmenbrücke Gersag
Ebikon
S77
Luzern
Luzern Littau
S5
S41
Luzern Allmend/Messe
Kriens Mattenhof
Horw
Hergiswil Matt
Hergiswil
S4
S44
S55
Stans-stad
Alpnachstad
Alpnach Dorf
Sarnen Nord
Sarnen
Sachseln
Ewil Maxon
Giswil
Interlaken Ost
S-Bahn/RE
S-Bahn/RE verkehrt nur zeitweise
Fernverkehr
übriger Regionalverkehr
Halt S-Bahn/RE mit Anschluss an an Fernverkehrsverbindungen
Halt S-Bahn/RE
Halt auf Verlangen
Unregelmässiger Halt
Wechselnde Destinationen (Anschrift am Zug beachten)

Reisetipps von A bis Z

Reisetipps von A bis Z

Allgemeine Informationen

Touristeninformationen

Schweiz Tourismus Deutschland
Mendelssohnstr. 87
D-60325 Frankfurt
www.myswitzerland.com
Ohne Publikumsverkehr.
Schweiz Tourismus Österreich
Schwindgasse 20
A-1040 Wien
www.myswitzerland.com
Ohne Publikumsverkehr.
Luzern Tourismus AG
Zentralstr. 5
6002 Luzern
Tel. +41/41/2271717
www.luzern.com
Touristinformation im Hauptbahnhof Zürich (Erdgeschoss)
Tel. +41/44 2154000
Made in Bern
Thunstr. 8
3005 Bern
Tel. +41/31/3003300
www.madeinbern.com

Anreise

Die Reise in die Zentralschweiz ist aus allen Richtungen problemlos – im Winter wegen gesperrter Pässe allerdings manchmal zeitraubender. Gut ausgebaute Autobahnen und Schnellstraßen und beste Bahnverbindungen, die bei früher Buchung meist auch preiswert sind, stehen neben Bussen zur Anreise bereit.

Anreise mit dem Auto

Autofahrer benötigen für die Nutzung der Schweizer Autobahnen eine **Vignette**. Sie kostet 40 CHF und ist an allen Zollstellen, aber auch am Postschalter, Tankstellen oder online erhältlich. Seit kurzem gibt es auch eine E-Vignette (www.e-vignette.ch). Die Vignette ist 13 Monate gültig (jeweils ab 1. Dezember) und muss auf der Innenseite der Frontscheibe aufgeklebt werden. Wer ohne Vignette auf der Autobahn unterwegs ist oder sie nicht korrekt angebracht hat, dem drohen 200 CHF Bußgeld.
Autofahrern sei die **App des Schweizer Touring Clubs** (www.tcs.ch) empfohlen, die alle Staus und sonstige Verkehrsbehinderungen im Land anzeigt. Über den Zustand der **Alpenpässe** informiert die stets aktuelle Webseite www.alpen-paesse.ch.

Anreise mit der Bahn

Fast alle Schweizer Ferienorte sind gut ans Bahnnetz angeschlossen. Allein 40 Direktverbindungen gibt es täglich aus Deutschland in die Eidgenossenschaft. Allerdings muss man sich darauf einrichten, dass die Schweizer Bahn **SBB** sehr verspätete Züge aus der Bundesrepublik in Basel nicht mehr direkt übernimmt und die Reisenden auf ihre eigenen Züge verteilt.
Wer sehr früh bucht, findet meist auch einen Preis, der deutlich unter den Anreisekosten mit dem Auto liegt. So bietet die **Deutsche Bahn** Supersparpreise in die Schweiz schon ab 19,90 Euro aus Süddeutschland an. Auch die österreichische **ÖBB** bietet Spezialtarife ins Nachbarland, in das ab Wien, Graz oder Villach bequeme Nachtzüge fahren. www.bahn.de
www.sbb.ch, www.oebb.at

Anreise mit dem Flugzeug

Der zur Zentralschweiz und dem Berner Oberland nächstgelegenen internationalen Flughäfen sind **Zürich** (ZRH), **Basel** (BSL) oder **Genf** (GVA). Von allen drei Airports gibt es weiterführende Bahnverbindungen in die Urlaubsorte.

Tipps für einen Zwischenstopp

Für viele Autofahrer empfiehlt sich ein Zwischenstopp bei der Anreise, der einem Land und Leute auf besondere Art und Weise näherbringt.
Am Bodensee: Hoch über dem Bodensee liegt in einem ruhigen und riesigen Parkgelände das **Hotel Lilienberg** in Ermatingen (www.lilienberg.ch) mit Hallenbad, Sauna, Whirlpool und Feinschmeckerrestaurant

(Spezialität: frische Bodenseefische). Alle Zimmer verfügen über Balkon oder Terrasse – und auch Hunde sind willkommen (DZ ab 240 CHF).

Zu den historischen Schweizer Hotels zählt hoch über dem Bodensee das **Biohotel Schloss Wartegg** (www.wartegg.ch). Der englische Park von 1860 steht unter nationalem Denkmalschutz, ebenso wie ein kleines Spa aus dem Jahr 1928. Hochgelobt ist die nachhaltig wirtschaftende Bioküche im Kanton Sankt Gallen. Die renommierte Zürcher Zeitung NZZ wählte das Hotel mit seinen 25 Zimmern zum besten historischen Schweizer Hotel des Jahres 2023 (DZ ab 255 CHF).

Kanton Thurgau: Klösterliche Atmosphäre mit höchstem Komfort bietet die **Kartause Ittingen** (www.kartause.ch), die einsam im Thurgau liegt. Sie punktet mit riesigen Gartenanlagen, einem Restaurant mit saisonaler Schweizer Küche mit großer Außenterrasse, kostenlosem Radverleih und einem sehenswerten Kunst- und Klostermuseum (Übernachtung mit Frühstück im DZ ab 185 CHF).

Kanton Glarus: Einsam liegt das **Berggasthaus Rhodannenberg** (www.rhodannenberg.ch) am Klöntalersee, von wo der Klausenpass nach Altdorf im Kanton Uri führt. Einmalig ist die Bergluft, das Essen Schweizer Hausmannskost und die Zimmer (DZ ab135 CHF) einfach – eine gute Einstimmung in die Schweizer Bergwelt.

Reisegruppe am Bahnhof Interlaken

Kanton Graubünden: Ganz modern präsentiert sich das **House of Architects** in Vals (www.7132.com) in Graubünden, das für alle Gotthard-Reisenden aus Bayern und Österreich fast am Weg liegt. Die Zimmer im Haus der vielleicht schönsten Schweizer Therme gestalteten weltbekannte Architekten wie der Japaner Tadao Ando, der Schweizer Peter Zumthor und der Amerikaner Thom Mayne (DZ ab 370 CHF). Die Therme lädt an drei Tagen der Woche Hotelgäste zum mitternächtlichen Schwimmen – ein einmaliges Erlebnis nicht nur bei Vollmond!

Autofahren in der Schweiz

Tanken

In der Schweiz sind Kraftstoffe deutlich teurer als in der Bundesrepublik oder Österreich. Vor allem Diesel, der in der Alpenrepublik hoch besteuert wird. Bis zu 25 Liter Kraftstoff darf in Reservekanistern zollfrei eingeführt werden.

Autobahntankstellen sind gewöhnlich durchgehend geöffnet, alle anderen meist von 7 bis 20 Uhr. Außerhalb der Öffnungszeiten stehen Selbstbedienungs-Tankstellen mit Automaten zur Verfügung, an denen mit Banknoten oder Kreditkarten bezahlt werden kann.

Ladestationen für Elektroautos finden sich in der Schweiz genügend, eine Übersicht findet sich auf www.ich-tanke-strom.ch.

Verkehrsregeln

Im Großen und Ganzen gelten in der Schweiz ähnliche Verkehrsregeln wie in Deutschland oder Österreich. Auch tagsüber besteht die Pflicht, mit eingeschaltetem Licht zu fahren. Die **Lichtpflicht** gilt nicht für Mofas, E-Bikes und Velos sowie für Oldtimer bis zum Jahrgang 1970. Pflicht auch ist es, einen Feuerlöscher und ein Pannendreieck mitzuführen.

Das **Tempolimit**, sofern nicht anders angegeben, beträgt innerhalb geschlossener Ortschaften 50 km/h, außerhalb von Ortschaften 80 km/h, auf Schnellstraßen 100 km/h

Straßenbahn in Zürich

und auf der Autobahn 120 km/h. Temposündern drohen hohe Geldbußen. Schon bei Überschreitungen von sechs bis zehn Kilometern innerorts sind 120 CHF fällig. Ab einer Geschwindigkeitsübertretung von 26 km/h, gleich ob innerorts, außerorts oder auf der Autobahn, wird nicht mehr mit einem Bußgeld, sondern mit individuellen Geldstrafen geahndet, die richtig ins Geld gehen. Mit 250 CHF kann das Rechtsüberholen auf der Autobahn besonders teuer werden. Genauso viel zahlt, wer eine rote Ampel überfährt.

Auf **Bergstraßen** hat das bergauf fahrende Fahrzeug immer Vorfahrt – ebenso Linienbusse und Postautos. Auch Schienenfahrzeuge genießen Vorfahrtsprivilegien.

Die **Promillegrenze** liegt wie in Deutschland und Österreich auch in der Schweiz bei einem Blutalkoholwert von 0,5 Promille.

Geldbußen

Bussenkatalog heißt der Schweizer Bußgeldkatalog. Gebührenfreies Parken gibt es kaum noch – selbst in den blauen Zonen darf werktags nur für eine Stunde gratis geparkt werden.

Besonders teuer wird das Überschreiten der Parkzeit auf öffentlichen Stellplätzen. So zahlt 100 CHF, wer die Parkzeit um mehr als vier Stunden überschreitet. Von außen unleserlich angebrachte Parkscheiben kosten 40 CHF Strafe. Das Halten im Bereich von Kurven und Kuppen schlägt mit 80 CHF zu Buche. Mit 120 CHF wird bestraft, wer näher als zehn Meter vor oder hinter einer Haltestelle oder dicht an Straßenbahnschienen parkt. Vorbei sind seit 2024 auch die Zeiten, als man sich unter Umständen um die Bußen drücken konnte. So haben die Schweiz und die Bundesrepublik, wie in der EU meist üblich, vereinbart, Bußgelder ab 80 CHF auch in der Bundesrepublik einzutreiben. Strafzettel aus der Eidgenossenschaft sollten Sie deshalb nie wegwerfen!

Barrierefreiheit

In den letzten Jahren wurden überall große Anstrengungen unternommen, Museen, Restaurants, Hotels und öffentliche Verkehrsmittel barrierefrei zu gestalten. Trotzdem gibt es noch immer – vor allem denkmalgeschützte – Ziele, die für Rollstuhlfahrer nicht zugänglich sind.

Menschen mit Handicap erhalten auf den größeren Schweizer Bahnhöfen Hilfe beim Ein-, Aus- oder Umstieg. Allerdings müssen sie diese Hilfeleistungen bis spätestens eine Stunde vor der gewünschten Hilfeleistung telefonisch bei der SBB anfordern (Info-Tel. Schweiz 0800/007102, 5–24 Uhr, aus dem Ausland Tel. +41/800/007102).

An- oder Abreise in Interlaken

Botschaften

Botschaft der Bundesrepublik Deutschland
Willadingweg 83, CH-3006 Bern
Tel. +44/41/313594111
https://bern.diplo.de
Österreichische Botschaft
Kirchenfeldstr. 77/79, CH-3005 Bern
Tel. +44/31/3565252, www.bmeia.gv.at

Camping

Einige hundert Plätze stehen in der Schweiz Campern zur Verfügung. Viele sind auch im Winter geöffnet. Die besten listet die Webseite www.pincamp.de/schweiz.

Einreisebestimmungen

Da die Schweiz auch als Nicht-EU-Mitglied zum Schengenraum gehört, genügt zur Einreise für einen Aufenthalt von bis zu 90 Tagen der Personalausweis. Personenkontrollen werden keine durchgeführt. Da die Schweiz auch kein Mitglied der Europäischen Zollunion ist, gibt es allerdings gelegentlich Zollkontrollen. Denn es dürfen nur bestimmte Mengen an Waren in die Schweiz eingeführt werden – zum Beispiel 250 Zigaretten oder 5 Liter Alkohol bis maximal 18 Prozent. Unter www.bazg.admin.ch findet sich eine Liste der Waren, die man zollfrei einführen darf. Zu verzollende Waren können bereits im voraus per App angemeldet und bezahlt werden, »Quickzoll« heißt das Verfahren.

Eintrittspreise und Sparpässe

Viel Geld kann sparen, wer auf Vergünstigungen an den Kassen der Museen, Zoologischen Gärten, Vergnügungsparks oder Erlebniszentren achtet. Vor allem Kinder, Menschen mit Handicap, Schüler, Studierende und Über-60-Jährige profitieren oft von Rabatten. Auch Sparpässe sind meist ihr Geld wert.

■ Überregionale Sparpässe

Nur für Touristen, also Menschen mit ständigem Wohnsitz außerhalb der Schweiz, ist der **SwissPass** der Schweizerischen Bundesbahnen (SBB) gedacht. Er erlaubt die freie Fahrt auf Bahnen, Bussen und vielen Schiffen sowie die kostenlose Nutzung der öffentlichen Verkehrsmittel in über 90 Schweizer Städten. Außerdem macht er den kostenlosen Eintritt in über 500 Museen möglich. Kein zusätzliches Geld kosten auch Ausflüge auf Rigi, Stanserhorn und Stoos. Erhältlich ist der Pass online (Preisbeispiel: Swisspass für 3 Tage innerhalb eines Monats in der 2. Klasse 244 CHF, für 15 Tage 479 CHF).

Halbtax heißt eine Rabattkarte der Schweizerischen Bundesbahnen (SBB), die in etwa der deutschen Bahncard entspricht. Damit reist man zum halben Preis auf allen Strecken der SBB und der meisten anderen Bahnen sowie mit Schiffen und Postbussen. Das Halbtax gibt es online mittels eines pdf-Bestellscheines.

Für Viel-Reisende, die allerdings nicht in der Schweiz wohnen dürfen, empfiehlt sich die einen Monat gültige Karte **Swiss Half Fare Card** (www.swissrailways.com/de/swiss-half-fare-card-kaufen). Sie kostet für Erwachsene 132 Euro. Kinder zwischen 6 und 15 Jahren reisen mit der Karte mindestens eines Elternteils kostenlos mit. Die Karte mit dem Ermäßigungsangebot gilt auch auf zahlreichen Bergbahnen, Schiffsverbindungen und im öffentlichen Stadtverkehr.

Die kontingentierten **Spartageskarten** der SBB für die Erste und Zweite Klasse bietet einen Tag lang bis 5 Uhr des folgenden Tages freie Fahrt in der ganzen Schweiz. Sie sind ab 52 Franken erhältlich und ebenfalls im Internet zu ordern (www.sbb.ch)

■ Regionale Sparpässe

Berner Oberland Pass. Mit dem zwischen 3 und 10 Tage geltenden Pass haben Besucher in der Sommersaison freie Fahrt auf den Schiffen am Thuner- und Brienzersee, sowie mit dem Bus auf Susten- und Grimselpass. Fahrten auf vielen Bergbahnen sind frei oder stark ermäßigt (ab 168 CHF/3 Tage). www.regionalpass-berneroberland.ch

Tell-Pass Zentralschweiz. Freie Fahrt mit Bahn, Bus Schiff und einigen Bergbahnen

erlaubt der Tell-Pass in der Zentralschweiz. Ihn gibt es als Sommer- und Wintervariante zu unterschiedlichen Preisen. Das persönliche und nicht übertragbare Ticket gibt es für zwei, drei, vier, fünf oder zehn aufeinanderfolgende Tage. Es ist vor Ort an über 80 Verkaufsstellen wie den Schiffsstationen am Vierwaldstättersee, den größeren Touristikbüros, einigen Hotels und Restaurants oder im Online-Shop der Schweizerischen Bundesbahnen (SBB) erhältlich (ab 120 CHF/2 Tage im Winter; im Sommer ab 190 CHF).
www.tellpass.ch

Jungfrau Travel Pass. Der Pass mit Geltungsdauer von 3 bis 8 Tagen bietet freie Fahrt auf vielen Bahnen und Bussen in der Jungfrau-Region sowie mit den Schiffen auf Thunersee und Brienzersee – außerdem Spezialpreise für die Nutzung der Bahn aufs Jungfraujoch (ab 210 CHF/3 Tage).
www.jungfrau.ch

Etikette und Trinkgeld

Zur **Begrüßung** gibt man sich in der Schweiz gewöhnlich die Hand und schaut sich in die Augen. Die übliche Grußformel lautet »Grüezi«. In ländlichen Regionen grüßt man sich in der Regel auf der Straße, auch wenn man jemanden nicht kennt. Wichtig sind auch Worte wie »Danke« und »Bitte«, die Ausdruck der Wertschätzung des Gegenübers sind.

Viel Wert legen die Schweizer auf **Pünktlichkeit**. Wer sich verspätet, sollte dies früh genug telefonisch mitteilen. Das gilt für private Verabredungen ebenso wie für Tischbestellungen im Restaurant, Arzt- oder Beratungstermine.

Als **Trinkgeld** üblich sind bis zu zehn Prozent des Rechnungsbetrages. Allerdings sollte man den Bonus wenn immer möglichst bar geben, damit er auch sicher dort ankommt, wo er hingehört!

Elektrizität

Die Netzspannung ist in der Schweiz die gleiche wie in Österreich oder der Bundesrepublik. Auch die Stecker passen gewöhnlich. Probleme gibt es mit runden Schukosteckern (Typ F), für deren Nutzung man gewöhnlich einen Adapter braucht. Den sollte man mitbringen, da er vor Ort meist teurer ist.

Feiertage

Die Feiertage sind in den einzelnen Kantonen unterschiedlich geregelt. Vor allem in der katholischen Zentralschweiz gibt es deutlich mehr Feiertage als im protestantischen Berner Oberland.

Allgemeine Feiertage in der Zentralschweiz:
Neujahr (1. Januar)
Karfreitag
Ostersonntag und Ostermontag
Christi Himmelfahrt (Auffahrt)
Pfingstsonntag und Pfingstmontag
Bundesfeier (1. August)
Erster und Zweiter Weihnachtsfeiertag

Gesundheit

Die ärztliche Versorgung in der Schweiz ist gut bis sehr gut. Gesetzlich Versicherte können auf ihren Reisen in die Schweiz ihre europäische **Krankenversicherungskarte** nutzen, sofern Arzt oder Ärztin das Schweizerische Krankenversicherungssystem nutzen. Privat Versicherte zahlen ihre Arzt- und Apothekenrechnungen wie gewohnt direkt und reichen die Rechnungen anschließend bei ihrer Kasse ein.

Gut ist die Versorgung mit **Apotheken**. Sie sind in der Regel werktags geöffnet – gewöhnlich zwischen 8.30 und 17 Uhr. Abends und an den Wochenenden gibt es einen Notdienst. Über die diensthabenden Apotheken informiert die Webseite www.apo24.ch. Der **ärztliche Notfalldienst** ist landesweit unter der Telefonnummer 0900/111414 (3,30 CHF/Min) zu erreichen.

■ Zecken

Die Schweiz ist eine flächendeckende Zeckenzone. Da bis zu 30 Prozent der Blutsauger infektiös sind, erkranken jährlich rund 10 000 Eidgenossen an Borreliose. Nach Wanderungen oder Aufenthalten in Wie-

Murmeltierparks begeistern nicht nur Kinder

sen und Wäldern ist es deshalb angeraten, den Körper nach Zecken abzusuchen und sie gegebenenfalls mit einer Zeckenzange zu entfernen. Auf keinen Fall sollte man das Tier zerquetschen. Schnelles Handeln ist wichtig, da die Übertragung der Erreger erst nach acht bis zwölf Stunden stattfindet. Ratsam ist auch eine Impfung gegen die von den Tieren übertragene Frühsommer Meningoenzephalitis (FSME).

Haustiere

Kein Problem ist es, Hund oder Katze mit in die Schweiz zu nehmen. Sie brauchen dafür einen **EU-Heimtierausweis**, eine mindestens 21 Tage zurückliegende **Tollwutimpfung** und die Kennzeichnung des Tieres mit einem **Mikrochip**. In den meisten Gemeinden besteht Leinenpflicht, manchmal gibt es auch Hundeverbotszonen wie an bestimmten Strandabschnitten. Geregelt ist das in kommunalen Vorschriften. In Bergbahnen reisen Hunde manchmal kostenlos mit, immer öfter aber brauchen sie ein eigenes Ticket.

Auf alle Fälle gilt es, die Hinterlassenschaften von Hunden beim Gassigang zu beseitigen und zu entsorgen. Deshalb sollten Hundebesitzer immer Kotbeutel mit sich führen.

Internet

Da die Schweiz kein EU-Land ist, gelten Roaming-Tarife. Wer also kein Schweizer Netz nutzt, sollte sein Roaming spätestens bei der Einreise deaktivieren. Sonst kann der Urlaub schnell teurer als geplant werden! Telefonate etwa können rasch zwei oder drei Euro pro Minute kosten. Eingehende Anrufe sind billiger. Wenn immer möglich sollte man zum Surfen WLAN nutzen!

Kinder

Wer mit Kindern unterwegs ist, sollte auf die Vergünstigungen achten, die in Museen und Erlebniszentren wie Zoos gewährt werden. Auch Tickets für Bergbahnen, Ausflugsschiffe, Busse und Bahnen sind für Kinder gewöhnlich billiger. Außerdem gibt es auf ausgesuchten Schiffen auf dem Thunersee (Dampfschiff *Blümlislap*) und Brienzersee (Dampfschiff *Lötschberg*) für Kinder (4–10 Jahre) eigene Spielkajüten (www.globi.ch).

Unterkünfte

Hotels offerieren häufig **Familienzimmer**, in denen zum Doppelbett der Eltern noch ein oder zwei Betten zusätzlich vorhanden sind oder aufgestellt werden. Eine Alternative mit hohem Erlebnisfaktor sind Berghütten oder Camping oder Glamping Urlaub.

Almdekoration

Museen

Viele Museen haben speziell auf Kinder zugeschnittene Angebote. So bietet das **Museum für Urgeschichte in Zug** eine eigene Kindergalerie, wo die Jüngsten den Archäologen und Archäologinnen bei der Arbeit zusehen können und mit ihnen zusammen werkeln (→ S. 207). Im **Natur-Museum Luzern** sind Kinder mittwochmittags zum Malen und Basteln eingeladen (→ S. 97). Und auch das **Museo Nationale del San Gottardo** auf dem Gotthardpass bietet Kindern einen eigenen Kinderparcours (→ S. 161). Einige Museen haben zudem Comicfiguren entwickelt, die im Rahmen interaktiver Führungen die jungen Museumsbesucher durch die Ausstellungen führen.

Naturschutzgebiete und Tierparks

Gut zum Beobachten von Tieren und Pflanzen eignen sich Naturschutzgebiete mit Lehrpfaden und ausgeschilderten Wanderwegen – etwa in der **UNESCO-Biosphäre Entlebuch** (→ S. 25, 112). Immer einen Besuch wert sind die **Zoologischen Gärten** in **Zürich** (→ S. 221), **Knies Kinderzoo** in Rapperswil (→ S. 181) oder der **Natur- und Tierpark Goldau** im Kanton Schwyz (→ S. 171). Besondere Attraktionen sind die in der Schweiz häufig anzutreffenden **Murmeltierparks**, wo man den Bergbewohnern sozusagen Aug in Aug gegenüber steht – etwa auf dem Gipfel des Stanserhorns (→ S. 195).

Family Destinations

Mit diesem Gütesiegel hat der Schweizer Tourismusverband besonders familienfreundliche Ferienorte ausgezeichnet. Sie bieten eigens auf Kinder zugeschnittene Ferienprogramme oder eigene Menüs für die Jüngsten. In der Zentralschweiz gehören **Engelberg** (→ S. 198) und **Sörenberg** (→ S. 114) zu den familienfreundlichen Orten.

Notfall-Rufnummern

Polizei: 117
Feuerwehr: 118
Sanitätsnotruf: 144

Hubschrauber der Rettungsflugwacht

Vergiftungsnotruf: 145
Bergrettung/Rettungsflugwacht:1414
Bei Verlust der Kredit-/EC-Karte:
Sperrnotruf Deutschland: +49 /116116
Sperrnotruf Österreich: +43/12048800
Sperrnotruf Schweiz: +41/844888111

Öffnungszeiten

Die meisten Geschäfte stehen die Woche über zwischen 9 und 18.30 Uhr offen, samstags bis 17 Uhr. Sonntags ist geschlossen – mit Ausnahme der Läden in Bahnhöfen, Flughäfen und Tankstellen. Banken sind werktags gewöhnlich von 8.30 bis 16.30 Uhr geöffnet, machen allerdings manchmal auch eine bis zu zweistündige Mittagspause, ebenso wie viele Bergbahnen. Museen öffnen ganz individuell, aber selten vor 10 Uhr.

Post

Postkarten und Standardbriefe bis 20 Gramm frankiert man im Inland mit 1,20 CHF. Ins europäische Ausland kosten die gleichen Leistungen 1,90 CHF.
Pakete ins Ausland sind sehr teuer, kosten ab 36 CHF und benötigen immer ein Zollformular.

Radfahren

Für Radfahrer gibt es in der Schweiz keine Helmpflicht, sie wird aber dringend jedem

Radler freiwillig empfohlen. **Elektrovelos** müssen auch tagsüber mit Licht fahren. Außerdem müssen **E-Bikes** ab 2024 mit einem Tacho ausgerüstet sein, da auch auf Radwegen inzwischen häufig ein ausgeschildertes Tempolimit gilt. Parkfelder, die mit »Parkieren gegen Gebühr« ausgeschildert sind, gelten auch für die Nutzer von E-Bikes. Umfangreich ist der **Bußgeldkatalog** für Radler. Wer etwa seine Hände nicht am Lenkrad hat und dabei erwischt wird, zahlt 20 CHF. 60 CHF kostet es, wenn man nachts ohne Licht erwischt wird. Verboten ist Radlern auch, sich vor einer wartenden Autokolonne aufzustellen oder sich an wartenden Autos vorbeizuschlängeln. Fahren auf dem Gehweg schlägt mit 40 CHF zu Buche, ebenso wie das Telefonieren ohne Freisprecheinrichtung. Wer vergisst, beim Abbiegen die Richtung mit der Hand anzuzeigen, zahlt 20 CHF. Mehr unter www.pro-velo.ch. Für Bergradler interessant ist die Website www.quaeldich.de/regionen/zentralschweiz-region.

Rauchen

Rauchverbote können die Kantone eigenständig regeln. Ein generelles Rauchverbot gilt in Zügen, Bussen, auf Bahnhöfen, in Geschäften, Kinos, Theatern, Schulen und anderen öffentlich zugänglichen Räumen sowie meist auch in Hotels, Restaurants und Cafés. Allerdings verfügen einige Betriebe über separate Raucherräume.

Seebad Faulensee am Thunersee

Sport und Freizeit

Das sportliche Freizeitprogramm kennt fast keine Grenzen. Viele Hotels haben eigene **Fitnessräume**, die teilweise rund um die Uhr geöffnet sind. Groß auch ist das Angebot an **Schwimmmöglichkeiten**, im Sommer in den vielen Seen, im Winter in geheizten Hallenbädern. Für **Kletterer** gibt es neben Hallenangeboten zahlreiche Klettersteige. Auf ihre Kosten kommen auch **Reiter und Reiterinnen**, die Pferde leihen oder ihre eigenen Vierbeiner in Pensionen mitnehmen können (Angebote unter www.reiten-total.ch).

Wassersportler kommen an den vielen Seen der Zentralschweiz auf ihre Kosten. Die passenden Geräte vom Kanu bis zum Wakeboard sind meist vor Ort zu leihen. Das gilt auch für **Wintersportler,** die vom Snowboard bis zum Schneeschuh oder vom Schlitten bis zum Langlaufski ihre Ausrüstung ebenfalls mieten und sich so den Transport auf dem Autodach sparen können. Letztlich gilt das auch für **Biker,** die sich inzwischen vielerorts die Wege mit den Wanderern teilen oder zunehmend auch eigene Routen wie Downhillstrecken nutzen. Für sie gibt es meist eigene Bergbahntarife.

■ Angeln

Angler brauchen gewöhnlich ein **Patent**, also eine Lizenz, und einen Sachkundenachweis zum Fischen. In einigen Kantonen gibt es Kurzzeitpatente, die einen Sachkundenachweis, den SaNa, ersparen können. Inhaber der deutschen Sportfischerprüfung oder ähnlicher österreichischer Dokumente können gegen eine Gebühr von 40 CHF einen Schweizer Sachkundenachweis beantragen.

An einigen Seen gilt zudem das **Freiangelrecht**, das Fischen ohne Patent und Sachkundenachweis möglich macht. Allerdings sind die Nutzung von Lebendködern oder Widerhaken generell verboten.

Baden und Schwimmen

Wasserratten bietet die Schweiz neben öffentlichen und privaten Schwimmbädern zahlreiche Bademöglichkeiten in Seen, die im Sommer häufig Temperaturen von über 20 Grad Celsius erreichen. Kälter sind die von Gletscherwasser gespeisten Bergseen. Zu den größten Badeseen zählen **Vierwaldstättersee**, **Zürichsee** und **Zugersee**. Manche Seen wie der Luzerner Rotsee oder der Baldeggersee sind allerdings als Naturschutzgebiete geschützt. Dort ist das Baden nur in den offiziellen Badeanstalten erlaubt. Auch am Hallwilersee und Sempachersee gibt es Gebiete, in denen Baden nicht erlaubt ist. Das gilt auch für private Seeabschnitte wie am Zugersee.
Auch viele **Flüsse** in der Zentralschweiz wie Reuss, Kleine Emme, Wigger und Luthern laden im Sommer zum Baden. Sie können allerdings nach Starkregen gefährlich anschwellen.

Golf

Die schönsten Golfplätze der Zentralschweiz liegen in beeindruckenden Berglandschaften wie in Engelberg, Andermatt und auf dem Bürgenstock, aber auch in Nähe der Seen. Die meisten stehen auch Gästen offen.

Wandern

Die Zentralschweiz ist ein Wanderparadies mit Touren aller Schwierigkeitsgrade und Längen, vom Spaziergang am Seeufer entlang, auf den man auch den Kinderwagen mitnehmen kann, bis zu schwierigsten hochalpinen Passagen, die Kondition und Erfahrung verlangen. Immer auch sollte man auf das Wetter achten, das in den Bergen schnell umschlagen kann. Einige der schönsten Wandertouren sind in den Ortsbeschreibungen erwähnt, darüber hinaus gibt es viele regionale Wanderführer. Allerdings sollte man bei Zeitangaben immer vorsichtig sein, da professionelle Wanderer meist kürzere Zeiten angeben als die meisten Gelegenheitswanderer brauchen.

Hier ein paar Internetseiten mit Wandervorschlägen in der Zentralschweiz:
www.wegwandern.ch/zentralschweiz-wanderungen-wandern
www.komoot.de/guide/1121/wandern-in-der-zentralschweiz
www.wanderungen.ch/de/touren/wanderungen/zentralschweiz.html
www.outdooractive.com/de/wanderungen/zentralschweiz/wanderungen-in-der-zentralschweiz/1466155
www.luzern.com/de/erleben/sommer-wandern/wandern/alle-wanderungen-in-der-region

Währung

Landeswährung ist der Schweizer Franken (CHF), dessen Wechselkurs gegenüber dem Euro häufig schwankt, aber schon seit längerem fast bei 1:1 liegt (Stand April 2024: 1 Euro=0,97 CHF). Ein Franken sind 100 Rappen. Meist kein Problem ist bargeldloses Zahlen. Kreditkarten werden fast überall akzeptiert. Schweizer zahlen immer häufiger mit **TWINT**, einer Zahlungsapp, die auf iPhones und Android-Smartphones läuft. Viele Hotels und Restaurants akzeptieren auch den Euro, geben das Wechselgeld allerdings in Franken und Rappen heraus. Bargeld darf unbeschränkt in die Schweiz ein- und ausgeführt werden, muss ab einem Gegenwert von 10 000 CHF auf Verlangen aber deklariert werden.

Wandergruppe in Grindelwald

Literaturhinweise

Wander- und Spezialreiseführer

Kaiser, Lothar Emanuel, Wallfahrtsführer der Schweiz, Verlag Wallfahrtsführer, Emmenbrücke 2013.

Auf der Maur, Franz/Rauch, Bruno, 20 Bergwanderungen Region Zentralschweiz, Werd-Verlag Zürich 2002.

Piatti, Barbara, Es lächelt der See. Literarische Wanderungen in der Zentralschweiz, Rotpunktverlag Zürich 2013.

Rüttiman Charles A., Magische Zentralschweiz, Wanderungen zu Orten der Kraft. AT Verlag, München 2005.

Soler, Reto, Uri-Gotthard, Vom Mythos zur Moderne, 22 Wanderungen in der Urschweiz, Rotpunktverlag Zürich 2007.

Staeger, Andreas, Höhlen und Löcher, Wanderungen zum Inneren der Schweiz, AT Verlag, München 2022.

Sachbücher, Reportagen, Biografien

Hartmann, Stefan/Fink, Heinz Dieter, Helden, Pioniere und Heilige der Schweiz, Verlag Werd, Zürich 2002.

Kuster, Niklaus, Fernnahe Liebe, Niklaus und Dorothea von Flüe, Patmos Verlag, Ostfildern 2017.

Leuthold, Rudi, Der Freien Heimat Eigenart, Reportagen aus der Zentralschweiz, Schweizer Verlagshaus Zürich 1990.

Nigg, Walter, Niklaus von Flüe in Berichten von Zeitgenossen, Herder, Freiburg 1980.

Vierwaldstätter See: Zentralschweiz zwischen Rigi und Gotthard. 60 Touren mit GPS-Tracks, Bergverlag Rother, Oberhaching 2022

Landeskunde

Iten, Karl, Uri. Die Kunst-und Kulturlandschaft am Weg zum Gotthard, Altdorf 1992.

Kreative Provinz, Musik in der Zentralschweiz, Pro Libri, Luzern 2010.

Letter, Paul, Wurzeln, Eigenart und Werte der Schweizer Kulturgemeinschaft, Frieling Verlag Berlin 2005.

Meier, Pirmin, Landschaft der Pilger, Geheimnisvolle Orte im Herzen der Schweiz, Comenius, Luzern 2005.

Essen und Trinken

Häfliger, Milo, Alpbeizli-Führer, 53 Ausflugsziele auf Alpen und Bergen mit Restaurationsmöglichkeiten in der Zentralschweiz, Weber Verlag, Thun 2012.

Häfliger, Milo, Zentralschweiz für Gourmets, 39 Spitzenköche und Produzenten präsentieren ihre Gourmet-Rezepte, Weber Verlag, Thun 2010.

Husar, Anna, Alpe-Chuchi Zentralschweiz, Werd & Weber Verlag, Thun 2019.

Die Zentralschweiz im Internet

Nützliche Websites

www.luzern.com
Offizielle Webseite der Erlebnisregion Luzern-Vierwaldstättersee mit Essens- und Einkaufstipps, Hinweisen zu Übernachtungsmöglichkeiten und Führungen.

www.meteoschweiz.admin.ch
Offizielle Seite des Schweizer Bundesamtes für Meteorologie und Klimatologie mit sehr guten, ständig aktualisierten Wetterberichten und vielen Hintergrundartikeln zum Klimawandel.

www.srf.ch/news
Übersichtliche und informative Webseite des Schweizer Radios und Fernsehens.

https://map.geo.admin.ch
Offizielle Kartenplattform der Schweiz vom Bundesamt für Landestopografie. Zuschaltbare Infos wie Wanderwege oder ÖPNV-Haltestellen erleichtern die Planung.

www.luzernerzeitung.ch
Internetseite der größten Tageszeitung in der Großregion mit aktuellen Nachrichten und Veranstaltungshinweisen.

Apps

SBB Mobile. Kostenlose App mit Fahrplänen und Tickets der Schweizerischen Bundesbahnen.

Swiss Snow. Kostenlose App von Schweiz Tourismus mit Schneeberichten, Pistenkarten und Livecams.

Swisstopo. Kostenlose Karten-App des Bundesamtes für Landestopografie.

Vierwaldstättersee. Kostenlose Freizeit- und Seenkarte, die auch offline nutzbar ist.

öV Plus. Beliebte App für den öffentlichen Verkehr in der Zentralschweiz mit aktuellen Fahrgastinformationen, Echtzeit-Abfahrtsanzeigen an Bushaltestellen und Möglichkeiten zum Ticketkauf.

Über den Autor

Günter Schenk ist Journalist und Buchautor. Seit über 65 Jahren ist er regelmäßig in der Schweiz unterwegs. Zunächst mit Opa und Oma, die im Südschwarzwald zuhause waren und mit ihrem Enkel regelmäßig das Nachbarland besuchten. Später reiste er als Journalist für viele Reportagen in die Eidgenossenschaft. In einer Fernsehdokumentation untersuchte er etwa das Schweizer Bildungswesen.

Viele Urlaube hat er als Wanderer in den Schweizer Bergen verbracht, wo er Land und Leute näher kennenlernte. Was ihn besonders faszinierte, waren Bräuche und Traditionen, die er in Text und Bild in Reportagen und Bildbänden dokumentierte. Für dieses Buch bereiste er intensiv die Zentralschweiz. Von Günter Schenk sind im Trescher Verlag außerdem erschienen: Mosel (2. Auflage 2024) und Pfalz (1. Auflage 2023).

Register

A

B

C

D

E

Kartenregister

Regional- und Übersichtskarten

Stadtpläne

Bildnachweis

Alle Bilder von Günter Schenk, außer:
Renato Bagattini/Schweiz Tourismus: S. 24
baumanns/Wikimedia Commons (CC 2.5 Generic): S. 141
Markus Bernet/Wikimedia Commons (CC 2.5 Generic): S. 176
Eva Bocek/shutterstock.com: Titelbild
Elmar Bossard/Luzern Tourismus: S. 116/117
Beat Brechbühl/Luzern Tourismus: S. 80, 90o.
Chirs-urs-o/Wikimedia Commons (CC 3.0): S. 39
Engelberg-Titlis-Tourismus AG: S. 19, 75
Corinna Grulich: S. 10 r.u.
Frederic Huber/Aletsch Arena: S. 237
Patrick Kurmann/Wikimedia (CC 4.0): S. 59, 114
Leiju/Wikimedia Commons (CC 3.0): S. 64
Daniel Loosli/Schweiz Tourismus: S. 133
Luzern Tourismus: S. 58
Alexey M./Wikimedia Commons (CC 4.0): Hallwiler See
Adrian Michael/Wikimedia (CC BY-SA 4.0): S. 27, 77, 134, 140
Friedrich-Karl Mohr/Wikimedia Commons (CC 3.0): S. 15/16, 198
Pilatus Bahnen AG: S. 94, 95
D.Reust/Wikimedia Commons (CC 1.0): S. 168
Daniel Reust/Wikimedia Commons (CC 4.0): S. 135
Rigi Bahnen AG: S. 47, 123, 210
Marc Risi/Uri Tourismus: S. 28, 136, 139
Rivella AG: S. 72
Rosser1954/Wikimedia Commons (CC 4.0): S. 91
Angel Sanchez/Uri Tourismus: S. 150
Nelso Silva/Wikimedia Commons (CC 2.0): S. 154
Barbara Steinemann/Wikimedia (CC 4.0): S. 233
Swiss National Library/Wikimedia Commons: S. 65u.
Swiss National Museum/Wikimedia (CC 4.0): S. 215
Uri Tourismus: S. 63, 121, 145
Verkehrshaus Luzern: S. 90u.
Wikimedia Commons: S. 30, 31, 33, 37, 65, 120, 162
Thomas Woodtli /Wikimedia Commons (CC 2.0): S. 177
Yesuitus2001/Wikimedia (CC 2.5 Generic): S. 20
Zentralbahn/Wikimedia Commons: S. 43
Zentralbahn AG Simon + Kim: S. 48

TRESCHER VERLAG
TRESCHER VERLAG
MEHR WISSEN. BESSER REISEN.
FRANZÖSISCHE ATLANTIKKÜSTE
Von Nantes über La Rochelle bis Royan
Loire-Atlantique, Vendée und Charente-Maritime
Heike Bentheimer
trescher-verlag.de

Kartenlegende

- Aquarium
- Autofähre
- Bahnhof
- Bar
- Brunnen
- Burg/Festung
- Burgruine
- Busbahnhof
- Café
- Campingplatz
- Fahrradweg, -verleih
- Fährhafen
- Flughafen
- Freibad
- Hafen
- Hallenbad
- Höhle
- Hotel
- Jüdischer Friedhof
- Jugendherberge
- Kino
- Kloster
- Klosterruine
- Krankenhaus
- Leuchtturm
- Markt
- Moschee
- Museum
- Naturschutzgebiet
- Oper, Konzerthaus
- Parken
- Pension
- Post
- Restaurant
- Ruine/Ausgrabungen
- Segeln
- Seilbahn
- Strand
- Supermarkt
- Synagoge
- Theater
- Tor
- Weinbar, Weinladen
- Windsurfen
- Wildgehege
- Wohnmobilstellplatz
- Zoo
- Aussichtspunkt
- Berggipfel
- Burg
- Friedhof
- Kirche
- Kloster
- Pass
- Schloss
- Sehenswürdigkeit
- Seilbahn
- Touristeninformation
- Turm
- Zeltplatz
- Personenfähre

- Hauptstadt
- Stadt/Ortschaft
- Grenzübergang
- E 65 Europastraße
- A 65 Autobahn
- 243 Bundesstraße
- Autobahn
- Schnellstraße
- Bundesstraße
- Hauptstraße
- sonstige Straßen
- Eisenbahn
- Staatsgrenze

Kartenregister → S. 259

Zeichenlegende

- Allgemeine Informationen, Tourismusämter
- Bahnhof, Zugverbindungen
- Busverbindungen, Nahverkehr
- Anreise mit dem Auto
- Fährverbindungen, Schiffsausflüge
- Taxistände und -ruf
- Hotels, Pensionen, Hostels
- Campingplätze
- Restaurants
- Cafés
- Besondere Geschäfte, Fabrikverkauf
- Campingplätze
- Museen
- Veranstaltungen, Feste
- Fahrradverleih
- Strand- und Seebäder
- Schwimm- und Erlebnisbäder
- Ausflüge, Wanderungen
- Angelmöglichkeiten
- Ärztliche Versorgung, Krankenhaus